Armas

Armas

Sracfhéachaint ar Araltas na hÉireann

Nicholas Williams

a scríobh agus a mhaisigh

evertype

2017

Arna fhoilsiú ag Evertype, 73 Woodgrove, Port Laoise, R32 ENP6, Éire. *www.evertype.com.*

An dara heagrán 2017. Arna fhoilsiú i mBéarla ag Evertype, ISBN 978-1-78201-192-7. Coiscéim, Baile Átha Cliath, a d'fhoilsigh an chéad eagrán Gaeilge in 2001.

Tá taifead catalóige don leabhar seo le fáil ó Leabharlann na Breataine.
A catalogue record for this book is available from the British Library.

ISBN-10 1-78201-139-0
ISBN-13 978-1-78201-139-2

Dearadh agus clóchur: Michael Everson. JansonText agus Ceanannas na clónna.

Clúdach: Michael Everson agus Nicholas Williams.

Arna chlóbhualadh ag LightningSource.

Is do m'iníon

Dominica Lucy Perpetua

a thiomnaím an leabhar seo.

Réamhfhocal

Is léir ó shéalaí armais a d'fhágadar ina ndiaidh gurb iad na Normannaigh a chuir tús le cleachtadh an araltais in Éirinn. Nuair a chinn rialtas Shasana ar an córas araltais abhus a chur ar bhonn oifigiúil ceapadh Bartholomew Butler mar Rí Armais sa bhliain 1552, ceapachán a chuir tús leis an Oifig Armais. Ar cheapadh Éamoinn Mhic Giolla Iasachta mar Phríomh-Aralt sa bhliain 1945 bhí dualgas ar na hoifigigh armais as sin amach an Ghaeilge a úsáid mar phríomhtheanga sna cáipéisí a d'fhoilseodh Oifig an Phriomh-Arailt. Ní chuirfeadh an dualgas sin aon stró ar mhuintir na linne sin a tógadh le héifeacht sa teanga náisiúnta, dá mbeadh foinse tagartha Gaeilge don araltas ar fáil. Ach ní raibh a leithéid ann.

Ar deireadh thiar, tá téacs suntasach i nGaeilge gur bunábhar dó araltas na hÉireann maille le cnuasach cuimsitheach téarmaí araltais curtha in eagar ag Nicholas Williams, An Coláiste Ollscoile Bhaile Átha Cliath, a líonann an folús sin. Tá ardmholadh tuillte ag an údar agus ag an bhfoilsitheoir as ucht deis a thabhairt don phobal saibhreas an araltais seo againne a bhlaiseadh trí mheán na Gaeilge.

Is maith is fiú an leabhar seo a bheith i seilbh daoine a bhfuil suim acu sa ghné thábhachtach seo dár n-oidhreacht náisiúnta.

Dómhnall Ó Beaglaoich

Dómhnall Ó Beaglaoich
iar-Phríomh-Aralt na hÉireann

Clár an Leabhair

Liosta Figiúirí

00.00: An t-araltas

Is beag ábhar atá chomh spéisiúil leis an araltas, cé gur gá dúthracht éigin a chaitheamh leis sula mbeifear in ann taitneamh ceart a bhaint as. Tugtar cuntas sna leathanaigh thíos ar an araltas i gcoitinne agus ar araltas na hÉireann mar bhrainse faoi leith de. I nGaeilge atá an leabhar seo agus fáth maith agam leis sin. Tá foclóir Gaeilge an araltais á thabhairt chun breis cruinnis le tamall anuas (§03.02) agus chonacthas dom nár mhiste feidhm leanúnach a bhaint as an téarmaíocht chéanna. Tá iarracht déanta agam ina dhiaidh sin féin an leabhar a choinneáil chomh simplí agus ab fhéidir agus tá súil agam go gcuirfidh an gnáthléitheoir suim ann.

Is é an t-araltas corparáideach an cineál is mó a fheictear go poiblí sa tír seo, is é sin le rá, an t-araltas a bhaineann le cathracha, contaetha, coláistí, ollscoileanna agus institiúidí poiblí eile. I mBaile Átha Cliath, cuir i gcás, bíonn armas na cathrach (§25.01) lena shonrú ar bhoscaí is leoraithe bruscair, ar chuaillí lampaí sráide, ⁊rl. Amuigh faoin tuath feictear armais ar an teorainn idir dhá chontae go minic agus ar an mbealach isteach chuig a lán de bhailte na tíre. Cuireann institiúidí eile, coláistí, scoileanna, ⁊rl., a n-armais ar taispeáint in aice lena ngeataí, ar a bpáipéarachas agus ar éide a mac léinn.

Is é an t-araltas pearsanta an cineál is mó a bhfuil spéis ag an ngnáthphobal ann. Ó tharla go gceapann mórán daoine gur le sloinne a théann armas, creideann siad nach gá do dhuine ach teacht ar an armas a bhaineann lena shloinne féin chun a armas féin a bheith aige. Is earráid amach is amach an tuairim sin, ach ar an drochuair tá comhlachtaí "araltais" ann atá lánsásta teacht i dtír uirthi. Cuireann siad sin "armais sloinne" ar fáil ar phlaiceanna agus aroile, agus meallann siad a gcustaiméirí soineanta chun iad a cheannach mar mhaisiú dá dtithe (§30.00).

00.01: Bunús an araltais

Chun an ceart chun armais a thuiscint ní foláir dul siar go dtí bunús an araltais sa luath-mheánaois. Tá an chosúlacht ar an scéal gur sa dara ceathrú den dara haois déag a chonacthas an t-araltas den chéad uair. Ag an aon am amháin ar fud iarthar na hEorpa a tháinig an t-araltas chun cinn. Ceapann scoláirí áirithe go raibh baint ag tosach an araltais sa tréimhse sin le fionnachtain an chlogaid dúnta. Roimhe sin b'fhurasta an ní é ridire a aithint ar pháirc an chatha nó sa turnaimint. Le teacht an chlogaid dúnta, áfach, cuireadh ó aithne é agus bhí gá feasta le gléas eile a dhéanfadh so-aitheanta arís é. Thosaigh na ridirí mar sin ar ghréasáin ar leith a phéinteáil ar a sciatha. Ní fada ansin gur tosaíodh ar na patrúin chéanna a phéinteáil ar eachraíos na gcapall agus ar fhorchótaí na ridirí. Is ón nós deireanach sin a tháinig an téarma Béarla *coat of arms*.

Ar dtús ba shimplí iad na nithe a d'fheictí ar na sciatha, ainmhithe, cuir i gcás, nó patrúin loma gheoiméadracha. Ós rud é gur den riachtanas go mbeadh na harmais chomh soiléir feiceálach agus ab fhéidir, ba nós leis na ridirí gan ach na dathanna ba ghléiní a úsáid. Tá rialacha maidir le húsáid na ndathanna éagsúla i bhfeidhm fós san araltas (§05.06).

Más chun ridire amháin a dhealú ó ridirí eile a ceapadh an t-araltas ar dtús, ní foláir nó is le duine amháin ó thús a bhain armas faoi leith. Nuair a d'fhaigh-eadh ridire bás, áfach, ghlacadh a oidhre armas a athar chuige féin, go díreach mar a ghlacadh sé lena chuid dualgas is cearta feodacha eile. De réir a chéile mar sin tosaíodh ar armas faoi leith a cheangal le teaghlach faoi leith, cé nach mbainfeadh sé ach le duine amháin ag am faoi leith. Maireann an chodarsnacht sin fós san araltas .i. gur le duine amháin armas ar leith ag am ar leith, ach má bhreathnaítear ar an scéal thar na glúnta, is leis an teaghlach seachas leis an duine aonair a bhaineann sé.

> NÓTA: Moladh le gairid gur bunús eile ar fad atá leis an araltas .i. gur ar an mbratainn agus ar an séala ba thúisce a chonacthas é agus gur mó a bhain sé le himeachtaí sibhialta ná le saol an tsaighdiúra. De réir na tuairime céanna ba i measc theaghlaigh uaisle Flóndrais ba luaithe a tháinig síneacha araltacha chun cinn agus is siar go dtí cúirt Charle-magne a théann cuid díobh. Níl sna barúlacha nua ach cur i gcás agus níor glacadh go forleathan leo fós.

00.02: Tús an araltais in Éirinn

Thug na Normannaigh an t-araltas isteach sa tír seo dhá ghlúin tar éis dó teacht chun cinn i Sasana agus tíortha eile iarthar na hEorpa. Dealraíonn sé gur fhor-bair an t-araltas in Éirinn ar comhchéim le háiteanna eile. Is mór a bhain an turnaimint le forbairt an araltais. Is léir ó théacsanna Fraincise go mbíodh turnaimintí ar siúl ag na Gaill in Éirinn. Ina theannta sin deir Annála Inis Faithleann faoin 1284 gur mharaigh Donnchadh Ó Briain Cinnéidigh mac Briain le linn babhta giústála. Is follas dá réir sin go mbíodh nós na giústála á chleachtadh ag na Gaeil féin sa tréimhse úd. Ar an drochuair is beag staidéar atá déanta ar a mhaireann d'araltas na nAngla-Normannach in Éirinn. Ina theannta sin tá bearnaí móra i dtaifid araltacha na n-aoiseanna tosaigh.

Is fíorúsáideach an gléas an séala céarach don té atá ag iarriadh stair an araltais a rianú. Cé go raibh séalaí araltacha in úsáid go forleathan in áiteanna eile ó thús an 13ú haois, is í fírinne an scéil in Éirinn gur ón dáta 1347 a thagann an séala araltach is luaithe dá bhfuil againn.

Tá a fhios againn go raibh armais ag cuid de na huaisle Normannacha a tháinig go hÉirinn in 1169. Strongbow féin, cuir i gcás, dealraíonn sé go raibh armas mhuintir de Clár in úsáid aige (§07.04). Luaitear corr-ridire Éireannach i rollaí armas na meánaoiseanna, mar shampla, Uáitéar de Búrca, Iarla Uladh (†1271), Tiobóid Buitléir, buitléir na hÉireann (†1285) agus Muiris Mac Gearailt, ceathrú hIarla Chill Dara, a ghlac páirt i léigear Calais (1345-1348) (FCA: 38, 27, 87). Is é an sampla is luaithe dá maireann d'araltas na Normannach in Éirinn dealbh den Chantualach Fada i gCill Phaoin, Contae Chill Chainnigh, ar *c.* 1260 a rinneadh í. Tá armas Chantual (*Ar dhearg cúig fháinnín* [...] *agus cúinneán eirmín*) lena fheiceáil go soiléir ar a sciath bhunchaol.

Is léir freisin go raibh spéis mhór ag cuid de mhóruaisle na nGall in úsáid an araltais. Is sampla suntasach Séamas Buitléir (†1452), ceathrú hIarla Urmhumhan, a dtugtaí an tIarla Bán air. Thug seisean tailte do Choláiste na nAralt i Londain agus fuair sé cead ó Anraí V duine darbh ainm John Kitely a cheapadh amhail Rí-Aralt Éireann (§28.01).

Is de bharr staidéar ar thuamaí agus snoíodóireacht eile is fearr a thiocfar ar eolas faoi fhorbairt agus saintréithe an araltais in Éirinn. Is an-úsáideach sa chomhthéacs sin na pictiúir a rinne Du Noyer d'armais i reiligí, atá ar caomhnú anois in Acadamh Ríoga na hÉireann agus na cláir díobh a d'fhoilsigh sé in 1868. Tá staidéar críochnúil déanta le gairid ag Elizabeth Hickey ar na harmais mheánaoiseacha atá lena bhfeiceáil i mBaile Átha Troim. Tiocfar ar chuntas anseo is ansiúd ar thuamaí araltacha, ⁊rl., i dtréimhseacháin éagsúla a bhaineann leis an stair áitiúil.

01.00: Cén uair a ghlac na Gaeil leis an araltas?

Is dócha gur tar éis don chlogad dúnta teacht ar an saol a tháinig an t-araltas chun cinn. Tá a fhios againn go raibh éidí catha ar an dul Gallda ag na Gaeil chomh luath le cath Bhaile Átha an Rí in 1316. Níor ghlac a bhformhór leis an araltas chomh luath sin, áfach. Is leis an bhfeodachas a bhain an t-araltas go bunúsach. Ba chóras sóisialta é sin a bhí á chleachtadh ag na Normannaigh sular tháinig siad go hÉirinn agus a thug siad isteach sa tír. San fheodachas is óna thiarna a d'fhaigheadh duine a ghabháltas agus bhíodh air mar chúiteamh leis sin seirbhís mhíleata a dhéanamh dó. Nuair a chailltí duine, is ar a mhac ba shine a thiteadh a ghabháltas agus a chearta is dualgais fheodacha eile. Bhíodh armas duine ar cheann de na cearta sin.

Leagan amach eile ar fad a bhí ar chomhluadar na nGael. Sa chóras Gaelach ní ó athair go dtí an mac ba shine a théadh an sealúchas ar chor ar bith ach ba mhaoin choiteann é a bhain leis an dearbhfhine ar fad .i. le deartháireacha, uncailí agus col ceathracha an taoisigh. Ní hé an mac ba shine a d'fhaigheadh an cheannaireacht tar éis a athar ach an gaol fireann ab fheiliúnaí. Mura bhféadfadh an taoiseach Gaelach a mhaíomh gur leis féin a ghabháltas, ba dheacair dó armas dá chuid phearsanta féin a bheith aige ach an oiread.

Cé gur thug na Normannaigh idir fheodachas agus araltas go hÉirinn, faoin 14ú haois bhí na Gaill á ngaelú agus bhí an Gaelachas ag teacht chun cinn go láidir. Ag Nollaig na bliana 1351 thug Uilliam Ó Ceallaigh cuireadh d'fhilí na hÉireann teacht chuig a theach i nGáille chun fleá a chaitheamh in éindí leis. Cuireann dán fada Ghofraidh Fhinn Uí Dhálaigh *Filidh Éireann go haointeach* síos go mion ar an ócáid. Cé go luann Ó Dálaigh mionsonraí tí agus féasta, ní luann sé rud ar bith a bhféadfaí rian an araltais a léamh air. Is é an scéal céanna é i gcás *Caithréim Thoirdhealbhaigh* a scríobhadh sa tréimhse 1345-1360. Tugtar cuntas fada ar Dhonncha Mac Con Mara agus a laochra á ngléasadh féin le haghaidh an chatha (1309). Luaitear gach gné den éide chatha ann ach níl tagairt ar bith ann d'armas ar sciath ná ar mheirge. Ag scríobh dó chuig Cecil in 1562 luann an Ghiúistís FitzWilliam gur leasc fós le roinnt de na taoisigh Ghaelacha glacadh leis an araltas.

Cheapfaí, b'fhéidir, ón méid sin uile go raibh an oiread sin difríochta idir an comhluadar Gaelach agus an comhluadar Gallda in Éirinn, nach bhféadfaí a bheith ag súil ar chor ar bith le cleachtadh an araltais i measc na nGael. Is dócha, áfach, go raibh taoisigh Ghaelacha ann ón tús a raibh caidreamh dlúth acu leis na Gaill agus a dhéanadh aithris chomhfhiosach ar a nósanna. Is féidir Cathal Crobhdhearg a áireamh ar na taoisigh Ghaelacha sin (§01.01) agus clann Mhic Cárthaigh (§01.04). Ina theannta sin, mar a dúradh, gaelaíodh na Gaill féin agus níorbh fhada gur aon phobal amháin ar go leor bealaí idir Ghaeil agus Ghaill.

CÉN UAIR A GHLAC NA GAEIL LEIS AN ARALTAS?

Má bhí drogall ar roinnt Gael glacadh leis an araltas, bhí taoisigh eile ann a raibh armais acu ón 13ú nó an 14ú haois i leith.

01.01: Araltas Gaelach sa 13ú haois: Cathal Crobhdhearg Ó Conchúir

Tá iontráil i Leabhar Thomas Jenyns, rolla Angla-Francach ó *c.* 1410 faoi armas "Charles à la maine rouge d'Irland fondeur de l'Abbeye de Liske". Deir an saothar gur *Ar airgead lámh dhearg ag teacht as taobh clé na scéithe* an t-armas (PO: 902). Is rídhócha gur lomaistriú *Charles à la maine rouge* ar *Cathal Crobhdhearg.* Deartháir le Ruairí Ó Conchúir, an t-ardrí deireanach, a bhí i gCathal. Rí Chonnacht a bhí ann ar feadh tamaill fhada agus is sa bhliain 1224 a cailleadh é. Bunaíodh Mainistir Loch Cé i gConnachta i ndúiche Chathail in 1215 agus is dócha mar sin gur trí dhearmad a rinne an rolla *Liske* de **Loghke* nó a mhacasamhail. Ba é Clárus Mac Maoilín, ard-déagánach Ail Finn, a bhunaigh an mhainistir féin.

Ní mar a chéile an t-armas a leagann Leabhar Thomas Jenyns ar Chathal Crobhdhearg, áfach, agus gnátharmas na gConchúrach. Is suntasach ina dhiaidh sin féin gur lámh a fhaightear ina gcírín go hiondúil .i. os cionn na scéithe. Lámh i gcathéide agus claíomh sa chrobh a fheictear i gcírín Uí Chonchúir Dhoinn agus Uí Chonchúir Shligigh araon (IF: 212).

Is an-iontach an rud é go leagtar armas ar thaoiseach Gaelach chomh luath leis an gcéad cheathrú den 13ú haois. Mar sin féin ba dhuine é Cathal Crobhdhearg a raibh dlúthchaidreamh aige le rí Shasana. D'aithin Seon Rí ceart Chathail chun bheith ina rí ar Chonnachta agus bhí cuid dá dhúiche ag Cathal faoi chairt ó Sheon agus a mhac, Anraí III, ina dhiaidh. Tá a fhios againn go ndéanadh Cathal Crobhdhearg aithris chomhfhiosach ar na Gaill ar shlite eile freisin. Cé go bhfuil tús an 13ú haois an-luath go deo maidir le haraltas i measc na nGael, feictear dom nach gá dúinn an iomarca amhrais a bheith orainn i dtaobh fhianaise Leabhar Jenyns sa chás seo.

01.02: Araltas Gaelach sa 14ú haois

Cé go mbaineadh na taoisigh Ghaelacha feidhm as séalaí chun cáipéisí a dheimhniú, ⁊rl., maisiúcháin neamharaltacha ba mhó a bhí le feiceáil ar a séalaí sa 14ú agus sa 15ú haois. Bhí séala araltach le fáil, áfach, ar bhain Aodh Ramhar Ó Néill feidhm as. Ba thaoiseach Aodh ar a chine ó 1345 go dtí a bhás in 1364. Thaispeánadh an séala (a chuaigh ar strae sa 19ú haois) sciath agus í breactha le deasóg ghlanghearrtha. Ar gach aon taobh den sciath d'fheictí ainmhí fabhlach éigin (vuibhearn?) agus bhí na focail S[*igillum*] *Odonis Regis Hybernicorum Ultonie* 'Séala Aodha Uí Néill, rí Ghael Uladh' timpeall an imill.

Ba dhuine é Aodh Ramhar a raibh dlúthbhaint aige leis na Gaill. Ar an gcéad dul síos ba é an Giúistíseoir Gallda, Ralph Ufford, a rinne taoiseach d'Aodh nuair a bhain sé an cheanairacht d'Éinrí Ó Néill, col ceathar Aodha. Chuir Aodh tús freisin le comharbacht ó athair go mac ina chine féin, rud a mhair gan bhriseadh anuas go dtí deireadh an 15ú haois. Ina theannta sin uile luaitear Aodh i bhfógra a chuir Éadbhard III, rí Shasana, chuig uaisle na hÉireann á iarraidh orthu dul ar shlógadh in éineacht leis in aghaidh na nAlbanach.

An t-armas a ghlac Aodh chuige féin, is ar shiombalachas réamharaltach a bunaíodh é. Is cinnte go raibh an lámh dhearg ina suaitheantas ag Cineál Eoghain i bhfad siar, bíodh go n-éilíodh Clann Mhig Anaosa uaireanta gur leo féin amháin an lámh dhearg. Is spéisiúil freisin gurb ionann an t-armas atá ag Aodh Ramhar ar a shéala agus an t-armas a chuireann lámhscríbhinn GO 32 san Oifig Ginealais (*c.* 1595) i leith Aodha Uí Néill, Iarla Thír Eoghain .i. *Ar airgead deasóg dhearg agus í glanghearrtha ag an rosta*. Ba nós le Niallaigh Thír Eoghain tuilleadh rudaí a chur isteach san armas ó dheireadh an 16ú haois i leith.

01.03: Meirgí mhuintir Chonchúir agus mhuintir Dhíomasaigh

Deir cáipéis Ghallda ó mhí Iúil 1355 linn gur iarr cléir agus tuataigh a dheoise ar easpag Chill Dara breith choinnealbháite a fhógairt ar mhuintir Chonchúir Fhailí agus muintir Dhíomasaaigh, toisc go mbídís siúd ag déanamh ionradh laethúil ar an gceantar. Deir an cháipéis linn gur le slua mór agus "meirgí ar leathadh" (*vexillis explicatis*) a dhéanadh na Gaeil na Gaill a chreachadh. Ní féidir a bheith siúráilte cén cineál meirge a bhí ag na hionsaitheoirí sa chás seo, ach ó tharla gur cinnte go mbíodh cruinnbhrait araltacha ag na Gaeil faoin 16ú haois (§01.10), d'fhéadfadh sé gur meirgí araltacha atá i gceist anseo freisin. Más amhlaidh a bhí, bhí an t-araltas á chleachtadh ag na Conchúraigh agus na Díomasaigh faoi lár an 14ú haois.

01.04: Mac Cárthaigh Mór

Deir Diarmaid Ó Conchúir linn *c.* 1714 gur dheonaigh Dónall Rua Mac Cárthaigh, rí Deasmhumhan, círín faoi leith do mhuintir Dhuinnín (*Creast: lámh armtha le rulla parsment airna thabhairt dó le Domhnall Roe Mac Cárthadh, rígh Deasmhumhan*). Is sa bhliain 1302 a fuair Dónall bás, dáta atá sách luath sa chomhthéacs seo (cé gur déanaí é ná Cathal Crobhdhearg; §01.01). Mura bhfuil dul amú ar Ó Conchúir, bhí círín á dheonú ag clann Mhic Cárthaigh dá lucht leanúna ag fíorthús an 14ú haois. Ní foláir mar sin nó bhí an t-araltas á chleachtadh ag na Cárthaigh le tamall roimhe sin arís. Is ceart a lua freisin gur rud an-nua-aimseartha a bhí sa chírín forbartha ag tús an 14ú haois (§19.01). Má bhí an t-araltas á chleachtadh ag clann Mhic Cárthaigh sa tréimhse sin, bhí siad suas chun dáta leis chomh maith.

Is léir ó léarscáil Goghe (1567) (§01.10) gur carria siúlach a d'fheictí in armas Mhic Cárthaigh féin. *Carria siúlach* an t-armas a leagann rolla Eorpach armas ar Chúige Mumhan chomh luath le *c.* 1440 (§24.08) agus is dócha gur ar armas chlann Mhic Cárthaigh a bunaíodh é sin. Is tuilleadh fianaise é sin go raibh an t-araltas á chleachtadh ag na Cárthaigh sa ré luath.

Na Gaeil a ghlac leis an araltas go luath, bhíodh caidreamh faoi leith acu leis na Gaill go hiondúil. Ní taise do na Cárthaigh é. Ba chara mór de chuid na nGall agus an rialtais Ghallda Cormac Mac Cárthaigh (†1359). Chabhraigh Cormac leis an nGiúistíseoir, Sir Thomas de Rokeby, in éadan Cárthaigh eile .i. Diarmaid mac Diarmada. Fuair Cormac tailte fairsinge dá bharr sin i Múscraí agus Cois Mainge mar dheontas ón rí, Éadbhard III. Fuair Dónall, mac Cormaic, deimhniú ar an deontas sin ón bhFear Ionaid, Diúc Claireans, ní ba dhéanaí. Nuair a d'éag Dónall in 1392, chuaigh teideal agus tailte Mhic Cárthaigh Mhóir ó athair go mac ar an dul feodach go dtí 1508. Is dócha gur go luath sa 14ú haois nó roimhe sin féin a thosaigh Cárthaigh Dheasmhumhan ar ghnéithe den fheodachas a chleachtadh, an t-araltas san áireamh.

B'fhéidir, in ainneoin a bhfuil ráite, gur ceart dúinn gan mórán muiníne a bheith againn as a ndeir Diarmaid Ó Conchúir faoin gcírín a dheonaigh Dónall Rua. Tá séala Dhónaill ar caomhnú agus níl rian ar bith den araltas lena bhrath air. Tá figiúr an taoisigh ar éadan amháin den séala ach níl clogad ná sciath aige. Ní fheictear armas ar eachraíos a chapaill ach an oiread.

01.05: Risteard II in Éirinn

Tá cuntas an-spéisiúil ag Jean Froissart ina chroinic faoi Risteard II in Éirinn. Is ó Henry Kyrkestede, scuibhéir an rí, a fuair Froissart a eolas. Nuair a bhí Risteard sa tír (1394-1395), mhionnaigh ceathrar mórthaoiseach Ghaelacha dílseacht fheodach dó agus rinne an rí ridirí díobh. Ba iad an ceathrar úd Ó Néill, "rí na Mí"; Ó Briain Thuamhumhan; Art Mac Murchadha, "rí Laighean"; agus Ó Conchúir, "rí Chonnacht". Bhí sé de dhualgas ar Kyrkestede, a raibh Gaeilge mhaith aige, béasa na ridireachta a mhúineadh don cheathrar Gael. Luann Froissart armas Kyrkestede féin (*Ar airgead rachtán dearg idir trí thoirtín*). Ní luann sé armas duine ar bith den cheathrar taoiseach, ámh. Bhí armas ag Ó Néill cheana (§01.02). Is é is dóichí go bhfuair an triúr eile armas ag an tréimhse sin, mura raibh armais acu cheana féin.

Luann Froissart faoin mbliain 1392 "Chandos le Roi d'Ireland" .i. Chandos Rí-aralt Éireann. Más fíor do Froissart é, is dócha gurb é aralt príobháideach an Ridire John Chandos (†1369) atá i gceist, a ndearnadh Rí-aralt na hÉireann de ina dhiaidh sin. Má bhí a leithéid de dhuine ann i réimeas Risteard II (1377-1399) agus Éire mar phroibhinse araltach aige, seans maith gur tháinig sé go hÉirinn leis an rí. Tá a fhios againn ar aon chuma go raibh John Othelake, aralt príobháideach Roger Mortimer (.i. Aralt March), in Éirinn sa tréimhse chéanna (§28.01). Ba é Roger oidhre teagmhasach Risteaird II gur mharaigh na Brianaigh i gCeanannas é sa bhliain 1398. Má ceapadh armais do na taoisigh Ghaelacha le linn chuairt Risteaird ar Éirinn, is dócha go raibh na saineolaithe araltacha in éindí leis an rí a bhí in ann an obair a dhéanamh.

01.06: Araltas Gaelach sa 15ú haois: roinnt taoiseach i lár na tíre

Tá grúpa taoiseach Gaelach i lár na tíre, Uíbh Fhailí agus an Iarmhí den chuid is mó, ar suntasach a chosúla lena chéile is atá na harmais a leagtar orthu. Ar na taoisigh sin áirítear Mag Eochagáin, Ó Catharnaigh (an Sionnach), Mac Amhalaí, Mac Eochaidh, Ó Siail (lianna Mhic Cochláin), Mac Branáin, Ó Dálaigh agus Mac Crosáin. Leaganacha éagsúla den bhunarmas céanna a leagtar orthu uile .i. *Ar airgead leon agus thuas dhá dheasóg ghlanghearrtha den lí chéanna* (féach Pláta 1). D'áiteoinn féin gurb éard atá ansin aithris chomhfhiosach ar dhá armas eile, armais na dTalbóideach agus Uí Néill faoi seach.

Ba de shliocht Thalbóidigh Mhullach Íde Seán Talbóid, Tiarna Furnivall, cé gur i Sasana a rugadh é. Tháinig sé go hÉirinn sa bhliain 1414 le bheith ina Fhear Ionaid. Bhí sé cumhachtach sa tír go 1447, in ainneoin go mbíodh sé i gcónaí in iomaíocht le Séamas Buitléir, Iarla Urmhumhan, ar tagraíodh dó thuas (§00.02). Bhí éileamh trí cheart a mhná ag an Talbóideach ar an gcuid iartharach de ghabháltas na Léiseach san Iarmhí agus thosaigh sé ar an éileamh sin a chur i bhfeidhm go luath tar éis dó teacht go hÉirinn. Deir na hannála linn gur chreach sé muintir Dhálaigh in 1415 agus gur ghéill siadsan agus sleachta eile san aon cheantar dó. Leagtar níos mó ná leagan amháin dá n-armas ar na Talbóidigh ach dealraíonn sé gurb é *Ar airgead leon dearg* an leagan is bunúsaí (BGA: 995).

D'fhéadfadh sé gur thosaigh taoisigh Ghaelacha úd lár na hÉireann, Mac Eochagáin, an Sionnach, ⁊rl., ar armas na dTalbóideach a úsáid sa tréimhse *c.* 1415 i leith. Cé gur cuireadh lámha dearga isteach sna harmais ina dhiaidh sin, is é is dóichí nach raibh in úsáid acu ar dtús ach armas a dtiarna feodach féin mar chomhartha géillsine. Tá fianaise éigin ann a mheabhródh gur *Ar airgead leon dearg* an t-armas a bhí in úsáid tráth ag roinnt de na sleachta Gaelacha i lár na tíre. Maireann an t-armas sin amhail cuid d'armas Uí Mhaoileachlainn, cuir i gcás (IF: 217), ceann de na sleachta Gaelacha ba mhó le rá san Iarmhí. Is spéisiúil freisin gur *Ar airgead leon dearg* an t-armas a leagann an Cinnéideach ar mhuintir Chearúlláin, a bhfuil seanbhaint acu le ceantar na Mí agus ar Dhéisigh (Dease) na Mí freisin (K: 68, 39).

In 1425 mhionnaigh Eoghan Ó Néill, an duine ba threise dá shliocht ag an am, mhionnaigh sé dílseacht fheodach do rí Shasana, Anraí VI, agus d'Iarla Uladh. In ainneoin na móide sin, áfach, mháirseáil sé ó dheas in 1430 agus loisc sé iarthar na Mí. Is iomaí taoiseach Gaelach a ghéill dó: Ó Conchúir Fáilí, Ó Madagáin agus Ó Maoileachlainn, cuir i gcás. Ghéill mórán de Ghaill lár na tíre dó freisin, Pluincéadaigh, Nuinseanaigh agus Oireabardaigh, mar shampla. Murach caisleáin agus ballaí láidre bhailte na Mí, thiocfadh mac Uí Néill fhad le Baile Átha Cliath féin. B'eachtra fhíor-neamhghnách slógadh sin Eoghain Uí Néill nár tharla a mhacasamhail riamh roimhe.

Ós rud é go raibh an lámh dhearg in úsáid mar armas ag na Niallaigh ag an am, b'fhéidir gur tar éis slógadh 1430 a chuir leithéidí Mhig Eochagáin agus an tSionnaigh na lámha dearga isteach san armas a bhí i bhfeidhm acu féin .i. leon dearg na dTalbóideach. Ba léir dóibh tar éis eachtra 1430 go raibh beirt tiarnaí os a gcionn feasta, ar Ghael duine díobh agus Gall an duine eile, agus gur chóir dóibh é sin a chur in iúl go haraltach.

Níl sa mhéid sin uile ach tuairimíocht ghlan; tá cuma na dóchúlachta air, áfach. Má tá bunús ar bith leis, is fianaise é gur *c.* 1420-1435 a thosaigh roinnt de Ghaeil Éireann ar an araltas a chleachtadh. Bhí an Talbóideach cumhachtach in Éirinn le linn do Shéamas Buitléir a bheith beo, cé go mbíodh an bheirt acu ag síorachrann lena chéile. Bhí an-suim ag Séamas san araltas i gcoitinne ach má bhí féin, ní dócha gur rud eisceachtúil ag an am é. Ní foláir nó bhí borradh faoin araltas in Éirinn lena linn. Níorbh iontas ar bith é mar sin, má ghlac roinnt de na taoisigh Ghaelacha leis an araltas sa tréimhse chéanna.

01.07: Gaeil agus Gaill ag léigear Rouen

Deir Annála Chonnacht linn faoin mbliain 1419 go ndeachaigh 720 fear in éineacht le Tomás Bacach Buitléir, mac le hIarla Urmhumhan, chuig an bhFrainc le cúnamh a thabhairt do rí Shasana, Anraí V, in aghaidh rí na Fraince. Cotúin ghléigeala a bhí um a leath agus cotúin dearga um an leath eile. Deirtear linn ar dtús gur uaisle Gaelacha agus Gallda a bhí iontu agus ansin insítear gur mharaigh galar marfach a lán de na "hÉireannchaibh". Is léir gur chreid údar an tsleachta gur aon dream amháin iad Gaill agus Gaeil. Insíonn na rollaí armas dúinn cén t-armas a bhí ag Séamas, Iarla Urmhumhan féin, ag léigear Rouen (FCA: 27). Má bhí armais ag na Gaill i measc na nÉireannach, is rídhócha go raibh armais ag cuid ar a laghad de na huaisle Gaelacha freisin.

01.08: Tuama an Chathánaigh i nDún Geimhin

Tá tuama lena fheiceáil i bhfothrach an teampaill choinbhintiúil i nDún Geimhin i gContae Dhoire. Feictear figiúr ridire ina luí faoi théastar ann agus lena ghualainn tá leagan d'armas Uí Chatháin snoite sa chloch. Ceapadh tráth gur le Cumhaidh na nGall Ó Catháin (†1385) an tuama. Tuigtear anois gur déanaí an tuama ná sin (cé gur cuireadh athchruth air sa 19ú haois) agus gur leis an dara leath den 15ú haois a bhaineann sé. Is fianaise an tuama mar sin go raibh an t-araltas á chleachtadh ag na Cathánaigh *c.* 1450-1500.

01.09: Séala araltach an Chaomhánaigh

Is é an chéad fhianaise eile atá againn faoi chleachtadh an araltais i measc na nGael séala araltach de chuid Dhónaill Riabhaigh Mhic Mhurchadha Chaomhánaigh atá ar caomhnú i Leabharlann Náisiúnta na hÉireann. Is leis an mbliain 1475 a bhaineann sé. Leon siúlach atá ar an sciath agus tá leon amhail tacaí ar gach aon taobh di. Is as an maitrís cheannann chéanna a tháinig an séala ar baineadh feidhm as ar chonradh idir Piaras Buitléir agus garmhac Dhónaill Riabhaigh .i. Murchadh Caomhánach, a síníodh in 1525.

01.10: An 16ú haois i leith

Ón tréimhse sin i leith is i bhfairsinge a théann na samplaí d'araltas na nGael. Tá litir ar caomhnú i státpháipéir Shasana a chuir Mánas Ó Dónaill, tiarna Thír Chonaill, chuig an bhFear Ionaid, Leonard Gray, i mí Lúnasa na bliana 1537. Is le séala abhlainne a shéalaigh Mánas a litir agus tá leon agus deasóg lena sonrú ar an abhlann. Is dócha gur armas atá i gceist ach gur lochtach mar a buaileadh an mhaitrís ar an gcéir. Dealraíonn sé go bhfuil gaol ag an leon is an lámh le harmas a bhí in úsáid tráth ag na Dálaigh .i. *Ar dhubh dhá leon chomhraiceacha airgidí idir thuas deasóg idir dhá réalta agus thíos an tríú réalta iad sin uile de lí an airgid* (BGA: 748).

Sa bhliain 1542 bhain Sir John Travers, Máistir an Ordanáis in Éirinn, dhá chruinnbhrat de thaoisigh Ghaelacha agus é ag cogaíocht leo. An chéad cheann is i gcaisleán Uí Chatháin ar abhainn na Banna a fuair sé é; an dara ceann is ó chlann Mhic Dhónaill a thóg sé é. Is é armas Mhig Uidhir a bhí le feiceáil ar an gcéad cheann ("a horseman armed after the ires facion"), cé gur i seilbh na gCathánach a bhí sé. Armas Mhic Dhónaill a bhí ar an dara ceann de réir cosúlachta, arae "a sheype [ship] without a tope" i measc nithe eile a bhí lena bhrath air.

Scrúdaigh Armstrong fiaint na Banríona Eilíse in Oifig na dTaifead Poiblí go luath san aois seo, sular scriosadh iad. I measc na bhfiant bhí roinnt cáipéisí géillte a shínigh taoisigh Ghaelacha agus Gall-Ghaelacha. Shéalaigh corrthaoiseach Gaelach le séala araltach, Toirealach Ó Briain, cuir i gcás, Conall Ó Maolmhuaidh agus Féichín Ó Fearaíl Buí. Armas Bhrianaigh Inse Choinn a d'fheictí ar shéala Thoirealaigh Uí Bhriain .i. *Ceathair-roinnte 1 agus 4 Trí leon ag siúl ar dul cuaille 2 Trí dhing ag teacht le chéile san imleog 3 Treá.*

Sa bhliain 1567 a d'fhoilsigh John Goghe a léarscáil d'Éirinn. Feictear uirthi armais roinnt de na taoisigh mhóra Ghallda .i. iarlaí Urmhumhan, Laighean, Deasmhumhan agus Chlann Riocaird. Tá armas bheirt taoiseach Gaelach ann freisin, Mac Cárthaigh Mór .i. Iarla Chlann Chárthaigh (*Ar airgead carria siúlach dearg*) agus Ó Briain .i. Iarla Thuamhumhan (*Ar dhearg trí leon airgidí ag siúl ar dul cuaille*) (FNMI 4 i: 5).

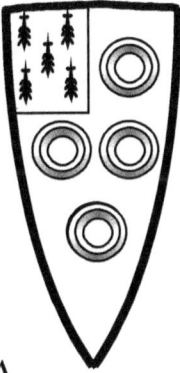

A.

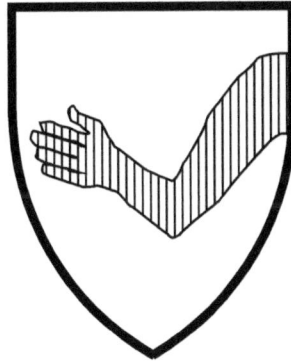

B.

C.

D.

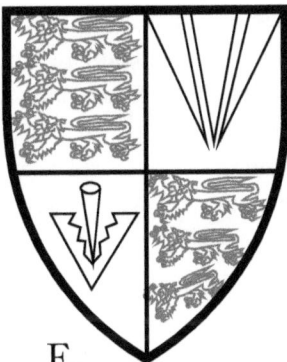

E.

A. Armas an Chantualaigh Fhada, Cill Phaoin, Contae Chill Chainnigh

B. Armas Chathail Chroibhdheirg (de réir Foster)

C. Séala Aodha Ramhair (†1364)

D. Séala Dhónaill Riabhaigh Mhic Mhurchadha (1475)

E. Armas Thoirealaigh Uí Bhriain óna shéala (ca. 1585 ?)

Figiúr

Tugann Du Noyer sampla nó dhó d'armais ag uaisle Gaelacha ar thuamaí ó ochtóidí an 16ú haois. Faightear roinnt mhaith armas de thaoisigh Ghaelacha in dhá lámhscríbhinn san Oifig Ginealais .i. GO 32 agus 34 ó dheireadh an 16ú haois. Faightear na harmais seo a leanas in GO 34, a cuireadh le chéile timpeall na bliana 1590: Ó Dónaill, Iarla Thír Chonaill; Ó Briain, Barún Uí Bhracáin; Ó Néill, Barún Dhún Geanainn. In GO 32, a scríobhadh *c.* 1595-1597 faoi stiúradh Christopher Ussher, Rí-Aralt Uladh, faightear na harmais seo: Ó Briain, Barún Inse Choinn; Donncha Ó Briain, Iarla Thuamhumhan; Dónall Mac Cárthaigh Mór, Iarla Chlann Chárthaigh; agus Aodh Ó Néill, Iarla Thír Eoghain.

01.11: Focal scoir

Is ceart a lua sna cásanna deireanacha sin nach deontais atá iontu. Is léir go nglactar leis gur le fada atá na harmais sin ag na taoisigh. Is dócha gur féidir a bheith cinnte mar sin gur luaithe na harmais ag na Gaeil go hiondúil ná na chéad tagairtí dóibh. Cuimhnítear go n-áitíonn Diarmaid Ó Conchúir gur dheonaigh Dónall Rua Mac Cárthaigh (†1302) círín do na Duinnínigh (§01.04). Más fíor don Chonchúrach é, bhí armais nó codanna díobh á ndeonú ag taoisigh Ghael-acha dá lucht leanúna chomh luath le tús an 14ú haois. In ainneoin an bhaint a bhí ag Clann Chárthaigh leis na Gaill, is dócha go raibh a ngníomhaíocht araltach neamhspleách ar fad ar an gCoróin.

Cé gur dócha gur féidir tuilleadh fianaise faoi cheist an araltais Ghaelaigh a bhaint as na rollaí armas atá ar caomhnú i Sasana agus in áiteanna eile, tá bun-ghnéithe an scéil soiléir go maith. Ní d'aon ráig amháin a ghlac na Gaeil leis an araltas ach de réir a chéile, ina nduine is ina nduine de bharr imthosca faoi leith. Bhí armas ag Cathal Crobhdhearg, más fíor, chomh luath le *c.* 1215. Níl aon fhianaise eile againn go dtí tús an 14ú haois, nuair is léir go raibh an t-araltas á chleachtadh ag corrthaoiseach Gaelach. Dealraíonn sé gur chuir an athbheochan Ghaelach ó dheireadh an 13ú haois i leith srian éigin le cleachtadh an araltais ag na taoisigh Gaelacha. Ar aon chuma, ní raibh an t-araltas coitianta i measc na nGael go dtí an 15ú haois agus ní ba dhéanaí fós. Faoi thús an 16ú haois bhí an feodachas athraithe ó bhun agus ba lú ná riamh na difríochtaí sóisialta idir Gaeil agus Gaill. Bhí an bealach oscailte feasta do chleachtadh an araltais i measc seanbhunadh na hÉireann.

02: An siombalachas dúchasach

02.00: Meirgí na nGael roimh theacht na Normannach

Is léir ó litríocht na Gaeilge, go raibh córas siombailí ag na Gaeil i bhfad sular ghlac siad leis an araltas féin. Sa saothar *Cogadh Gaedhel re Gallaibh* (11ú haois), cuir i gcás, luaitear meirgí fhir Bhréifne: *agus deich meirge agus trí fichid orra do dhearg agus do bhuidhe agus d'uaine agus do cheineál gacha datha um an meirge síthe sárshuaithnidh séanta saineamhail rug buadh gacha catha … meirge órghráineamhail Fhearghail Uí Ruairc* [litriú normalaithe]. Is dócha gur púdráilte le fíora beaga órga a bhí meirge Uí Ruairc.

Creideann Seathrún Céitinn go raibh armais ag na Gaeil riamh anall. In *Foras Feasa* ii. 13 deir sé faoi chath Maighe Rath (634), go raibh "suaitheantas" dá chuid féin ag gach taoiseach agus gur faoi "shuaitheantas" a dtaoisigh a chuaigh gach buíon faoi leith isteach sa chath. Tugann an Céitinneach le tuiscint go raibh na meirgí éagsúla ann, sa chaoi go mbeadh deis ag na seanchaithe na laochra faoi leith a aithint i dteas an chatha. Is léir gurb iad nósanna ridirí na meánaoiseanna agus a gcleachtas araltach atá laistiar de thuairimí sin an Chéitinnigh. Ina theannta sin tugann Céitinn rann as dán dár tús "Tréan tiaghaid catha Conghail" a bhfuil cuntas ann ar mheirge Chongail Chlaoin. B'ionann é de réir an dáin agus meirge Conchúir mhic Neasa, rí na nUladh:

> Leomhan buidhe i sróll uaine,
> Comhartha na Craobhruaidhe,
> Mar do bhí ag Conchobhar cháidh,
> Atá ag Conghal ar congbháil.

Tá an dán ina iomláine le fáil sa saothar *Cath Maighe Rath* ach is dócha gur déanaí an dán ná an scéal próis. *Ca.* 1200 a cumadh an dán, de réir cosúlchta. Gach uile sheans gur tháinig an dán "Tréan tiaghaid catha Conghail" faoi anáil araltas na nGall.

02.01: Araltas na nGael agus an fhinstair

Más nós ársa ag na Gaeil meirgí araltacha a bheith acu, tá bunús leis, dar leis an gCéitinneach. Is mar aithris ar Chlann Iosrael a thosaigh na Gaeil ar an araltas a chleachtadh: *Is imchian ó do thionnscnadar Gaedhil gnáthughadh na suaitheantas ar lorg chloinne Israel lér gnáthuigheadh san Égipt iad ré linn Ghaedhil do mharthain, an tan bhádar clann Israel ag triall trés an Muir Ruaidh agus Maoise 'n-a ardtaoiseach orra.*

Ba thuairim choitianta sna meánaoiseanna é go raibh armais ag treibheanna Iosrael. Tá tagairtí i leabhar na nUimhreacha (10:11-27) do thóstal na dtreibheanna éagsúla faoina meirgí faoi leith. Ina theannta sin samhlaíonn Iácób a chlann mhac le hainmhithe agus nithe éagsúla (Geineasas 49:3-27). Cuireadh an dá shliocht le chéile agus armais na dtreibheanna a fuarthas.

Níl bunús ar bith leis an bhfinscéal sin faoi armas na nIosraeilíteach, ár ndóigh, cé gur glacadh leis anuas go dtí an 19ú haois in áiteanna (féach K: 67, cuir i gcás). Ina ainneoin sin is in aonturas a luann an Céitinneach é. Sna meán-aoiseanna creideadh i Sasana gur le linn Chogaidh na Traí a céadcheapadh an t-araltas .i. chun na taoisigh Ghréagaigh a dhealú óna chéile agus ó mhuintir na Traí féin. De réir fhinstair Shasana agus na Breataine Bige, atá ag Séafra Mynwy (Geoffrey of Monmouth) sa 12ú haois, cuir i gcás, is ó Bhrutus, laoch de chuid na Traí, a shíolraigh muintir na Breataine. Deir Séafra Mynwy gur theith Brutus ón Traí agus gur sheol sé siar agus ó thuaidh gur tháinig sé i dtír i dTotnes, Devonshire. Is ón mBrutus sin a fuair an Bhreatain (*Britannia*) a hainm agus ba é Brutus agus a lucht leanúna a thug an t-araltas isteach sa Bhreatain. Is chun an léamh úd ar an stair a bhréagnú a chuireann an Céitinneach an míniú eile isteach in *Foras Feasa* .i. gur bunús bíobalta atá le haraltas na nGael trí mheán a sinsir, Gaedheal nó *Gadelus* agus gur sine araltas na nGael ná a mhacasamhail ag na Gaill.

Stair bhréige atá i scéal Bhrutus agus i bhfinstair na hÉireann araon ach meabhraíonn tuairim an Chéitinnigh fíric amháin dúinn .i. gur nós sean-bhunaithe ag na Gaeil úsáid an araltais nuair a bhí an Céitinneach ag scríobh i dtríochaidí an 17ú haois. Is spéisiúil freisin go bhfaightear tagairtí san Fhiann-aíocht do mheirgí na Féinne agus luaitear fíora éagsúla orthu, an *Dealbh ghréine*, cuir i gcás, an *Lámh dhearg*, an *tAoncheannach óir*, ⁊rl. (Meek 1986). Is léir mar sin gur creideadh go mbíodh araltas dá gcuid féin á chleachtadh ag laochra na Fiannaíochta.

Is ceart meabhrú, dála an scéil, nach focal dúchasach *meirge*, a bhfuil tagairt déanta dó thuas ach gur iasacht é ar *merki* 'bratach, meirge' na Sean-Loch-lainnise. Más iasacht an focal meirge, áfach, is dócha gur dúchasach roinnt mhaith dá dtaispeántaí ar mheirgí na nGael sa ré réamharaltach. Is dócha freisin gur siar chuig an bpágántacht Cheilteach a théann a lán de na siombailí sainiúla a fhaightear in araltas na nGael.

02.02: Dealbhra Ceilteach agus araltas na nGael

Is suntasach a fhairsinge is atá fíora áirithe in araltas na nGael nach bhfuil róchoitianta in araltas Shasana ná na Mór-roinne. Ar na dúile beo a fhaightear go fairsing in araltas na dtaoiseach Gaelach áirítear an torc, an carria, an cú, an bradán, an nathair nimhe agus an laghairt. I measc na nithe eile atá coitianta in araltas na nGael d'fhéadfaí an ghrian, an lámh dhaonna agus cineálacha éagsúla crann a lua. Tá siad sin uile chomh coitianta sin san araltas Gaelach, nach dócha gur de thaisme a fheictear ann iad. Is gnéithe formhór na nithe sin de dhealbhra págánach na gCeilteach in Éirinn, an Bhreatain agus ar an Mór-roinn i gcoitinne. Tagtar orthu go forleathan sna hiarsmaí atá ar caomhnú d'ealaín chultasach na gCeilteach réamh-Chríostaí agus atá léirithe ag seandálaithe.

Tá an chosúlacht ar an scéal, go raibh dealbhra págánach ag na Gaeil riamh anall agus gur mhair gnéithe de anuas go dtí an 14ú agus an 15ú haois, nuair a tosaíodh ar feidhm nua a bhaint as .i. amhail ábhar le haghaidh na n-armas nua a bhí na taoisigh Ghaelacha a ghlacadh chucu féin ag an am. Luadh cheana gur dócha gur seansuaitheantas de chuid Chineál Eoghain a bhí sa lámh dhearg a chonacthas in armas Aodha Ramhair den chéad uair (§01.02).

Tugann iarsmaí den dealbhra Ceilteach pearsantacht faoi leith d'araltas na nGael ach tá saintréithe eile aige ba cheart a lua anseo. Is suntasach, cuir i gcás, a choitianta is atá an dath uaine in araltas na nGael i gcomórtas le haraltas na nGall. Pléifear an cheist sin níos iomláine faoi líocha an araltais (§05.07). Cé go dtagtar ar na stríoca simplí leathana, na ríphíosaí, in araltas na nGael, níl siad chomh fairsing ann agus atá in araltas na nGall in Éirinn ná i Sasana, ná in araltas na Mór-roinne ach an oiread. Tá baint ag teirce sin na ríphíosaí san araltas Gaelach, is dócha, le hiomadúlacht na ndeilbheacha Ceilteacha ann. Ní bhactaí leis na ríphíosaí go minic, de réir cosúlachta, toisc go mbítí ag iarraidh seansiombailí a chur ar thaispeáint sna sciatha. Tréith Ghaelach eile is ea an chaoi a mbaintear feidhm as an gceathair-roinnt chun fíora éagsúla a leagan amach ar an sciath (§22.06). Gheofar cuntas ar an araltas sa saol Gaelach in Éirinn agus in Albain ag Roelofsma (1982) agus Pye (1970).

Cé gur léir go bhfuil eilimintí dúchasacha lena sonrú ar araltas na nGael, ní ceart dul thar fóir á gcuardach. Bíodh go bhfuil toirc, carrianna agus nathracha coitianta in armais na dtaoiseach Gaelach, tá a macasamhailí le fáil in araltas Shasana agus na Mór-roinne freisin. Ní rud dúchasach a bhí san araltas féin, ach córas a fuair na Gaeil ó na hAngla-Normannaigh. Bhí drogall ar a lán de na Gaeil glacadh leis an araltas ar dtús, agus níor ghlac a bhformhór mór leis go raibh siad á ngalldú go tréan. Cé go bhfuil eilimintí dúchasacha lena bhfeiceáil san araltas Gaelach, is treise i bhfad na heilimintí iasachta ann. Ní féidir araltas na hÉireann i gcoitinne agus araltas na nGael go háirithe a thuiscint ach i gcomhthéacs an araltais a bhí á chleachtadh lasmuigh d'Éirinn.

03.00: Téarmaíocht an araltais

Ó fhíorthús an araltais in iarthar na hEorpa ceapadh sainfhoclóir chun cur síos ar na harmais éagsúla agus na nithe a bhíodh lena bhfeiceáil iontu. Sa Fhrainc agus sa Fhraincis ba thúisce a tháinig an téarmaíocht chun cinn. Níorbh fhada, áfach, gur tosaíodh ar an téarmaíocht araltach a fhorbairt i dteangacha eile, an Béarla, an Ghearmáinis, an Ollainnis, an Bhreatnais, ⁊rl. Is ar an bhFraincis a bunaíodh cuid mhaith de théarmaíocht araltach an Bhéarla, mar is léir fiú sa lá atá inniu ann. Is spéisiúil dála an scéil, gur sa Fhraincis a bhí cáipéisí na n-aralt Sasanach anuas go dtí an chéad leath de réimeas Anraí VIII (1509-1547).

03.01: Téarmaíocht an araltais agus an Ghaeilge

Mar a luadh cheana (§§01.00-01.08), is dócha gur idir an 13ú agus an 15ú haois a thosaigh formhór na dtaoiseach Ghaelacha a an araltas a úsáid. Faoin am sin is ar éigean a bhí mórán Béarla ag a lán acu. Ós rud é gur dócha gur nós leis na Gaeil a ghlac leis an araltas armais a dheonú dá lucht leanúna, ní foláir nó tháinig foclóir Gaeilge chun cinn le freastal ar riachtanas an araltais. Ní mhaireann an téarmaíocht sin, faraor, ach is dealraitheach gur iarsmaí di na focail *armas* 'coat of arms' agus *machaire* 'field' (.i. cúlra na scéithe) a fhaightear go minic sa Ghaeilge.

Maireann téarmaíocht araltach i nGaeilge na hAlban atá neamhspleách ar fad de réir cosúlachta ar a macasamhail i nGaeilge na hÉireann. Tugann Edward Dwelly roinnt mhaith téarmaí araltacha ina fhoclóir Gàidhlig-Béarla agus tá gach uile chuma orthu gur leaganacha dúchasacha iad.

Tugtar cuntas ar armais agus ar mheirgí i bhfilíocht na Gaeilge ó am go ham, mar shampla, san aighneas faoi lámh dhearg Uladh idir Diarmaid Mac an Bhaird, Eoghan Ó Donnghaile agus Niall Mac Muireadhaigh atá i gcló ag Cameron in *Reliquiae Celticae*. Tá cuntas ag an gCéitinneach faoi mheirgí threibheanna Iosrael (§02.01) agus maíonn sé gur orthu sin a bhunaigh na Gaeil a n-araltas féin. Faightear rainn fáin uaireanta i lámhscríbhinní Gaeilge a chuireann síos ar armais daoine áirithe. Tá an tuairisc seo faoi armas Uí Lochlainn Boirne i gcló ag Ó Donnabháin, cuir i gcás:

> A gcampa Uí Lochluinn dob fhollus a mbláthbhrat sróill,
> A gceann gach troda le cosnamh do láthair gleo,
> Seandair thorthach ar gcosnamh le mál go cóir
> Is anncoir gorm fá choraibh do chábla óir.

Ó tharla gur i meadaracht an amhráin atá an rann sin, ní dócha gur luaithe é ná an 17ú haois. Tugann Aogán Ó Rathaille cuntas ar armas Uí Cheallacháin ina mharbhna ar Dhónall Ó Ceallacháin (†1724). Is mar seo a labhraíonn sé:

A armus, is é tarraingthe i n-órdhath
Faolchú fhaobhrach éigneach bheodha,
Ag tréigean imill na coille 'n-a comhrith,
'S ag dul ar seilg ar leirgibh Fódla.

03.02: Sainfhoclóir an araltais sa Nua-Ghaeilge

Cé gur léir ón méid sin uile go mbíodh an t-araltas á phlé sa Ghaeilge, is fíor freisin nach beacht iad mar chuntais na tagairtí a luadh go dtí seo. Maidir leis an tuairisc araltach tá sé den riachtanas go mba léir don té a léifeadh í conas an t-armas a tharraingt nó a phéinteáil agus gan roimhe ach na focail féin. Bíodh go bhfaightear corrshampla de chraobhscaoiltí araltacha i lámhscríbhinní Gaeilge de chuid an 18ú agus an 19ú haois (§§17.05, 27.06), níl ach scoláire amháin ar eolas agam a bhaineadh feidhm leanúnach as an nGaeilge chun cur síos ar an araltas .i. Diarmaid Ó Conchúir, duine ar tagraíodh dó cheana (§01.04; féach freisin §28.07). Níl téarmaíocht an Chonchúraigh beacht ar fad ná de réir a chéile, ach tá an chuma ar an scéal go maireann iarsmaí de sheanfhoclóir traidisiúnta an araltais inti.

Níor tosaíodh ar théarmaíocht iomlán araltach a chumadh sa Ghaeilge gur bunaíodh oifig an Phríomh-Arailt faoin rialtas dúchasach. Is nós leis an bPríomh-Aralt ó 1943 i leith formhór na bpaitinní a bheith dátheangach aige. Na gearrphaitinní Béarla féin bíonn tuairiscí Gaeilge iontu agus tá roinnt mhaith de théarmaí araltacha Oifig an Phríomh-Arailt i bhfoclóirí de Bhaldraithe agus Uí Dhónaill. Cé go raibh an téarmaíocht á forbairt ar feadh níos mó ná daichead bliain in oifig an Phríomh-Arailt, go dtí le déanaí bhí bearnaí agus easpa leanúnachais inti. Le blianta beaga anuas táthar ag féacháil le téarmaíocht Ghaeilge an araltais a thabhairt chun cruinnis. Foclóir leasaithe atá in úsáid ag an bPríomh-Aralt anois agus is é an foclóir sin atá i bhfeidhm sa leabhar seo freisin.

Ós rud é go bhfuil éagsúlacht idir an téarmaíocht Ghaeilge atá i bhfeidhm anois agus an téarmaíocht a bhí in úsáid ag an bPríomh-Aralt ó 1943 go dtí 1988, chonacthas dom nárbh fhiú agus mé ag tagairt do dheontais ón tréimhse sin na buntuairiscí Gaeilge a úsáid. Nuair a dhéanaim tagairt d'armas a deonaíodh nó a deimhníodh go dátheangach sa tréimhse 1943-1988, ní thugaim mar leagan Gaeilge ach aistriúchán nua ar an mbun-Bhéarla.

NÓTA: Gheofar téarmaíocht leasaithe an araltais ar leathanaigh 165-196.

03.03: An t-armas tagrach

Is seanchleachtadh san araltas ceangal a bheith idir ainm phríomhfhíor an armais agus ainm an armasaigh féin. Armas tagrach a thugtar ar a leithéid d'imeartas focal. Is iomaí sampla a fhaightear in araltas na hÉireann. Ar an mBéarla a bhunaítear an t-imeartas bunaithe go minic. Trí cholmóir (Béarla *hake*) a fheictear in armas Haicéid (IF: 215) agus trí chorr réisc (Béarla *herons*) in armas Uí Eachthírn (Ahern) (IF: 211).

Ar an nGaeilge a dhéantar an t-imeartas uaireanta: Samhlú den tsíocháin a fheictear in armas Uí Shíocháin .i. colúr agus craobh olóige ina ghob (§12.06); craobhacha atá lena sonrú ar armas an Chraobhaigh (Creagh) (§10.10). Clogaid ("cinnéide") a fheictear in armas Uí Chinnéide (§17.10).

Uaireanta ní léir cén teanga atá i gceist. Trí róiste a fheictear in armas an Róistigh (§13.02) agus gríobh (Béarla *griffin*) príomhfhíor armas Uí Ghríofa/Griffin (§14.04).

04.00: An t-armas slán

Má tá armas nó ceart chun armais ag duine, deirtear gur *armasach* atá ann. *Armas* a thugtar ar an sciath féin agus na rudaí eile ina timpeall: an clogad agus a círín os a cionn, na tacaithe ar gach aon taobh, an lantán agus an rosc faoina bhun. Ó cheart *armas slán* nó *slánarmas* is ceart a thabhairt ar an sciath leis na hornáidí uile ina timpeall. Ní thagraíonn an téarma *armas* go cruinn ach don sciath agus a bhfuil uirthi. Ós rud é gurb í an sciath an chuid is bunúsaí den slánarmas, is léi sin a thosóimid.

04.01: An Sciath

> Agus ná feiceann tú bainte ar armus mo scéithe-se agus ar dhruim mo shleighe gur fear marbhtha céad d'aon bhéim mise, agus gur me is oighre ar Shancho Panza.
>
> (Mathghamhain Ó Cróinín dar le hAogán Ó Rathaille)

Tig leis an sciath seasamh ina haonar agus go teoiriciúil is féidir sciath de chruth ar bith a úsáid. I ré luath an araltais ba mhinic a d'fheictí an sciath fhada bhun-chaol ach chuireadh sí sin an-srian le dearadh agus taispeáint na n-armas agus éiríodh as í a úsáid le haghaidh armas. Is é an cruth biorach comhshleasach an cruth is rogha le daoine sa lá atá inniu ann. Is é an cineál sin scéithe an ceann is éifeachtaí chun armas a léiriú. Is cuma nó teasaire an tseaniarann smúdála an cruth atá uirthi agus uime sin "teasaire" (Béarla *heater, heater-shield*) a thugtar uirthi.

Sa dara leath den 14ú haois tháinig sciath bheag, an targaid, chun cinn a d'úsáidtí le linn giústála. Is í an tréith is suntasaí den sciath go bhfuil eang rabh-náilte inti sa chúinne uachtarach ar dheis. Chun an tsleá a thacú a bhí an eang ann ach nuair a tosaíodh ar an targaid a úsáid san araltas, chrom na healaíontóirí araltacha ar eang a chur in gach aon taobh. Níorbh fhada ansin gur mbíodh na ciumhaiseanna uile á maisiú le scrollaí, ⁊rl. Faoin am ar éiríodh as na turnaimintí sa 16ú haois, bhí maisiú ornáideach na scéithe araltaí ó smacht ar fad. Is fearr le healaíontóirí an lae inniu filleadh ar stíl shimplí ré luath an araltais.

Ós rud é nach trodairí a bhí san heaglaisigh, ba leasc leo uaireanta sa ré luath sciath a bheith acu chun a n-armais a thaispeáint. Ina hionad sin is in ubhchruth nó cartús a léirídís iad. Bhí an cartús coitianta san 18ú agus san 19ú mar ghnáth-fhoirm scéithe ag gach uile chineál armasaigh. Is i gcartús atá armas chathair Bhaile Átha Cliath ar éadan Theach an Ardmhéara i Sráid Dásain, cuir i gcás, cé gur i sciath atá sé os cionn an dorais. I gcartúis a fheictear armais Ridirí Ord Phádraig Naofa ón 18ú agus 19ú haois ar a stallphlátaí i gcór Theampall Phádraig, Baile Átha Cliath. Sa tréimhse sin is i gcartús a léirítí an t-armas ríoga go minic; féach, cuir i gcás, éadan Bhanc na hÉireann ar Fhaiche an Choláiste, Baile Átha Cliath.

04.02: An meirge

Ní gá gur ar sciath a bheadh an t-armas. Is féidir é a chur ar taispeáint ar bhratach chearnógach nó meirge (Béarla *banner*). Tá samplaí breátha de mheirgí araltacha lena bhfeiceáil os cionn córstallaí Theampall Phádraig, Baile Átha Cliath. Is éard atá iontu sin meirgí na bhfear a bhí ina ridirí d'Ord Phádraig Naofa nuair a díshealbhaíodh Eaglais na hÉireann (1871). I Halla Phádraig Naofa i gCaisleán Bhaile Átha Cliath tá meirgí eile ar crochadh .i. meirgí ridirí deireanacha an Oird sular ligeadh dó dul i léig. Feictear sraith bhreá eile de mheirgí araltacha san Iarsmalann Araltais i Sráid Chill Dara, Baile Átha Cliath. Is éard atá iontu sin na meirgí a bhaineann le taoisigh Ghaelacha sloinne ar dearbhaíodh a nginealaigh (§31.05).

Feictear armais chorparáideacha go minic sa phríomhchathair agus iad ag foluain i bhfoirm bratacha os cionn na n-institiúidí a mbaineann siad leo, Coláiste na Tríonóide, Baile Átha Cliath, cuir i gcás, Coláiste na hOllscoile agus Coláiste na Máinlianna. Is meirgí araltacha na bratacha céanna.

Faightear meirgí araltacha laistigh den slánarmas uaireanta. Bíonn meirge á choinneáil ag na tacaithe .i. na figiúirí a choinníonn an sciath suas. Aingil a bhí mar thacaithe ag ríthe na Fraince agus léirítí go minic iad agus crann meirge den armas féin (*Ar ghorm trí fhlór de lúis órga*) ina lámha. Tá meirgí ag tacaithe armas Thuaisceart Éireann freisin (§24.06).

04.03: An stannard

> Gach lá pátrúin tigid lucht ceirde na cathrach i prosesion onórach mórthimpeall na reigléas réamhráite go mbratachaibh agus stannard-aibh. (Tadhg Ó Cianáin, 1608)

Tá meirge araltach ag Eilís II, banríon na Ríochta Aontaithe, ach is minic is *an Stannard Ríoga* (*the Royal Standard*) a thugtar go hearráideach air. Is éard atá sa stannard ó cheart bratach fhada thriantánach a mbíonn armas, suaitheantas, rosc agus círín an armasaigh uirthi. Bhíodh stannaird de chineálacha éagsúla in úsáid tráth ag móruaisle na hÉireann. Ar Phláta 4 feicfear stannaird Ghearailt, 14ú Iarla Chill Dara (†1611/12) agus stannaird Iarla Urmhumhan (1615).

05.00: Líocha

Na dathanna a fhaightear san araltas rangaítear i gceithre aicme iad: *miotail*, *dathanna*, *ruaimeanna* agus *fionnaidh*. Is mar *líocha* a thagraítear dóibh uile. Chun an t-athrá a sheachaint nuair atáthar ag cur síos ar armais is minic a labhraítear faoi *lí an machaire, an dara lí, an tríú lí*, ⁊rl., (§18.03*d*).

05.01: Miotail

Tá dhá mhiotal ann: *ór* (o) agus *airgead* (a). *Ór, airgead* a deirtear nuair is mar ainmfhocail a úsáidtear na focail ach *órga* agus *airgidí* nuair is mar aidiachtaí a bhaintear feidhm astu, mar shampla: *Ar airgead sailtír dhearg* (Mac Gearailt, IF: 214) ach *Ar ghorm trí dhuilleog airgidí darach* (Tóibín, IF: 220). Is féidir *de lí an óir/airgid* a rá freisin chun an t-athluaiteachas a sheachaint. Cé gur miotail iad *ór/órga* agus *airgead/airgidí*, is mar *bhuí* agus *bán* a thaispeántar iad go minic.

05.02: Dathanna

Cúig dhath atá i ngnáthúsáid san araltas: *dearg* (d), *gorm* (g), *uaine* (u), *dubh* (du) agus *corcra* (c). Is cuma faoi imir bheacht datha ar bith, ach is ceart gach ceann díobh a bheith chomh gléineach agus is féidir. In araltas na Breataine úsáidtear bánghorm faoin ainm *bleu céleste* 'spéirghorm' in armais daoine a bhfuil baint acu leis an Aerfhórsa nó leis an eitleoireacht i gcoitinne. Tá dathanna eile fós in úsáid theoranta in araltas na Mór-roinne.

05.03: Ruaimeanna

Tá trí ruaim ann: *cródhearg* .i. dath idir dearg agus donn; *maoildearg* .i. dath idir bándearg is corcra; *ciarbhuí* .i. dath odhar nó flannbhuí. Deirtear i roinnt leabhar gur mar a chéile cródhearg is maoildearg, rud nach fíor. Bhí na ruaimeanna éagoitianta tráth ach is ag dul i gcoitiantacht atá siad le tamall anuas. Sampla suntasach den chródhearg is ea armas Cheanannas Mór: *Ar airgead cros déanta d'ocht gcruinneán chródhearga a haon a trí a trí agus a haon tallann breactha ar gach aon cheann díobh an t-iomlán laistigh d'imeallbhord órga maoirsithe dubh.* Is samhlú araltach é sin de leathanach cairpéad, fóilió 33r, i Leabhar Cheanannais. Féach freisin armas Choláiste Victoria, Béal Feirste (§13.08).

Ní heol dom sampla ar bith de mhaoildearg ná ciarbhuí in araltas na hÉireann. Is ciarbhuí atá trian den bhratach náisiúnta, áfach. Dá dteastódh tuairisc chruinn araltach uirthi sin, is mar seo a chraobhscaoilfí í: *Tríroinnte go hingearach uaine airgidí agus ciarbhuí.* Ós rud é nach bhfuil na ruaimeanna fairsing, níl aon noda acu sa Bhéarla, agus ní gá mar sin noda a chumadh dóibh sa Ghaeilge.

05.04: Fionnaidh

Eirmín an fionnaidh is coitianta .i. spotaí dubha ar bhán. Is ionann na spotaí agus eireabaill eirmíní nó easóg. Más bán atá na spotaí ar chulra dubh *fritheirmín* a thugtar ar an bhfionnadh. Spotaí dubha ar bhuí sin *eirmínéis* agus spotaí buí ar dhubh sin *fritheirmínéis*. Ní infhilltear na focail *eirmín, fritheirmín*. Féach, mar shampla, armas Uí Riagáin: *Ar órga rachtán eirmín idir trí dheilf ghorma* (IF: 219) agus armas Uí Bhruadair: *Deighilte dearg is dubh balc órga breactha le trí mhuileata fritheirmín idir an oiread cloigeann gríbhe de lí an óir* (IF: 211). Caithfear *eirmínéis* agus *fritheirmínéis* a infhilleadh sa ghinideach, áfach, mar shampla in armas Uí Choigligh (§10.01).

Is fionnadh eile *véir*. Ba é ba bhunús léi cineál iora a n-úsáidtí a fhionnadh le clócaí, ⁊rl., a líneáil (*ilchraicneach* a thugadh Oifig an Phríomh-Arailt ar véir tráth). Rinneadh stíliú ar na dromanna glasghorma agus na boilg bhána agus ba é toradh an stíliúcháin an véir mar a aithnítear anois í. Tá sampla le fáil in armas Phléimeann: *Ar véir sciathbharr seicear órga is dearg* (IF: 214). Mura ndeirtear a mhalairt airgidí is gorm gach re seal a bhíonn véir. Órga agus gorm atá an véir in armas Priondargás, Contae Thiobraid Árann: *Ar dhearg sailtír véire órga is gorm* (BGA: 822)

Ní mholtar noda Gaeilge sa leabhar seo le haghaidh na gcineálacha éagsúla fionnaidh.

05.05: Fíora dualdaite

Má tá fíor (.i. rud ar an sciath) ina dath nó dathanna féin, deirtear gur *dualdaite* atá sí. Is intuigthe gur dualdaite a bheadh léiriú de dhuine nó d'fhoirgneamh ar bith go hiondúil. Is féidir dualdaite a ghiorrú amhail *dld*. Chun an t-athrá a sheachaint is féidir leaganacha ar nós *ina dhathanna nádúrtha féin* a úsáid in ionad *dualdaite* a rá arís.

05.06: Riail na líocha

Ós rud é gur chun ridirí a dhealú óna chéile a ceapadh na harmais an chéad lá, ba den riachtanais go mbeadh na sciatha éagsúla chomh feiceálach agus ab fhéidir. Go han-luath i stair an araltais tháinig riail chun cinn a choiscfeadh dath a chur ar dhath eile, nó miotal ar mhiotal eile. Ní chuirtí agus ní chuirtear fós ach dath ar mhiotal agus a mhalairt. *Riail na líocha* a thugtar ar an riail sin, a chuirtear i bhfeidhm fós san araltas, cé go bhfuil eisceachtaí suntasacha ann.

Ar an gcéad dul síos ní bhaineann an riail leis na fionnaidh ná le fíora dualdaite. Is féidir leo sin seasamh ar mhiotal nó ar dhath. Is amhail dathanna a láimhsítear na ruaimeanna go hiondúil. Ní chuirtear riail na líocha i bhfeidhm ach an oiread nuair is ilroinnte atá an machaire, cuir i gcás. Ní chloítear léi i gcás an sciathbhairr, an bhordimill ná an chúinneáin.

A. Haisteáil

| Airgead [a] | Ór [o] | Dearg [d] | Gorm [g] | Dubh [du] | Corcra [c] | Uaine [u] |

PRATT

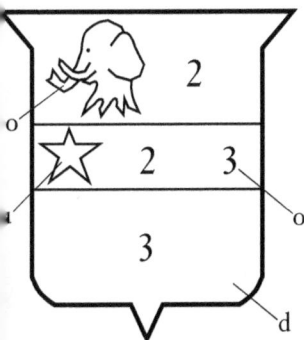

WINGFIELD

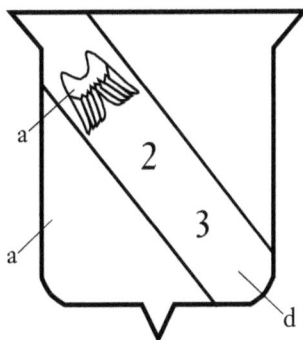

CARDEN

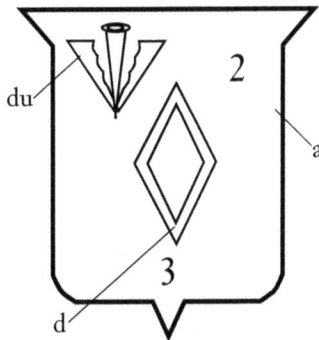

B. Sracléaráidí
(ar Ó Cinnéidigh a bunaíodh)

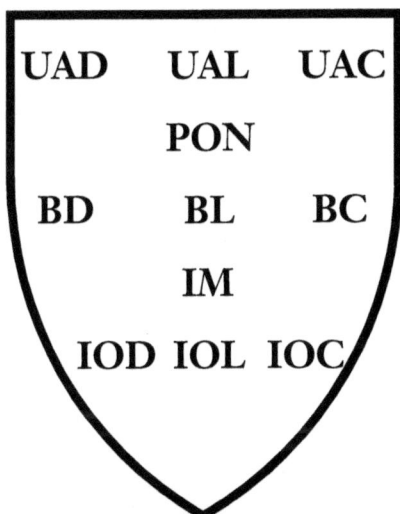

C. Limistéir an
mhachaire

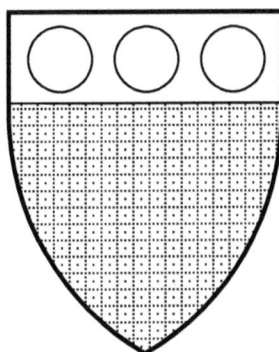

D. Damascú

Figiúr 2

Chomh maith leis na heisceachtaí dlisteanacha, tá armais ann a sháraíonn an riail ar fad. Is é an sampla de shárú na rialacha is minice a luaitear armas Ríthe Crosáidithe Iarúsailéim: *Ar airgead cros chathógach idir ceithre mhionchros phléineáilte gach rud órga*. Is sampla maith de shárú na rialach armas Meredith, a cláraíodh in Oifig Rí-Aralt Uladh: *Ar dhearg rachtán dubh breactha le trí sheamair órga idir trí cheann stoite gabhair den lí dheireanach* (CGH: 67).

05.07: Minicíocht na líocha

Taispeánann an scoláire Francach, Michel Pastoureau, gurb é an t-uaine an lí araltach is gainne de na dathanna agus na miotail. Dé réir a chuid figiúirí, a thugann minicíocht na líocha amhail céadatán, ní fairsinge ná 6% ar an gcuid is mó de uile úsáid an uaine ar fud iarthar na hEorpa sa tréimhse 13ú-14ú haois; is ionann meáncheadatán an uaine agus figiúr éigin idir 2% agus 3% (TH: 117). Ní áirítear Éire i staidéar Pastoureau, ach má fhéachtar ar na harmais Ghaelacha agus Ghall-Ghaelacha a liostálann Mac Giolla Iasachta in IF, feictear go bhfuil an t-uaine sách coitianta iontu. Déanaimse amach go bhfaightear an dath uaine ar an meán in dhá armas as gach naoi gcinn. Is ionann sin agus a rá gurb ionann minicíocht an uaine sa chuid sin d'araltas na hÉireann agus timpeall 7%-9%. Is léir mar sin go seasann araltas na hÉireann leis féin ó thaobh úsáid an uaine de.

05.08: Sracléaráidí agus haisteáil

Is leor an craobhscaoileadh go hiondúil chun cur ar chumas an tsaineolaí an t-armas a shamhlú go beacht. Ar mhaithe leis an áisiúlacht, áfach, tarraingítear *sracléaráid* uaireanta. Is cnuasach de shracléaráidí *Kennedy's Book of Arms* (K). Sa tsracléaráid is le huimhreacha a léirítear fíora dúbailte agus is le noda a thaispeántar na líocha éagsúla.

Tá bealach eile ann chun na líocha a léiriú i ndubh agus bán .i. le córas línte agus poncanna a dtugtar haisteáil air. Deirtear go hiondúil gurb é an tIosánach Iodálach, Sailbheastar da Pietra Santa, a chéadcheap córas na haisteála le haghaidh a leabhair *Tesserae Gentilitiae* (an Róimh 1638). Sa lá atá inniu ann is fusa ná riamh pictiúr dhaite a phriontáil agus dá bharr sin níl an haisteáil chomh coitianta is a bhí tráth.

06.00: An machaire

Machaire a thugtar ar dhromchla na scéithe a seasann na nithe eile air. Rud ar bith a fheictear ar an machaire *fíor* atá ann. Chun gur féidir cuntas cruinn a thabhairt ar an armas, caithfear suíomh na bhfíor éagsúil ar an machaire a thuairisciú go beacht. Aithnítear trí limistéar anuas, an taobh deisil nó deas, an lár agus an taobh tuathail nó clé. Is ó áit an té atá ag iompar na scéithe a thagraítear do dheas is clé. Is ar thaobh clé an fhéachadóra atá an taobh deas mar sin.

Aithnítear trí limistéar chothrománacha freisin, an barr, an bun agus an balc eatarthu. Is as an mbalc, ríphíosa cothrománach a théann trasna na scéithe (§07.01), a ainmnítear an ceann deireanach sin. Más sa bharr, sa bhun nó sa bhalc atá fíor, mura ndeirtear a mhalairt, glactar leis gur i lár báire atá sí. Más gá an lár a shonrú, deirtear gur *sa bharrphointe*, *sa bhalcphointe* nó *sa bhunphointe* atá sí. Nuair is gá a shonrú nach sa lár atá fíor ach ar thaobh amháin nó ar thaobh eile, is féidir a rá gur *sa bharr ar dheis, sa bhun ar clé,* ⁊rl., atá sí. Sa leabhar seo is minice *thuas* agus *thíos* ná *sa bharr* agus *sa bhun*.

Tá dhá phointe eile is ceart a lua ar mhaithe leis an iomláine: an *pointe onóra* .i. sa lár idir an barrphointe agus an balcphointe; agus an *imleog* idir an balcphointe agus an bunphointe. Tá siad sin agus na naoi bpointe eile marcáilte ar an léaráid i bhFigiúr 2c. Is mar seo is ceart na noda a thuiscint: UA = thuas, sa bharr; IO = thíos, sa bhun; B = sa bhalc; L = sa lár; D = ar dheis, deiseal; C = ar clé, tuathal; PON = pointe onóra; IM = imleog.

Tógaimis mar shampla anois armas Choláiste na Tríonóide, Baile Átha Cliath, arae is ag snámh atá na fíora uile ar an machaire agus caithfear mar sin a suíomh faoi seach a shonrú go cruinn: *Ar ghorm leabhar dúnta na claspaí ar an taobh deas idir thuas ar dheis leon siúlach breathnaitheach agus ar clé cláirseach gach uile rud órga thíos caisleán dhá thúr móide cruinneachán os cionn gach ceann díobh sin bratach í ag foluain i dtreo taobh na scéithe gach rud airgidí agus breactha ar an mbratach dheas cros San Seoirse ar an gceann clé cros Phádraig.*

06.01: Rannta simplí

Is iomaí bealach atá ann chun an machaire a roinnt. Is iad na cineálacha roinnte is bunúsaí na cinn nach ndéanann ach dhá leath de. Má roinneann líne chothrománach amháin an machaire, deirtear gur *gearrtha* atá sé. Más ingearach atá an líne deirtear gur *deighilte* atá an machaire. *Deighilte órga agus dearg* armas Sealy (K: 54), cuir i gcás. Más ón mbarr deas go dtí an bun clé a roinntear an machaire, deirtear gur *criosroinnte* atá sé. *Criosroinnte órga agus airgidí trí dheasóg ingearacha dhearga iad glanghearrtha ag an rosta* armas Adair, Contae Aontroma, cuir i gcás (BP: 18).

Má tá dhá líne roinnte ann a thagann le chéile mar bhinn tí i lár na scéithe, deirtear gur *binnroinnte* atá an machaire. *Binnroinnte airgidí agus dearg thuas dhá leon agus thíos torc siúlach iad uile lí-aistrithe* armas Uí Chasaide (IF: 212).

Más suas go dtí imeall uachtarach na scéithe a théann dhá líne na binn-roinnte, sa chaoi go mbíonn an machaire roinnte ina thrí seachas ina dhá chuid, deirtear gur *dingroinnte aníos* atá sé. Más cuartha atá na línte deirtear gur *dingroinnte go cuartha aníos* atá an sciath, nó is féidir an leagan *fallaingroinnte* a úsáid. Ní bhíodh an cineál sin roinnte coitianta in araltas na hÉireann, ach le tamall anuas deonaíodh roinnt armas a raibh sí iontu, armas Bhun Dobhráin (1983), cuir i gcás: *Dingroinnte go cuartha aníos uaine agus cambhalcach i sé phíosa airgidí agus gorm ar dheis cros laidineach den dara lí á hurú ag leabhar oscailte órga agus ar clé gallán ársa dualdaite.* Cf. freisin armas Chontae na Mí (§24.05).

Más bunoscionn atá an dingroinnt aníos, sa chaoi go sroicheann bior na roinnte bun na scéithe, *dingroinnte* go simplí atá an machaire. Tá sampla den dingroinnt lena fheiceáil in armas an Chaisleáin Nua, Contae Luimnigh: *Dingroinnte órga agus airgidí thuas cloigeann stoite dubh toirc agus sa bhalc dhá thoirtín ceann ar dheis is ceann ar clé.*

Tríroinnte go cothrománach atá armas Chontae Uíbh Fhailí (1983 a deonaíodh): *Tríroinnte go cothrománach uaine airgidí agus órga ar an dá chuid uachtaraha leon den tríú lí á chóinneáil aige ina lapaí tosaigh cros leata den lí chéanna laistigh d'fháinnín de lí an airgid ar bhunphointeán dubh slapar de lus na móinte* (Andromeda polifolia) *ina dhathanna aiceanta féin.*

06.02: An machaire ceathairghóireach agus an cheathair-roinnt

Tá dhá chineál roinnte ann a dhéanann ceithre chuid den sciath. Nuair is i bhfoirm *sailtíre* (cros Aindriú) a roinntear an machaire, deirtear gur *ceathair-ghóireach* nó *crannroinnte* atá sé. Luann Papworth armas Stephenson, Iarla Chorcaí (1465), cuir i gcás: *Ceathairghóireach airgidí is dearg* (PO: 1056). Is sampla breá de mhachaire ceathairghóireach armas bhaile Ghuaire, Contae Loch Garman (1613 a deonaíodh): *Ceathairghóireach airgidí dearg órga is gorm thuas cros den dara lí thíos eala agus eascann ina gob iad araon de lí an airgid sa bhalc ar dheis leon siúlach breathnaitheach de lí an óir agus ar clé rós dearg na síolta dualdaite na seipil uaine.* Tugtar faoi deara ansin gur anuas síos agus ón deis go dtí an clé a chraobhscaoiltear an machaire ceathairghóireach.

Más i bhfoirm gnáthchroise a roinntear an machaire, deirtear gur *ceathair-roinnte* atá sé. Sampla den cheathair-roinnt atá in armas Tuite, an Sonnach, Contae na hIarmhí: *Ceathair-roinnte airgidí agus dearg* (K: 10; BGA: 1036).

06.03: Machaire mionroinnte

Is ionann mionroinnt agus an machaire a bheith roinnte suas ag go leor línte a théann san aon treo amháin. Mar a thuigfear ar ball, caithfidh ré-uimhir de stríoca a bheith san mhionroinnt agus níos minice ná a mhalairt sé cinn a bhíonn ann.

Más go ceartingearach a roinntear an machaire ar sé stríoc de mhiotal agus dath gach re seal, deirtear gur *séchuailleach* atá sé. Féach, mar shampla, armas an Mhoirigh, Iarla Athfhódla na hAlban: *Séchuailleach órga is dubh*. Más ocht stríoc atá ann, ochtchuailleach atá an sciath, in armas Tallant, cuir i gcás: *Ocht-chuailleach órga is dubh ar chúinneán airgidí gríobh dhearg ina colgsheasamh* (K: 103; BGA: 996).

Más go cothrománach atá na stríoca, deirtear gur *ilbhalcach* atá an machaire. Tá sébhalcach coitianta go maith, mar shampla in armas de Barra, Tiarna Sheantraibh (†1751): *Sébhalcach airgidí is dearg* (BGA: 54). Tá ochtbhalcach ann freisin, mar shampla, in armas an Phúinsigh (Poyntz), an Chora Uachtarach, Contae Ard Mhacha: *Ochtbhalcach dearg agus órga* (BGA: 821).

Ní díreach ach corrach ar nós tonnta na farraige a bhíonn na línte ilbhalcacha uaireanta. *Cambhalcach* a thugtar air sin. Is minic a úsáidtear cambhalcach airgidí is gorm chun uisce a léiriú go haraltach. Is é armas Bhaile Locha Riach, cuir i gcás: *Cambhalcach in ocht bpíosa gorm agus airgidí cros dearg agus anuas uirthi long fhada órga na seolta crochta is na maidí rámha ag obair*.

Más go fiarlánach i dtreo na criosroinnte a théann na línte roinnte, *ilbhand-ánach* a bheidh an machaire. *Sébhandánach* an roinnt ilbhandánach is coitianta, mar shampla, in armas Tongue (Baile Átha Cliath): *Sébhandánach airgidí agus dubh mar dheachair réalta dhearg* (PO: 291).

06.04: Mionrannta cumaisc

Is féidir dhá mhionroinnt a chur le chéile chun gréasáin spéisiúla a dhéanamh. *Seicear* a thugann cuailleach agus balcach le chéile .i. gréasán de chearnóga beaga de dhá lí gach re seal. Tugann Ó Cinnéidigh armas Uí Mhaonaigh (Mooney): *Seicear órga agus gorm* (K: 110). *Seicear airgidí agus dubh* armas Chionn tSáile, Contae Chorcaí.

Mura bhfuil ach sraith amháin cearnóg ar fhíor, deirtear gur *cearnógach* atá sí. Má tá dhá shraith ann deirtear gur *déchearnógach* atá an fhíor. Le haghaidh sampla d'fhíor dhéchearnógach, féach armas Uí Dhúill: *Ar airgead trí cheann stoite dhearga fiaphoic na beanna órga laistigh d'imeallbhord déchearnógach órga is gorm* (IF: 214).

Nuair a chuirtear bandánach agus clébhandánach le chéile *muileatach* a fhaightear. *Muileatach airgidí agus dubh* an t-armas a leagann Papworth ar Lambert ó Éirinn, cuir i gcás (PO: 972).

Má chuirtear ceathair-roinnt agus ceathairghóireach le chéile, ochtghóireach a fhaightear; *cf.*, mar shampla, armas Uí Chrotaigh (Crotty): *Ochtghóireach órga agus uaine* (BGA: 248). Is dócha gurb é an machaire ochtghóireach is aithnidiúla in Éirinn armas na nDoiminiceach: *Ochtghóireach airgidí agus dubh cros phlúrach lí-aistrithe*.

06.05: Púdráil

Uaireanta bíonn gréasán thar an sciath uile de bharr an aon fhíor amháin a bheith breactha uirthi an iomad uair. Deirtear ansin gur *púdráilte* atá an machaire.

Tá téarmaí faoi leith lena n-úsáid le roinnt fíor má tá an machaire púdráilte leo. Más le flóir de lúis a phúdráiltear an machaire, deirtear gur *plúrach* atá sé. *Crosógach* a thugtar ar mhachaire atá púdráilte le croiseanna beaga crosógacha, mar shampla, in armas na nDairsíoch: *Ar ghorm crosógach airgidí trí chúigdhuille den lí chéanna* (IF: 213). *Tallann* atá ar an gcruinneán (.i. diosca) órga agus *tallannach* a deirtear faoi mhachaire atá púdráilte le tallainn. *Braonach* atá an machaire más púdráilte le deora nó braonta atá sé, ach is ceart téarma faoi leith a úsáid chun na líocha éagsúla a chur in iúl:

breac le braonta airgidí:	uiscebhraonach
breac le braonta órga:	órbhraonach
breac le braonta dearga:	fuilbhraonach
breac le braonta gorma:	gormbhraonach
breac le braonta uaine:	olabhraonach
breac le braonta dubha:	picbhraonach

Is sampla de mhachaire picbhraonach armas Uí Uiginn: *Ar airgead picbhraonach balc dubh breactha le trí thúr de lí an mhachaire* (IF: 216). Más corcra atá na braonta níl téarma le fáil agus is gá *púdráilte le braonta corcra* a rá.

06.06: Damascú

Ní mar a chéile ar chor ar bith *damascú* agus na gréasáin a dhéantar nuair a roinntear nó nuair a phúdráiltear an machaire. Níl sa damascú ach ornáidiú a úsáidtear chun achair phléineáilte a mhaisiú. Is minic gur in imireacha éagsúla den aon lí amháin a bhíonn an damascú. Féadfaidh sé a bheith i rilíf freisin agus is féidir figiúirí a chur ann fad is nach fíora araltacha iad. Ní gá don damascú riail na líocha a leanacht ach an oiread.

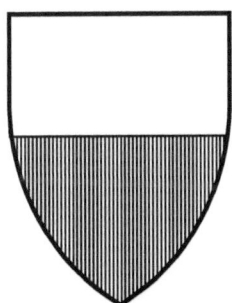
Gearrtha

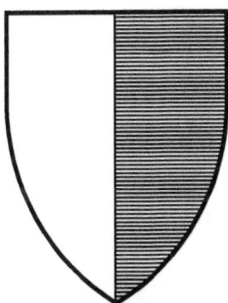
Deighilte

Criosroinnte

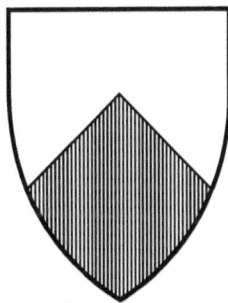
Binnroinnte

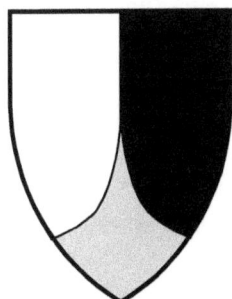
Fallaingroinnte

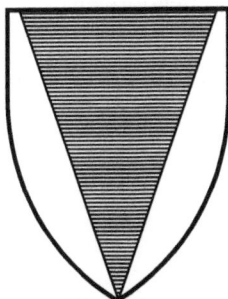
Dingroinnte

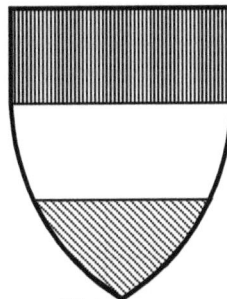
Tríroinnte go
cothrománach

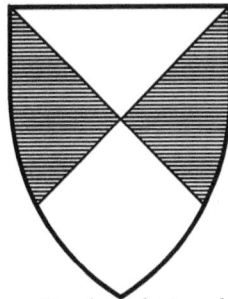
Ceathairghóireach

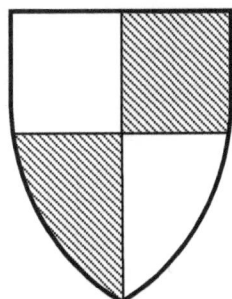
Ceathair-roinnte

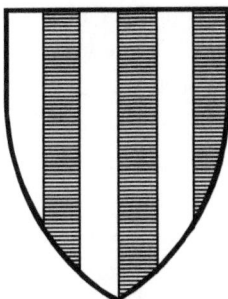
Séchuailleach

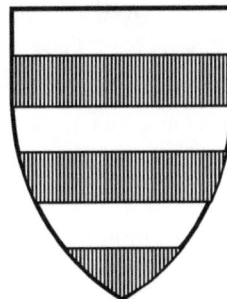
Sébhalcach

Sébhandánach

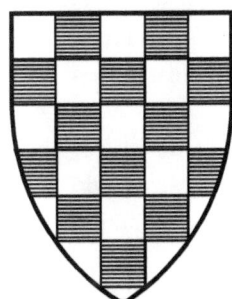
Seicear

Muileatach

Ochtghóireach

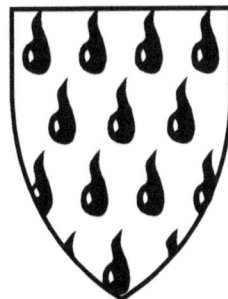
Picbhraonach

Rannta Simplí, Rannta Cumaisc agus Púdráil

Figiúr 3

07.00: Na ríphíosaí

Na stríoca simplí leathana a dtugann cuid acu a n-ainm do na machairí ilroinnte, is iad na *ríphíosaí* iad. Is dócha gurb éard ba bhunús le cuid acu na stialla láidre adhmaid a chuirtí trasna na scéithe d'fhonn í a neartú. Is suntasach freisin gur le ré luath an araltais go hiondúil a bhaineann na harmais sin nach bhfuil iontu ach aon ríphíosa amháin.

07.01: An sciathbharr, an balc agus an léibheann

Stiall leathan trasna barr na scéithe a theagmhaíonn lena ciumhais uachtarach, is *sciathbharr* é sin. *Ar airgead sciathbharr uaine* an t-armas a bhí ag muintir Meyler, Contae Loch Garman (BGA: 682). *Ar dhubh sciathbharr órga agus breactha air trí fháinnín den lí chéanna* armas Uí Ógáin (IF: 216).

Stiall leathan trasna lár na scéithe atá sa bhalc. Is air a bhunaítear an leagan *sa bhalc*, ar tagraíodh dó thuas. *Ar dhearg balc eirmín* armas de la Mazière, Contae Chorcaí (BGA: 674). *Ar airgead balc dubh agus thíos leon siúlach den lí chéanna* armas Mhic Shiúrtáin (IF: 216).

> NÓTA: Anuas go dtí le gairid *táláideán* a thugadh Oifig an Phríomh-Arailt ar an mbalc. Ar *táláid* 'sail, bíoma' a bunaíodh é sin .i. seachleagan canúnach den fhocal *tálóid* 'áiléar, scafall'. Tá míbhuntáiste ag baint le *táláideán* mar leagan sa mhéid gur nuathéarma atá ann agus go bhfuil sé rófhada mar ainm ar ní atá an-choitianta san araltas. Is gonta i bhfad *balc* 'sail, bíoma'; *cf. Balken* 'bíoma, balc araltach' na Gearmáinise.

Sa Bhéarla *fess* nó *fesse* a thugtar ar an mbalc nuair a sheasann sé leis féin. Nuair atá níos mó ná ceann amháin ann, áfach, *bar* a thugtar air. Ní ceart an éagsúlacht sin a thabhairt isteach sa Ghaeilge. *Balc* a thugann an leabhar seo ar an ríphíosa, is cuma cé acu ceann amháin nó níos mó a fheictear ar an sciath. Is caoile gach balc den phéire ná an balc leis féin, rud atá fíor faoi na ríphíosaí uile má bhíonn níos mó ná ceann amháin ann. Faightear dhá bhalc le chéile in armas Mhic Giolla Phóil: *Ar ghorm dhá bhalc airgidí* (IF: 215).

Tá leagan an-chaol den bhalc ann a dtugtar an *lata* air. I bpéirí a fhaightear an lata go hiondúil, in armas de Barra, cuir i gcás: *Ar airgead trí phéire lataí dhearga*. Is armas tagrach é sin, arae *bar gemel* a thugtar an an an bpéire lataí sa Bhéarla (agus *barry* ar ilbhalcach).

Is le líne chothrománach dhíreach trasna bun na scéithe a dhéantar an *léibheann. Base* agus *terrasse* a thugtar air sa Bhéarla. Is ag dul i gcoitiantacht atá sé in araltas na hÉireann le tamall anuas. Feictear léibheann in armas Bhaile na Sionainne, cuir i gcás (§16.05), agus in armas na gCloch Liath, áit a bhfeictear in éineacht le dhá rachtán é: *Binnroinnte airgidí agus gorm dhá rachtán uaine idir*

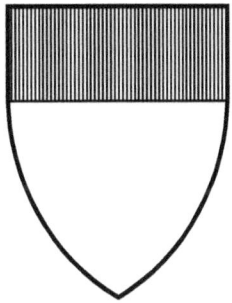

Sciathbharr

Balc

Péire lataí

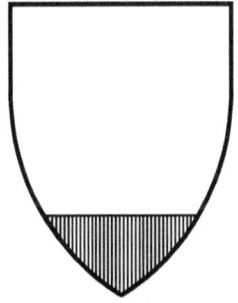

Léibheann

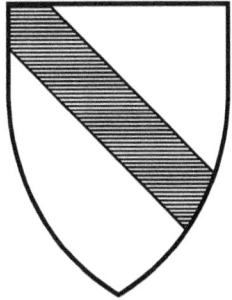

Bandán

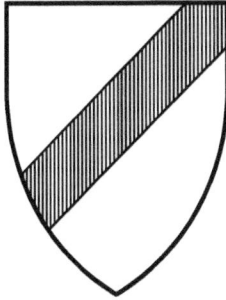

Clébhandán

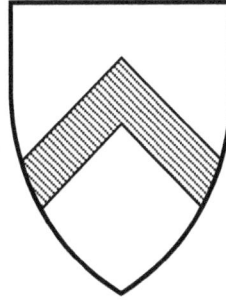

Rachtán

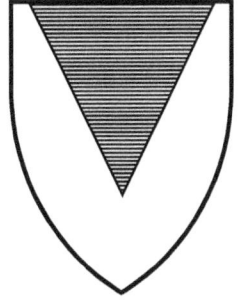

Ding

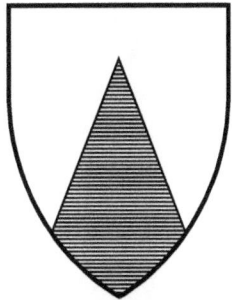

Ding aníos

Gabhal

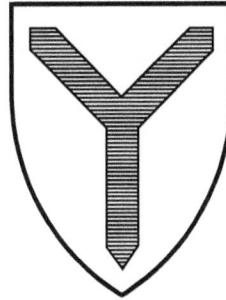

Forc

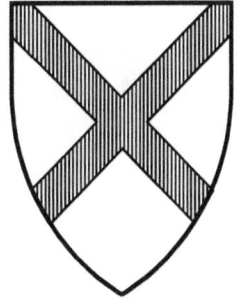

Sailtír

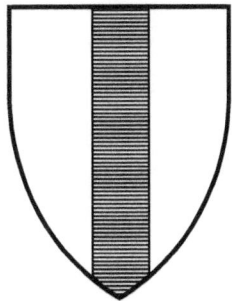

Cuaille

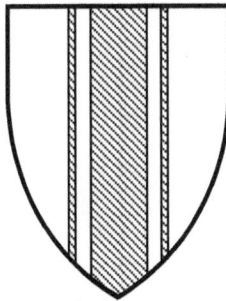

Cuaille le
feirbíní

Cuaille le
défheirbíní

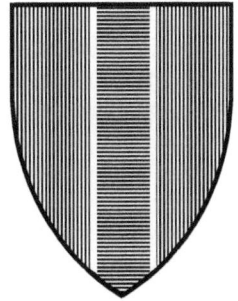

Cuaille imlínithe

Na Ríphíosaí

Figiúr 4

thuas dhá chraobhóg darach faoi thoradh ina ndathanna aiceanta féin agus thíos iasc den chéad lí agus é ar snámh os cionn léibhinn de chlocha dualdaite.

07.02: An cuaille

Is éard atá sa chuaille banda leathan ingearach anuas ó chiumhais uachtarach na scéithe. *Ar airgead cuaille dubh armas* Arascain na hAlban, cuir i gcás (BGA: 329). Dhá chuaille a fheictear in armas Mhig Fhinn: *Ar dhubh dhá chuaille airgidí sciathbharr órga* (BGA: 649).

07.03: An bandán agus an clébhandán

Is stríoc leathan an *bandán* a théann trasna na scéithe ón mbarr deas go dtí an bun clé. Féach, cuir i gcás, an t-armas a bhí ag Diarmaid, Barún Ghleann Uí Mhaoileoin (1622 a cruthaíodh): *Ar airgead bandán uaine* (BGA: 756) agus armas Folliott, Contae Shligigh: *Ar dhearg bandán airgidí* (BGA: 365).

Is féidir níos mó ná bandán amháin a bheith ar an machaire. Féach, mar shampla, armas mhuintir Bradshaw, teaghlach Gallda a lonnaigh i gContaetha Luimnigh agus Thiobraid Árann: *Ar airgead dhá bhandán dhubha idir trí mhairléad den lí chéanna* (BGA: 114).

Más ón mbarr clé go dtí an bun deas a théann an stríoc, is *clébhandán* atá ann. Ní coitianta an clébhandán in araltas na n-oileán seo, toisc gur creideadh go hearráideach gur comhartha mídhlisteanachta a bhí ann. Faightear sách minic ar an Mór-roinn é, áfach.

07.04: An rachtán

Is píosa an *rachtán* a théann suas ó thaobh amháin den sciath go dtí an pointe onóra agus anuas arís go dtí an taobh eile. Is í líne na binnroinnte a leanann sé, mar sin. *Ar ghorm rachtán órga idir trí réalta den lí chéanna* armas Lecky, Contae Dhoire, cuir i gcás (BGA: 593; K: 61).

Bíonn níos mó ná rachtán amháin ar an machaire ó am go ham. Féach, cuir i gcás, armas na gCloch Liath (§07.01). Sampla eile is ea armas Risteard de Clár nó Strongbow (†1176): *Ar ór sé rachtán dhearga* (HHB: 36).

> NÓTA: Ní hé Strongbow féin a fheictear ar leacht Strongbow i dTeampall Chríost, Baile Átha Cliath, mar is léir ón armas ar sciath an fhigiúir: *Ar … sciathbharr … trí chros thriufacha/chrosógacha rinneacha…* Duine de mhuintir FitzOsbert atá ann, de réir cosúlachta. Shíl Papworth agus a lán roimhe gurb ionann armas sin na gcroiseanna agus armas de Clár (féach PO: 571).

07.05: An chros agus an tsailtír

Gan amhras ar bith is í an *chros* an ríphíosa is coitianta san araltas. An chros is fairsinge is as dhá stríoc anuas agus trasna a dhéantar í. Is iomaí cineál eile croise atá ann, áfach, agus is gá mar sin caibidil iomlán (09) a thiomnú di.

Má chuirtear bandán agus clébhandán le chéile, *sailtír* a fhaightear. Is é an sampla is suntasaí den tsailtír in araltas na hÉireann armas na nGearaltach: *Ar airgead sailtír dhearg* (§§23.01, 24.02).

07.06: An ding agus an gabhal

Is eisceachtúil an ríphíosa an *ding*. Go hiondúil is anuas a thagann sí .i. san imleog a bhíonn a bior. Uaireanta, áfach, is aníos a bhíonn an ding .i. leis an mbior sa phointe onóra. Mar *ding aníos* a chraobhscaoiltear a leithéid. Uaireanta eile is ón mbun ar dheis nó ar clé a thagann sí nó ón taobhlíne dheas nó clé. Bíonn níos mó ná ding amháin ann uaireanta chomh maith. Tá sampla de thrí dhing aníos ón gclé in armas Bhaile na Sionainne (§16.05).

Is ríphíosa an *gabhal* a chlúdaíonn an sciath i bhfoirm na litreach *Y*. Tá sampla maith in armas na Nigéire: *Ar dhubh gabhal camógach airgidí*. Is do dhá phríomhabhainn na tíre, an Bhenue agus an Nígir, a sheasann an gabhal camógach ansin.

Cé gur ón *bpáilín* eaglasta is dócha a tháinig an gabhal, caithfear an dá rud a dhealú óna chéile san araltas anois. Faightear an páilín in armas ardeaspag Ard Mhacha agus ardeaspag Bhaile Átha Cliath (§27.04). Bíonn ciumhais ar an bpáilín agus frainse ar an ngéag íochtair, nach sroicheann bun na scéithe.

Uaireanta faightear leagan den ghabhal nach sroicheann na géaga ciumhaiseanna na scéithe. Ina áit sin is sonnda (§08) a bhíonn ceann gach géige. Sa chás sin *forc* (Béarla *shakefork*) a thugtar ar an bpíosa. Is é an sampla is aithnidiúla, b'fhéidir, armas Cuninghame na hAlban: *Ar airgead forc dubh*.

07.07: Ríphíosaí vs Ilroinnt

Nuair atá trí cinn den ríphíosa céanna in úsáid ar an aon mhachaire amháin, is gá an machaire a thaispeáint eatarthu agus ar gach aon taobh díobh freisin. Mura dtaispeánfaí an machaire ar gach aon taobh de na ríphíosaí, ba chosúil an sciath le ceann ilroinnte. Tógaimis an t-armas *Ar airgead trí chuaille ghorma*, cuir i gcás. Tá trí chuaille agus ceithre spás ann, dhá cheann idir na cuaillí agus ceann amháin ar gach aon taobh díob .i. seacht stríoc san iomlán. Mura mbeadh lí an mhachaire lena feiceáil ar thaobh amháin, ní fheicfí ach sé stríoc san iomlán agus machaire séchuailleach a bheadh ann.

07.08: Feirbíní

Is minic a fhaightear mion-ríphíosa caol ar gach aon taobh de ríphíosa agus an dá cheann díobh ag leanúint líne an ríphíosa gan teagmháil leis. *Feirbíní* a thugtar orthu sin, is cuma cén ríphíosa a dtéann siad leis. Is gnách an feirbín a bheith timpeall ceithre huaire níos caoile ná an ríphíosa féin. Tugtar faoi deara, dála an scéil, gur mar a chéile feirbín amháin den bhalc agus an lata.

Is é an t-armas athartha atá ag Rowley, Barún Langford, Cnoc an Línsigh, Contae na Mí: *Ar airgead bandán dearg idir feirbíní den lí chéanna agus breactha air trí luanla órga* (BP: 1007). *Ar dhearg cros airgidí le feirbíní órga breactha ar an gcros deasóg de lí an mhachaire agus í glanghearrtha ag an rosta* an t-armas a dheonaíodh do Bhanc Uladh in 1957. *Plúrach frithphlúrach* atá na feirbíní in armas Oadby (§18.04*b*).

Uaireanta bíonn dhá fheirbín ar gach taobh den ríphíosa, agus iad comhthreomhar lena chéile. *Défheirbíní* a thugtar ar a leithéidí.

Faightear feirbíní uaireanta chomh maith gan ríphíosa eatarthu ach iad lasmuigh d'fhíor nó fíora ina luí i dtreo an ríphíosa chuí. *Ar airgead ceithre mhuileata ghorma as a chéile ar dul bandáin agus iad idir feirbíní den lí chéanna ar sciathbharr dearg trí fhlór de lúis de lí an mhachaire* armas an Fhaolánaigh (IF: 218), cuir i gcás.

07.09: Imlíniú

Ní féidir le dath seasamh ar dhath ná miotal ar mhiotal. Más gá mar sin fíor dhaite a chur ar mhachaire daite ní foláir ciumhais mhiotail a chur ina timpeall. Mar an gcéanna le fíor mhiotail ar mhachaire miotail. *Imlíne* a thugtar ar an gciumhais agus deirtear faoin bhfíor féin gur *imlínithe* atá sí. Is coitianta an t-imlíniú leis an gcros, ach tá sé le fáil le ríphíosaí eile, le gnáthfhíora agus le ranna scéithe freisin. Faightear cuaille imlínithe in armas Bhaile Brigín a deonaíodh in 1982: *Ar uaine cuaille dearg imlínithe órga agus breactha air thuas dhá phíopa thionsclaíocha ina ndathanna féin agus iad crosáilte ar dul sailtíre agus thíos roth uisce de lí an óir idir ar dheis fearsaid agus ar clé iasc an cloigeann thíos iad araon airgidí.*

Tá muileataí imlínithe in armas Chill Airne: *Ar chorcra trí mhuileata ghorma as a chéile ar dul clébhandáin iad imlínithe órga thuas ar dheis carria ag léim tuathal agus thíos ar clé dhá pheann cleite crosáilte ar dul sailtíre iad sin uile de lí an óir.* Déantar dingroinnt chuartha aníos a imlíniú in armas Chontae na Mí (§24.05).

07.10: Treoshuíomh fíor i ngrúpaí

Nuair a bhíonn dhá fhíor nó níos mó le chéile ar sciath, cuirtear iad go minic sa treo a mbeadh ríphíosa dá mbeadh an ríphíosa ann. Sna cásanna sin is leis an leagan *ar dul* móide ainm an ríphíosa a thagraítear do shuíomh na bhfíor.

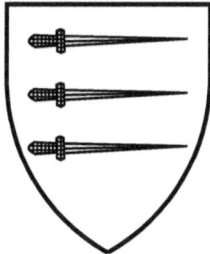

Ar dul cuaille	Ar dul bailc	Ar dul bandáin	Ar dul clébhandáin
Ar dul croise	Ar dul sailtíre	Ar dul uir	Ingearach an rinn thuas
Ingearach an rinn thíos	Cothrománach an rinn tuathal	Fiartha	Fiartha faoi chlé
Ar dul sailtíre	Ar dul dinge	Cothrománach ar dul cuaille	Ingearach ar dul bailc

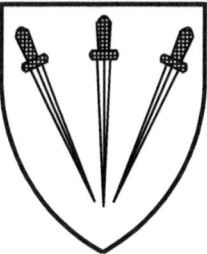

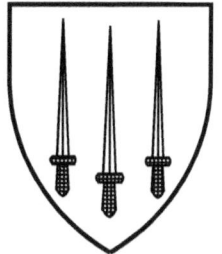

Treoshuíomh Araltach

Figiúr 5

Cuir i gcás gur trí réalta atá ar an sciath. Mura ndeirtear a mhalairt cuirtear péire thuas agus ceann amháin thíos. Ina ionad sin, áfach, d'fhéadfaidís a bheith os cionn a chéile .i. ceann sa bharrphointe, ceann sa lárphointe agus ceann sa bhunphointe. Deirtear fúthu ansin gur *ar dul cuaille* atá siad (*in pale* sa Bhéarla). Más taobh lena chéile atá siad trasna lár na scéithe, deirtear gur *ar dul bailc* atá siad (Béarla *in fess*). Má tá réalta thuas ar dheis, ceann thíos ar clé agus an tríú ceann sa lárphointe, déanann siad mar a bheadh bandán agus deirtear fúthú gur *ar dul bandáin* (Béarla *in bend*) atá siad. Is *ar dul clébhandáin* atá na muileataí in armas Chill Airne a luadh thuas (§07.09).

Dá mbeadh cúig réalta ann, d'fhéadfadh ceann a bheidh sa lárphointe, ceann sa bharrphointe, ceann sa bhunphointe agus dhá cheann i limistéar an bhailc ar dheis agus ar clé faoi seach. Déanann na réaltaí cros samhailteach sa chás sin agus ní nach ionadh, deirtear fúthu gur *ar dul croise* (Béarla *in cross*) atá siad. Ní gá, áfach, ach péire díobh a chur thuas ar dheis is ar clé, péire eile a chur thíos ar dheis is ar clé agus an cúigiú ceann a fhágáil sa lárphointe, agus bheadh sailtír shamhailteach ann. Déarfaí faoi na cúig réalta ansin gur *ar dul sailtíre* atá siad. Tá an leagan sin úsáideach freisin i gcás fíora fada. Is minic a deirtear faoi dhá chlaíomh, dhá bhachall, dhá shaighead, ⁊rl., gur *crosáilte ar dul sailtíre* atá siad.

Nuair a chuirtear líon áirithe fíor timpeall na scéithe in aice leis an gciumhais ach gan ceann ar bith sa lár, deirtear gur *ar dul uir* atá siad. Is fophíosa an t-ur a phléifear thíos (§10.01).

Má tá trí chlaíomh ar an sciath, a ndornchlaí thuas agus a reanna thíos san imleog, cosúlacht dinge atá ar an gcruth a dhéanann siad agus deirtear fúthu gur *ar dul dinge* atá siad. Is féidir le fíora eile fada a bheith ar dul dinge freisin.

07.11: Treoshuíomh na fíre aonair

Na fíora a leagtar anuas ar na ríphíosaí, mura ndeirtear a mhalairt is ina seasamh go ceartingearach a bhíonn siad. Is eisceachtaí an bandán agus an clébhandán, áfach. Fíor ar bith orthu sin, leanann sí treo an (chlé)bhandáin. Más ingearach atá sí, cuirtear é sin in iúl sa chraobhscaoileadh.

Réaltaí agus fáinníní, cuir i gcás, is cuma cén taobh a suíonn siad air, fanann a gcruth mar atá. Fíor fhada, áfach, claíomh, saighead, ⁊rl., féadfaidh sí bheith ina seasamh, ina luí nó fiarthrasna féin. Sa Bhéarla chun treoshuíomh na fíre aonair a shonrú, ainm an ríphíosa chuí a úsáidtear móide an an iarmír -*wise*. Más go ceartingearach atá claíomh, mar shampla, deirtear gur *palewise* atá sé, agus más ina luí dó, *fesswise* nó *barwise* a deirtear. Más fiarthrasna atá an claíomh, deir an craobhscaoilteoir Béarla gur *bendwise* nó *bend-sinisterwise* atá sé.

Ní ceart féacháil lena leithéidí a aistriú go lom sa Ghaeilge. Is fearr a réitíonn sé le dúchas na Gaeilge, aidiacht nó dobhriathar a úsáid. Tógaimis sampla an chlaímh. Más ina sheasamh atá sé leis an mbior in airde, abairtear faoi gur *claíomh ingearach an rinn thuas* atá ann. Más ina luí don chlaíomh lena bhior ar dheis, abairtear gur *claíomh cothrománach an rinn ar dheis* atá ann. Más ina leathluí go fiarlánach atá an claíomh, *claíomh fiartha* a bheidh ann. Más ina leathluí atá sé fiarthrasna i dtreo an chlébhandáin, abairtear gur *claíomh fiartha faoi chlé* atá i gceist.

Is mar seo a chraobhscaoiltear armas Mhic Giolla Iasachta, cuir i gcás: *Ar airgead trí shleá ingearacha dhearga ar dul bailc ar sciathbharr gorm leon siúlach breathnaitheach órga* (IF: 217).

08.00: Línte maisithe

Go dtí seo is pléineáilte a bhí na línte uile a pléadh ach amháin i gcás an ghabhail (§07.06). Is iomaí líne mhaisithe a úsáidtear san araltas ar mhaithe leis an éagsúlacht. Feictear na cineálacha is mó a mbaintear feidhm astu i bhFigiúr 5.

Níl de dhifríocht idir *eangach* agus *móreangach* ach líon na bhfiacal. Ní bhíonn ach trí cinn mhóra i gcás na líne móreangaí, fad is sraith mionfhiacal a shonraítear ar an líne eangach. Líne eangach a fheictear, mar shampla, in armas Uí Shé: *Criosroinnte go heangach gorm agus órga dhá fhlór de lúis lí-aistrithe* (IF: 219). Línte mhóreangach a fheictear in armas Mhoiréiseach na Gaillimhe: *Ar ór balc móreangach dubh agus thíos leon den lí chéanna* (IF: 218 agus §26.08).

Níl de dhifríocht idir *clasach* agus *dronnógach* ach gur cuasach na cuair sa líne chlasach, mar shampla in armas Uí Chonghaile Chill Dara: *Ar airgead sailtír chlasach dhubh breactha le cúig mhuirín de lí an mhachaire* (BGA: 221), fad is dronnach atá siad sa líne dhronnógach, mar shampla, in armas Mhic Dhonnchadha Chonnacht: *Binnroinnte go dronnógach órga is uaine thuas dhá leon shiúlacha bhreathnaitheacha dhearga thíos torc siúlach airgidí na starrfhiacla is an ghuaireach den chéad lí an teanga dearg* (IF: 214).

Feictear línte camógacha in armas Chlements, Iarla Liatroma: *Ar airgead dhá bhandán chamógacha dhubha ar sciathbharr dearg trí thallann* (PO: 286).

Tá sampla de líne tháibhleach lena fheiceáil in armas Boyle, Iarla Chorcaí: *Criosroinnte go táibhleach airgidí is dearg* (BGA: 111). *Ar airgead sailtír cheapánach uaine* armas Ancoitil, Contae Mhuineacháin (BGA: 17). Tá línte gathacha lena sonrú ar armas Uí Eára: *Ar uaine cuaille gathach órga agus breactha air leon dubh* (IF: 216).

Armas spéisiúil atá ag Dómhnall Ó Beaglaoich, Príomh-Aralt na hÉireann tráth: *Ar ghorm balc órga an chiumhais uachtarach sonnda an ceann thíos gathach*. Is geall an balc sin le sraith de shaighdiúirí beaga a dhéanfaí as stiall páipéir agus is tagairt an-chliste an t-armas mar sin do shloinne an armasaigh.

Eangach

Móreangach

Clasach

Dronnógach

Camógach

Néallach

Táibhleach

Ceapánach

Déadach

Gathach

Sonnda

Stuach

Línte Maisithe

09.00: An chros

> Amhuil iomorro agus iomchras na saighdiúireadha bratach nó armas an
> phrionnsa faoi a mbíd ag cogadh, mar an gcédna as cóir don mhuinntir
> ghlacas an tsácramuint si armas agus bratach Chríost .i. an chroch
> naomhtha ré a rug buaidh a gcruadhchomhrac na páisi, d'iomchar agus
> dul síos go dána agus cathughadh go feardha feadhmláidir an aghaidh a
> námhad. (*Buaidh na Naomhchroiche* 5735-40)

San iarthar Críostaí a tháinig an t-araltas chun cinn glúin amháin tar éis na
Chéad Chrosáide. Is í an chros suaitheantas na Críostaíochta. Ní nach ionadh
mar sin gurb í an chrois faoi iomlán a cuid éagsúlachta an fhíor neamhbheo is
coitianta sna harmais. Meastar go bhfuil os cionn trí chéad cineál éagsúil croise
ann san iomlán.

09.01: An chros simplí

> Do deachaidh aon do na bráthrib rompa acus do thaisealbh dóibh airm
> a mbuí in sciath ar cúl na haltóire móire acus fouaradar in sciath glégeal
> go gcrois deirg isin dú sin. (*Lorgaireacht an tSoidhigh Naomhtha* 553-55)

Nuair nach ndeirtear ach *cros*, is é an saghas is simplí a thuigtear .i. balc agus
cuaille le chéile. Ba é an t-armas a bhí ag Uáitéar de Búrca, Iarla Uladh (1241),
cuir i gcás: *Ar ór cros dearg*. Maireann sé sin in armas Chúige Uladh (§§23.02,
24.06). Féadfaidh imchruth na croise a bheith maisithe. Féach, cuir i gcás, armas
George Warner, Ardsirriam Bhaile Átha Cliath (1813): *Ar fhritheirmín cros
chlasach órga agus breactha uirthi cúig réalta uaine* (BGA: 1077).

Má ghiorraítear géaga na croise sa chaoi nach sroicheann siad taobhanna na
scéithe, *cros ghlanghearrtha* a thugtar uirthi. *Ar dhearg cros ghlanghearrtha airgidí*
armas na hEilvéise agus is air sin a bunaíodh siombail Chumann na Croise
Deirge: *cros ghlanghearrtha dhearg*.

09.02: An chros laidineach, an chros staighre agus an chros phatrarcach

Tá cos fhada faoin *gcros laidineach*. Féach, mar shampla, armas Uí Dhónaill: *Ar
ór ag teacht amach as taobh clé na scéithe lámh duine go cothrománach éadach gorm
uimpi le cufa airgidí agus á coinneáil aici cros laidineach dhearg* (IF: 213).

Cuir cros laidineach ina seasamh ar chéimeanna agus *cros naofa* nó *cros staighre*
atá agat. Nuair a chraobhscaoiltear an chros staighre is ceart líon na gcéimeanna
a lua. Is gnách trí cinn a bheith ann, in armas Mháirtín na Gaillimhe, cuir i gcás:
*Ar ghorm cros staighre trí chéim airgidí ag ceann na géige deise grian niamhrach órga
ag ceann na géige clé luanla seanghealaí de lí an airgid* (IF: 217).

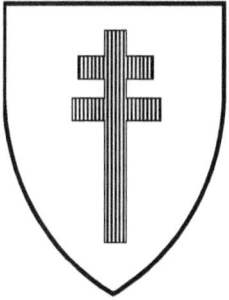

Cros	Cros ghlanghearrtha	Cros laidineach	Cros naofa
Cros phatrarcach	Cros chathógach	Cros chrosógach	Cros chrosógach rinneach
Cros leata	Cros Mháltach	T-chros	Cros phlúrach
Cros lapach	Cros triufach	Cros mhiolaireach	Cros Cheilteach

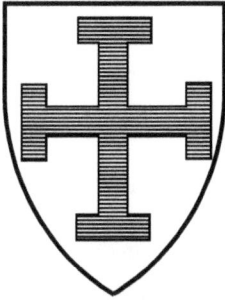

An Chros

Má tá dhá thrasnán ag an gcros laidineach in áit ceann amháin, *cros phatrarcach* a fhaightear. Is cros phatrarcach cros na Lorráine, a bhí ina gcomhartha ag na Saor-Fhrancaigh le linn an Dara Cogadh Domhanda. Tá sampla maith Éireannach den chros phatrarcach lena fheiceáil in armas Vesey, Víocunta de Vesci, Mainistir Laoise: *Ar ór cros dubh breactha le cros phatrarcach de lí an mhachaire* (BP: 518).

09.03: An chros chathógach, an chros leata agus an chros chrosógach

Má tá trasnán ag ceann gach géige den chros ghlanghearrtha *cros chathógach* nó *chroisíneach* atá ann. Armas Iarúsailéim an sampla de chros chathógach is suntasaí, is dócha (§05.06). Féach freisin armas Cross, Darton, Contae Ard Mhacha: *Ceathair-roinnte dearg is órga sa chéad agus sa cheathrú ceathrú cros chathógach den dara lí* (BGA: 248).

Má leathnaíonn ceann gach géige den chros ghlanghearrtha amach, *cros leata* atá inti. Ba í an chros leata siombail na Ridirí Teamplóirí. Cuid de thailte ard-eaglais Chorcaí, ba le Proigeachtóireacht Eoin Naofa na dTeamplóirí i gCorcaigh iad tráth. Is uime sin a fheictear croiseanna leata in armas dheoise Chorcaí: *Ar airgead cros leata dhearg agus anuas uirthi sin mítéar thart ar chaimín easpaig iad araon órga* (EH: 212). Tá an chros leata le fáil i gcomhthéacsanna eile, mar shampla, in armas Uí Annáin: *Ceathair-roinnte dearg is órga bandán dubh breactha le trí chros leata airgidí* (IF: 215).

Más crosáilte atá géaga na croise *cros chrosógach* atá inti. Is sampla maith armas de Bhál: *Ar ghorm leon órga idir trí chros chrosógacha den lí chéanna* (IF: 220).

Má tá bior in áit bhunghéag croise ar bith, deirtear fúithi gur *rinneach* atá sí. Tá an chros chrosógach rinneach coitianta san araltas, mar shampla, in armas Uí Choncheanainn: *Ar airgead cnocán dualdaite sa bhun agus ag fás as crann darach uaine ina shuí ar a bharr sin seabhac dualdaite dhá chros chrosógacha rinneacha ghorma ar dul bailc* (IF: 212).

09.04: An chros Mháltach agus an T-chros

Má dhéantar dhá bhior de gach géag den chros leata, *cros Mháltach* (nó *cros ocht rinn*) a fhaightear. Is é sainchomhartha an chros Mháltach d'Ord Míleata Mhálta (§31.04). Is sa chomhthéacs sin is minice a fheictear san araltas í.

Cros a bhfuil gach géag aici leata beagán ach gan an ghéag uachtarach ann ar chor ar bith *T-chros* atá uirthi. Féach, mar shampla, armas Drury: *Ar airgead sciathbharr uaine breactha le T-chros idir dhá réalta iad uile órga* (K: 98).

09.05: An chros phlúrach, an chros lapach, an chros triufach agus an chros mhiolaireach

Má tá flór de lúis ag ceann gach géige den chros *cros phlúrach* atá inti, mar shampla, in armas na nDoiminiceach (§06.04).

Nuair nach lúbann reanna seachtracha na bhflór de lúis ag ceann gach géige den chros, *cros lapach* atá inti. Faightear cúig chros lapacha in armas Chaisleán an Bharraigh (§10.03).

Is ionann an *chros triufach* agus cros a bhfuil mar a bheadh seamair ag ceann gach géige. Tá sampla den chros triufach lena shonrú ar armas Chill Rois (§10.07). I luathré an araltais ní dhealaítí idir an chros triufach agus an chros chrosógach (§07.04 nóta).

Cros eile atá coitianta is ea an chros sin a gcríochnaíonn a géaga ar flór de lúis lúide an rinn láir. *Cros mhiolaireach* a thugtar uirthi sin: ó *miolaire* a thagann an t-ainm .i. an t-iarann a cheanglaítí den chloch mhuilinn chun leaba a sholáthar don fhearsaid tiomáinte. Is féidir cearnóg i lár na croise a bhaint amach: *cros chearnphollta* a bheidh inti ansin. Tá an dá ghné sin le feiceáil in armas Daniel Molyneux, Rí-Aralt Uladh (†1632): *Ar ghorm cros mhiolaireach órga cearnphollta de lí an mhachaire thuas ar dheis flór de lúis den dara lí* (BGA: 694). Is armas tagrach é sin, ó tharla gur *cros moline* atá sa Bhéarla ar an gcros mhiolaireach.

09.06: An chros cheilteach

Ní nach ionadh tá an chros Cheilteach nó an rothchros sách fairsing in araltas na hÉireann, go háirithe san araltas corparáideach nua-aimseartha. Caithfear a shonrú i gcónaí cé acu a bhfuil gallán faoin gcros nó an léi féin a sheasann sí. Tá sampla den rothchros gan gallán fúithi lena feiceáil in armas Chontae na Mí (§24.05).

09.07: Fíora i bhfoirm croise

Is féidir fíora éagsúla a leagan amach i bhfoirm croise. Tá sampla maith de chros dhá thrasnán lena feiceáil in armas Cheanannais (§05.03). Sampla d'fhíora i bhfoirm croise simplí is ea armas Peacocke, Contae an Chláir: *Ceathair-roinnte órga is gorm ceithre mhuileata ar dul croise idir an oiread fáinnín gach rud lí-aistrithe* (BGA: 783).

10.00: Na fophíosaí

Is fíora bunúsacha eile na *fophíosaí* ar lú iad ná na ríphíosaí.

10.01: An t-imeallbhord, an t-ur agus an trilseán

> Sciath ildhealbhach bhocóideach bháindearg ar stuaidhleirg a dhroma
> agus líntídhe do litreachaibh órdha in imeallbhordaibh na ríghscéithe sin.
>
> (*Eachtra an Mhadra Mhaoil* 68-70)

Is ionann an t-imeallbhord agus imeall a théann timpeall an mhachaire gan spás ar bith idir é agus taobh na scéithe. Féach, mar shampla, armas Uí Fhlannagáin: *Ar airgead amach as cnocán uaine sa bhun crann darach dualdaite an t-iomlán laistigh d'imeallbhord uaine* (IF: 214). Is féidir fíora a bhreacadh ar an imeallbhord, in armas Uí Mheára, cuir i gcás: *Ar dhearg trí leon bhreathnaitheacha iad deighilte órga agus airgidí agus ag siúl ar dul cuaille laistigh d'imeallbhord gorm arna bhreacadh le hocht muirín de lí an airgid* (IF: 217). Féadfaidh an t-imeallbhord a bheith cearnógach nó déchearnógach freisin, in armas Uí Dhúill, cuir i gcás (§06.04).

Tá cineál eile imill ann a théann timpeall na scéithe agus a mbíonn spás idir é agus taobh na scéithe. *Ur* a thugtar air sin agus feictear sampla in armas Uí Choigligh: *Ar dhearg ur airgidí thar an iomlán bandán eirmínéise* (IF: 219).

Is mar seo a chraobhscaoiltear armas Brownlow, Tiarna Lurgan: *Deighilte órga agus airgidí lársciath dhubh laistigh d'ur mairléad den lí chéanna* (BGA: 136). Bheadh sé chomh cruinn céanna, b'fhéidir, an méid seo a rá: *lársciath dhubh laistigh d'ocht mairléad dhubha agus iad ar dul uir*. Cf. freisin armas Molesworth (§10.02).

Tá leagan caol den ur ann, an *trilseán*. Dúbailte a bhíonn an trilseán go hiondúil agus maisithe le flóir de lúis, a bpointeálann a gcloigne isteach is amach gach re seal. Nuair is mar sin atá an trilseán *déthrilseán plúrach frithphlúrach* a thugtar air. Sainfhíor de chuid araltas na hAlban atá sa déthrilseán plúrach frithphlúrach.

Baineann saintréith choiteann leis an imeallbhord, an ur agus an trilseán. Nuair is ar mhachaire atá siad a dheighleann sciath le harmas eile, ní thaispeántar ach a leath díobh .i. stopann an t-imeallbhord (nó an t-ur nó trilseán) ag an deighiltlíne.

10.02: An lársciath

Nuair a chuirtear lársciath anuas ar an machaire, fágann sí spás ina timpeall. Is mó an spás sin ná an t-imeallbhord. Chonacthas sampla maith den lársciath in armas Brownlow a luadh thuas (§10.01). Bhí lársciath eile lena feiceáil in armas Víocunta Molesworth, Contae Bhaile Átha Cliath: *Ar dhearg lársciath véire laistigh d'ocht gcros chrosógacha órga agus iad ar dul uir* (BP: 1212).

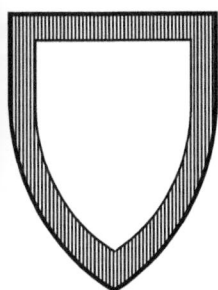

Imeallbhord

Ur

Déthrilseán plúrach
frithphlúrach

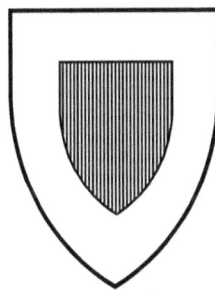

Lársciath

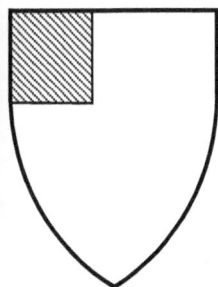

Cúinneán

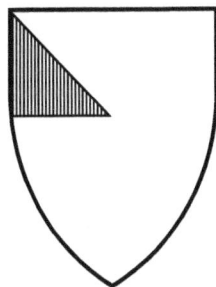

Góire

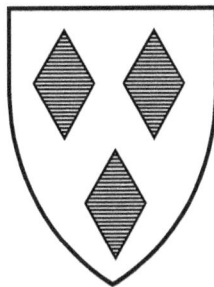

Muileataí

Mascail

Tollmhuileataí

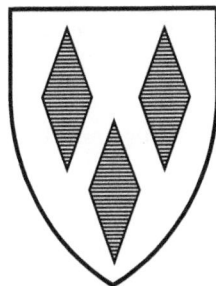

Eiteáin

Fiteán

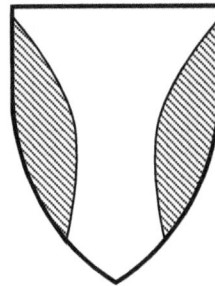

Gearrthóga

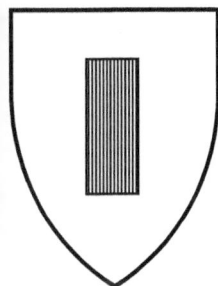

Smután

Lipéad

Cruinneáin agus
fáinníní

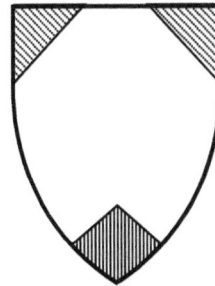

Deasphointeán, cléphointeán
agus bunphointeán

Na Fophíosaí

Figiúr 8

Is é an sampla is aithnidiúla den lársciath in araltas na hÉireann, b'fhéidir, armas Chúige Uladh (§24. 06).

10.03: An cúinneán

Is cearnóg an cúinneán i mbarr deisil an mhachaire. Is lú an cúinneán ná ceathrú den sciath cheathair-roinnte. Tá cúinneán lena fheiceáil in armas Mhic Conchrú: *Ar airgead ag fás ar chnocán uaine sa bhun crann darach ina dhathanna nádúrtha féin ar chúinneán dearg coróin ársa Ghaelach de lí an óir* (IF: 214). Feictear cúinneán in armas Uí Ágáin chomh maith (§17.03) agus in armas Chaisleán an Bharraigh: *Ar dhearg sailtír airgidí breactha le cúig chros lapacha uaine idir thuas caisleán agus ar dul bailc dhá chrann iúir gach rud dualdaite ar chúinneán órga agus iad crosáilte ar dul sailtíre dhá phíce dhearga.* Is annamh a mhaisítear imchruth an chúinneáin.

10.04: An góire

Má chuirtear an cheathrú thuas ar dheis sa cheathair-roinnt ar an machaire agus má ghearrtar go fiarlánach ansin í .i. ar dul bandáin, *góire* a fhaightear. Tá an góire aonair gannchúiseach go maith san araltas, cé go bhfeictear ceann deisil (*deasghóire*) is ceann tuathail (*cléghóire*) in armas Mortimer (§22.00), a bhí in úsáid tráth ag baile na Gaillimhe (§25.04) agus Droichead Átha (§25.13).

10.05: An muileata, an mascal, an tollmhuileata agus an t-eiteán

Fophíosa eile is ea an *muileata* agus cruth diamaint atá air. Is é an t-ainm sin a fhaightear san aidiacht *muileatach* (§06.04). Ní leis féin a fhaightear an muileata go hiondúil. Tá trí cinn in armas Uí Bhruadair (§05.04). Feictear ceithre mhuileata i bhfoirm croise in armas Peacocke, Contae an Chláir (§09.07).

Folmhaithe a bhíonn an muileata uaireanta. Sa chás sin *mascal* a thugtar air. Féach, mar shampla, armas Carden, an Teampall Mór, Contae Thiobraid Árann: *Ar airgead mascal dearg idir trí threá dhubha* (BGA: 167).

Eiteán a thugtar ar an muileata caol, in armas Mhic Coisteala, cuir i gcás: *Ar ór trí eiteán ghorma* (IF: 213).

10.06: An fiteán

Má fhitear bandán caol, clébhandán caol agus mascal le chéile, *fiteán* a fhaightear. Armas na mBlácach an sampla is fearr a bhfuil aithne ag daoine air, is dócha: *Ar airgead fiteán dearg* (IF: 211).

Is féidir machaire nó fíor a chlúdach le gréasán fiteán. *Fiteánach* a thugtar ar a leithéid. Féach, mar shampla, armas Táth: *Ar dhearg cros airgidí fiteánach gorm* (IF: 219).

10.07: An ghearrthóg

Gearrthóga a thugtar ar theascáin chuartha ar gach aon taobh den mhachaire. Bíonn péire acu le chéile go hiondúil. Ní mhaisítear imchruth na ngearrthóg ach is féidir iad a imlíniú. Féach armas Chill Rois, cuir i gcás, a deonaíodh in 1982: *Ar ghorm dhá ghearrthóg uaine imlínithe airgidí ar dheis cros triufach órga agus ar clé fáinnín gathach den lí chéanna sa bhun ancaire ceartingearach lena chábla iad araon den tríú lí.*

10.08: An smután

Is dronnuilleog an *smután* a bhfuil cuma bloc adhmaid uirthi. Tá sampla fíormhaith in armas Choláiste an Gharda Síochána, an Teampall Mór, Contae Thiobraid Árann (1982 a deonaíodh): *Ar airgead dhá bhalc dhearga breactha ar an gceann thuas trí mhuileata órga agus ar an gceann thíos an oiread smután den lí chéanna sa bharr deasóg ingearach ghlanghearrtha á choinneáil aici scrolla cothrománach iad araon dualdaite.*

Bíonn an machaire púdráilte le smutáin uaireanta, in armas ríoga na hOllainne, cuir i gcás.

10.09: An lipéad

Is ionann an *lipéad* agus lata i mbarr na scéithe agus a trí nó a cúig de bheangáin anuas de. Baintear feidhm as an lipéad mar dheachair don mhac is sine (§23.05).

10.10: An cruinneán

Diosca cothrom atá sa *chruinneán*. Sa leabhar seo ar mhaithe leis an ngontacht moltar ainm faoi leith le haghaidh gach uile chruinneáin de réir a dhatha:

cruinneán airgidí	pláta
cruinneán órga	tallann
cruinneán dearg	toirtín
cruinneán gorm	mónann
cruinneán uaine	póma
cruinneán dubh	millín
cruinneán corcra	goin
cruinneán ciarbhuí	oráiste
cruinneán cambhalcach airgidí agus gorm	foinse

Seo samplaí de chuid acu sin in araltas na hÉireann:

Feictear **plátaí** in armas Phuirséalach Chontae Luimnigh: *Ar airgead torc siúlach dearg na starrfhiacla na crúba agus an ghuaireach órga an teanga gorm ar sciathbharr ghorm trí phláta* (BGA: 829).

Faightear **tallainn** in armas an Chraobhaigh: *Ar airgead rachtán dearg idir trí chraobhóg uaine labhrais ar sciathbharr gorm an oiread tallann* (IF: 213).

Tá **toirtíní** lena bhfeiceáil in armas Devereux, Contae Loch Garman: *Ar eirmín balc dearg thuas trí thoirtín* (BGA: 282); agus in armas an Chaisleáin Nua (§06.01) .

Tá **mónainn** lena bhfeiceáil in armas Staples, bairnéad ó Dhún Mór, Contae Laoise: *Ar airgead balc fritheirmín breactha le dhá chloigeann stoite dragúin de lí an óir idir trí mhónann* (BGA: 964).

Feictear **millíní** in armas Oliver, Cloch an Otfaígh, Contae Luimnigh: *Ar ór rachtán dubh idir thuas dhá mhillín agus thíos bradán dearg ar snámh* (BGA: 755).

10.11: An fáinnín

An cruinneán folmhaithe is *fáinnín* atá ann. Tá roinnt mhaith samplaí den fháinnín lena sonrú in araltas na hÉireann, mar shampla, in armas Uí Ógáin: *Ar dhubh sciathbharr órga breactha le trí fháinnín de lí an mhachaire* (IF: 216) agus in armas Uí Mhangáin (§15.06).

10.12: An bunphointeán, an deasphointeán agus an cléphointeán

Pointe beag ag gobadh aníos ó bhun na scéithe is *bunphointeán* atá ann. Tá ceann le feiceáil in armas Chontae Uíbh Fhailí, cuir i gcás (§06.01), agus in armas Bhaile Shligigh: *Deighilte uaine agus gorm ar dheis seantúr dronuilleogach ina fhothrach ar clé crann fréamhshraoillte darach iad araon dualdaite ar bhunphointeán órga giorria ag rith agus muirín ceangailte dá lapaí deiridh an t-iomlán dualdaite thuas sa lár muirín airgidí.*

Deasphointeán a thugtar ar thriantán san áit a mbíonn an cúinneáin. *Cléphointeán* atá air nuair is ar an taobh tuathail atá sé. Ar cothrom chiumhais uachtarach na scéithe atá an *deasphointeán* agus an *cléphointeán*, tréith a dhealaíonn iad ón ngóire. Tá deasphointeán agus cléphointeán le chéile lena bhfeiceáil in armas an Inbhir Mhóir, Contae Chill Mhantáin: *Ar airgead sa bhun uisce cambhalcach gorm agus airgidí agus air sin seanlong dhualdaite aon chrainn a haghaidh chun tosaigh an seol leagtha agus breactha air fiach dubh na sciatháin leata thuas deasphointeán agus cléphointeán iad araon dearg ar an gceann deisil roth órga criadóra agus ar an gceann tuathail bradán ag lingeadh is é ina dhathanna nádúrtha féin.*

San armas sin is den aon lí amháin atá an dá phointeán, rud a fhágann gur geall an t-armas le machaire le binnroinnte ardaithe. Tá ainm faoi leith Fraincise ar a leithéid de roinnt: *chaperonné*. Más gá sa Ghaeilge is féidir *cochallroinnt* a thabhairt uirthi sin.

11: Ainmhithe
11.00: An leon

Leanaidhse an leomhan buidhe
i meirge uaine órthuighe;
    sa leirg le buadha a pudhar
    meirg do chuala ag Conchubhar.

I maighin Maighe Ratha
i lá churtha an chruadhchatha,
    gá seoladh don chuire chas
    budh leomhan uile a n-armas.
        (Niall Mac Muireadhaigh)

Is é an leon an t-ainmhí araltach *par excellence* agus an t-ainmhí is coitianta amach is amach san araltas. Bhí an leon fairsing riamh in armais na nGall. Is minic i bhfilíocht na Gaeilge a chuirtear taoiseach i gcomparáid leis an leon. Ní nach ionadh, ghlac na Gaeil go fonnmhar leis an leon ina n-araltas féin.

Ina *cholgsheasamh* is minice a fheictear an leon .i. ina sheasamh ar a ghéag dheiridh dheas lena a dhá lapa sínte amach go fíochmhar. Tá na gothaí úd chomh coitianta sin nach gá iad a lua. Mura ndeirtear a mhalairt is ionann *leon* agus *leon ina cholgsheasamh*. Féach, mar shampla, armas Mhic Mhurchú: *Ar dhearg leon airgidí* (IF: 218), nó armas de Léis: *Ar ór leon corcra* (§24.06).

Ag breathnú deiseal a bhíonn an leon go hiondúil. Más ag breathnú ar an bhféachadóir atá sé, áfach, deirtear gur *breathnaitheach* atá sé. Féach, cuir i gcás, armas Uí Leathlobhair: *Ar ór leon breathnaitheach dearg* (IF: 217).

Go minic in araltas na hÉireann feictear dhá leon in éineacht agus iad ina gcolgsheasamh os comhair a chéile amhail is dá mbeidís ag troid. *Leoin chombraiceacha* iad ansin agus is sampla maith armas Uí Eidhin: *Deighilte go heangach órga is dearg dhá leon chombraiceacha lí-aistrithe* (IF: 216). Uaireanta bíonn fíor éigin á coinneáil ag na leoin eatarthu. Féach, mar shampla, armas Uí Chearúill Éile: *Ar dhubh dhá leon chombraiceacha órga na hingne agus na teangacha dearg agus á choinneáil eatarthu claíomh dualdaite an rinn thuas an t-úll agus an dornchla den dara lí* (IF: 212).

Tugtar faoi deara faoin leon gur gnách lí na teanga agus na n-ingne a lua, murab ionann iad agus lí an ainmhí féin. Más dearg atá an teanga, áfach, ní gá é sin a lua.

11.01 An leon siúlach

> Agus iar ngabháil sin chuige fiafraighis de cá suaitheantas budh loinn leis ina sgéith. Agus do ráidh Séarlus gurab trí leomhain ag troid le haon ridire dob fhearr leis do dhealbhadh innte gan mhoill. Agus do rinne amhlaidh gurab uime sin do hainmnigheadh Ridire na Leomhan fair isin chuing ridireacht' agus éidighthe sin.
>
> (*Eachtra Ridire na Leomhan* 308-15)

I ndiaidh an cholgsheasaimh is é an siúl an dara gotha is coitianta ag an leon. Bíonn a dhá ghéag dheiridh agus an ghéag thosaigh chlé ar an talamh, ach an ghéag thosaigh dheas ardaithe go bagrach. Féach, mar shampla, armas Uí Thuathail: *Ar dhearg leon siúlach airgidí* (IF: 220).

Má tá dhá leon nó trí leon shiúlacha ann agus iad os cionn a chéile, is *ar dul cuaille* atá siad (§07.10). Féach, mar shampla, armas Uí Ruairc: *Ar ór dhá leon dhubha agus iad ag siúl ar dul cuaille* (IF: 219).

Is féidir leis an leon siúlach a bheith breathnaitheacha freisin, mar shampla, in armas Uí Icí: *Ar ghorm leon siúlach breathnaitheach órga ar sciathbharr eirmín bandán dubh* (IF: 216).

Uaireanta is ag féachaint siar thar a ghualainn a bhíonn an leon. Deirtear ansin gur *aisbhreathnaitheach* atá sé. Is siúlach a bhíonn an leon aisbhreathnaitheach go minic, mar shampla, in armas Mhic Mhathúna (Tuamhumhain): *Ar airgead trí leon aisbhreathnaitheacha dhearga iad ag siúl ar dul cuaille na hingne agus na teangacha gorm* (IF: 217).

Is féidir leis an leon a bheith ina shuí, ina luí agus ina stad freisin, cé nach róchoitianta atá ceann ar bith de na gothaí sin.

11.02: An leathleon

Uaireanta ní bhíonn le feiceáil ach an leath uachtarach den leon ina cholgsheasamh. Léirítear an chuid uachtarach dá eireaball freisin agus é ag foluain laistiar de dhroim an ainmhí. *Leathleon* a thugtar ar an leon sa chás sin. Féach, mar shampla, armas Terry, Contae Chorcaí: *Ar ghorm balc airgidí idir trí chros chrosógacha órga ar sciathbharr den lí dheireanach leathleon dearg* (BGA: 1003).

11.03: Cloigeann leoin

Faightear géaga leoin amhail fíor san araltas ó am go ham (§18.04*b*). Is coitianta ná a leithéidí cloigeann an leoin. Más ag an muineál a baineadh an cloigeann agus an chuma ar an muineál féin gur stróiceadh den cholainn é seachas a ghearradh go glan, deirtear gur *stoite* atá an ceann. Féach, cuir i gcás, círín Mhoiréis na Gaillimhe: *Cloigeann stoite leoin é airgidí fuilbhreac* (IF: 218 agus §26.08). Tá cloigeann stoite an toirc (§11.07) agus an charria (§06.04) coitianta go maith freisin.

Leon

Leon siúlach

Leon siúlach breathnaitheach

Leathleon

Ceann stoite leoin

Lomaghaidh liopaird

omaghaidh phlúrach liopaird

Lincse siúlach

Fia-chat breathnaitheach ina shuí

Carria siúlach

Carria ar stánadh

Lomaghaidh carria

Figiúr 9

An Leon, ⁊rl.

11.04: An liopard

In araltas na meánaoise *liopard* a thugtaí go minic ar an leon siúlach. Feictear an liopard nádúrtha san araltas freisin agus is furasta é a aithint ar a spotaí. Is sampla de sin an círín a leagtar ar na Blácaigh go minic: *Liopard siúlach dualdaite* (IF: 211). Deirtear uaireanta gur *fia-chat* (§11.05) atá i gcírín na mBlácach.

Is minic freisin a fheictear cloigeann an liopaird aghaidh chun tosaigh agus gan muineál ar bith le sonrú faoina bhun. *Lomaghaidh liopaird* atá air sin. Féach, mar shampla, armas Parsons, Víocunta agus Iarla Rosa (1764 a dhíobh): *Ar dhearg trí lomaghaidh airgidí liopaird* (BGA: 778).

Uaireanta léirítear an lomaghaidh liopaird agus flór de lúis ag teacht amach as an mbéal agus ag éirí aníos as cúl an chinn. *Lomaghaidh phlúrach liopaird* é sin agus is dócha nach raibh ann go bunúsach ach flór de lúis maisithe; bhíodh meall cruinn i lár na fíre sa ré luath a mhaisítí le ceann ainmhí. Sampla Éireannach is ea armas Tenison, a fheictear sa chéad agus sa cheathrú ceathrú d'armas King-Tenison, Iarla Kingston, Mainistir na Búille, Contae Ros Comáin: *Ar dhearg bandán clasach órga breactha le trí chros chrosógacha rinneacha dhubha idir dhá lomaghaidh liopaird de lí an óir iad plúrach gorm* (BP: 982).

11.05: An lincse agus an fia-chat

Cé gur le fine na gcat a bhaineann an lincse ó cheart, is amhail mac tíre a léirítear san araltas í. Is *meata* a bhíonn sí freisin .i. idir a dhá cois deiridh a bhíonn a heireaball aici. Sampla maith is ea círín Linse na Gaillimhe: *Lincse shiúlach ghorm timpeall a muineáil coiléar órga* (IF: 217). Is imeartas focal an *lincse* ansin (*lynx*) ar shloinne an armasaigh (*Lench, Lynch*). *Dhá lincse airgidí phichhraonacha le coiléir phléineáilte agus slabhraí órga* tacaithe an Bhrúnaigh, Iarla Cheann Mara (BP: 959).

Nuair a fheictear cat san araltas is iondúil gur *cat fiáin* nó *fia-chat* atá ann. Amhail cat breac a léirítear é. I gcíríní is minice a thagtar ar an bhfia-chat, i gcírín na mBúrcach, cuir i gcás: *Fia-chat breathnaitheach ina shuí é dualdaite coiléar lena shlabhra timpeall a mhuiníl iad araon órga* (IF: 211).

Cat tí is dócha a fheictear i gcírín Dawson-Damer, Iarla Chúil an tSúdaire: *Cloigeann cait bhric dhualdaite aghaidh chun tosaigh agus stoite faoi na guaillí sa bhéal francach dubh* (BGA: 269).

11.06: An fia

Ba chuid bhunúsach de dhealbhra na Sean-Cheilteach Cernunnos, dia n-adharc. Is mar charria a thaispeántaí uaireanta é. Is dócha gur iarsma de Chernunnos go minic an carria in araltas na nGael. Tá an carria nó an fiaphoc fairsing in armais na dtaoiseach Muimhneach. Ag siúl atá sé ag Mac Cárthaigh: *Ar airgead carria dearg ag siúl na beanna is na crúba órga* (IF: 212). Ina stad atá sé in armas Uí Chinnaolaidh na Mumhan: *Ar dhearg carria airgidí ina stad* (IF: 217).

Nuair is breathnaitheach agus ina stad don fhia, deirtear gur *ar stánadh* atá sé. Tá sampla lena fheiceáil in armas Robinson, barún Rosmead, Contae na hIarmhí: *Ar uaine rachtán clasach órga idir trí charria den lí chéanna agus iad ar stánadh* (BP: 1487).

Ag léim atá an carria in armas Uí Dhochartaigh: *Ar airgead carria dearg ag léim ar sciathbharr uaine trí réalta de lí an mhachaire* (IF: 213).

Nuair is ag rith ar cosa in airde atá an carria, deirtear gur *ina tháinrith* atá sé. Sampla suntasach is ea armas Chluain Meala: *Ar airgead os cionn uisce agus trí iasc a dó is a haon ag snámh ann droichead chúig áirse air sin carria ina tháinrith agus cú ar a thóir an t-iomlán dualdaite*.

Feictear cloigne stoite fia in armas Uí Dhúill (§06.04). Faightear an eilit agus an t-oisín san araltas uaireanta, ach is go hannamh é.

NÓTA: Cé gur dócha go bhfuil baint ag an bhfia in araltas na nGael leis an dealbhra Ceilteach, faoin 16ú haois dealraíonn sé gur mar armas tagrach a bhreathnaítí ar armas Mhic Cárthaigh Mhóir. *Gules a hart courant* a leagann W. Darrell ina leabhar lámhscríofa *Irish Gatherings* (1566) ar Mhac Cárthaigh Mhóir agus is mar *Mackhartymore, erle of Clemkerne* a thagraíonn sé dó. Níl i *Clemkerne*, is dócha, ach truailliú ar *Clancarty*. Is léir ón leagan *Mackhartymore*, áfach, gur ceanglaíodh an sloinne leis an bhfia (*hart* sa Bhéarla).

11.07: An torc

Muc Dá Thó, cé mór i meas,
níor churtha ris an láimh i gcoimh-mheas;
   armas corma an torc fa mear,
   armas troda an bhos bharrgheal.
          (Eoghan Ó Donnghaile)

Ba thábhachtach an t-ainmhí an torc ag na Sean-Cheiltigh agus is iomaí tagairt do thoirc, do mhucaithe agus don mhuiceoil sa traidisiún Gaelach. Tá an torc an-choitianta in araltas na nGael in Éirinn agus in Albain araon. In Éirinn is é an torc an t-ainmhí is fairsinge tar éis an leoin. Is dócha gur iarsma go minic an torc in araltas na nGael den ainmhí cultasach.

Ag siúl a bhíonn an torc go hiondúil, mar shampla, in armas Uí Mháille: *Ar ór torc siúlach dearg* (IF: 217). Mura mar a chéile lí an toirc féin agus lí na starrfhiacla, na gcrúb agus na guairí ar an droim, caithfear é sin a lua sa chraobhscaoileadh. Féach, cuir i gcás, armas Uí Áinle: *Ar uaine torc siúlach airgidí na starrfhiacla na crúba agus an ghuaireach órga é idir dhá shaighead chothrománacha den dara lí na reanna den tríú lí an ceann thuas lena rinn deiseal an ceann thíos tuathal* (IF: 215).

Tá dhá thorc in armas Uí Shúilleabháin Bhéarra, ceann acu siúlach, an ceann eile frithshiúlach nó ag siúl tuathal (§18.00).

Faightear torc ina cholgsheasamh uaireanta. Féach, mar shampla, armas Mhic Shuibhne na dTua: *Ar ghorm dhá thorc chomhraiceacha órga thuas dhá thua catha den lí dheiridh agus iad crosáilte ar dul sailtíre* (BGA: 647).

Tá cloigeann an toirc an-choitianta freisin. Nuair is *stoite* atá an cloigeann, bíonn ciumhais mhantach laistiar de na cluasa; nuair is *glanghearrtha* atá sé, is díreach atá an chiumhais. Cloigne stoite toirc a fheictear in armas Mhic Dhiarmada: *Ar airgead rachtán dearg breactha le trí chros chrosógacha de lí an óir idir an oiread céanna cloigeann stoite toirc iad gorm na starrfhiacla is an ghuaireach órga* (IF: 213). Cloigne glanghearrtha a fheictear in armas Uí Mhaolruanaidh: *Ar ghorm rachtán órga idir trí chloigeann ghlanghearrtha toirc de lí an airgid na teangacha dearg* (IF: 218).

11.08: Gadhair éagsúla

An *cú*, nó an *míolchú* (*greyhound* sa Bhéarla), an gadhar is coitianta in araltas na hÉireann. Cú ina cholgsheasamh a fheictear in armas Uí Fhallúin: *Ar dhearg cú airgidí ina cholgsheasamh á choinneáil aige idir na lapaí tosaigh lansa órga giústála an bior deiseal* (IF: 214).

Faightear an *cú faoil* (Béarla *Irish wolfhound*) in araltas na hÉireann chomh maith. Ba iad tacaithe in armas Bhanc Uladh, cuir i gcás, a deonaíodh sa bhliain 1957: *Ar gach aon taobh cú faoil dualdaite a mhuineál ciorclaithe le coiléar déchearnógach airgidí is dearg agus é ceangailte le slabhra óir a théann tríd an mbéal agus a lúbann laistiar den chloigeann* (CCH: 392).

Bhí cú béal-leathan cluasmhór seilge ann i luathré an araltais, an *talbot*. Cé nach maireann an pór anois, feictear san araltas fós é. *Tobhlaire* a mholtar sa leabhar seo mar ainm air; *cf. tòlair, tobhlair* 'foxhound, beagle, mastiff' i nGaeilge na hAlban. Tá sampla maith den tobhlaire lena fheiceáil in armas Wolsely, bairnéad ó Mhount Wolsely, Contae Cheatharlach: *Ar airgead tobhlaire siúlach dearg amhail deachair luanla* (BP: 1833). Is tobhlaire círín agus tacaí deas Thalbóideach (Talbot) Mhullach Íde freisin. Is tagrach atá an t-ainmhí sa chás sin.

11.09: An mac tíre agus an sionnach

> Agus atá suaitheantas iongantach ele fair bheós .i. sgiath deilgthi dealbháluinn gona horlár óir órloisgthi ina fhírmheadhón agus dealbh faolchon aigmhéile urbhadhaighe ar lár an orláir órdha sin.
>
> (sciath Sir Uilliam dar le húdar *Eachtra Uilliam*)

Tá an mac tíre sách fairsing in araltas na hÉireann. Siúlach atá sé in armas Uí Fhloinn: *Ar ghorm mac tíre siúlach airgidí sa bharr trí thallann* (IF: 214), ach ina cholgsheasamh in armas Mhic Uilín: *Ar dhearg mac tíre ina cholgsheasamh sciathbharr órga* (IF: 219).

Tá an sionnach le fáil, mar shampla in armas Uí Dhonnchadha: *Ar uaine dhá shionnach chomhraiceacha airgidí ar sciathbharr den lí dheiridh iolar dubh ar eitilt* (IF: 214). Cloigeann sionnaigh a fheictear i gcírín Mhig Fhearaígh: *Cloigeann dearg glanghearrtha sionnaigh agus sa bhéal nathair dhualdaite* (IF: 215).

11.10: An capall

> Trí fiain-tuirc i bhforaois fuair,
> Ruire a' marcaíocht ar eich óig,
> León léimeach ar uaithne fód –
> Armas na gCrualaíoch anallód.
>
> (Pádraig Ó Crualaoi)

Capall siúlach a fheictear in armas Uí Allúráin: *Ar dhearg capall siúlach airgidí an diallait agus an srian dualdaite ar sciathbharr den dara lí trí réalta ghorma* (IF: 215). Cloigeann capaill a fheictear in armas Marsh, Contae Laoise: *Ar dhearg cloigeann glanghearrtha capaill órga idir thuas dhá sheamair agus thíos flór de lúis iad uile airgidí* (BGA: 661). Bhí leagan eile den armas sin ag Narcissus Marsh, ardeaspag Protastúnach Bhaile Átha Cliath (§26.01).

Peigeasas a thugtar ar an gcapall sciathánach. Féach, mar shampla, armas Uí Choinn (Anghaile): *Ar uaine peigeasas siúlach airgidí na sciatháin ardaithe sciathbharr órga* (IF: 219).

11.11: An t-antalóp

Ní mar a chéile *antalóp* an araltais agus an t-ainmhí aiceanta. Tá an t-antalóp araltach cosúil beagán le gabhar ach tá adharca fiaclacha aige agus cosa carria. *Ibex* (.i. ibeach) a thugtar sa Bhéarla air uaireanta. Faightear an antalóp araltach sa cheathrú ceathrú d'armas Mhic Craith: *Ar airgead antalóp siúlach dubh na hadharca de lí an óir* (§22.06).

11.12: An eilifint

Tá an eilifint níos coitianta in araltas na hÉireann ná mar a cheapfaí, b'fhéidir. Is é an círín atá ag Ó Concheanainn, cuir i gcás: *Eilifint dhubh na starrfhiacla órga* (IF: 212). Eilifint tacaí tuathail mhuintir Alexander, Iarlaí Chionn Ard (Caledon), Contae Thír Eoghain (BP: 285).

Cloigne eilifinte a fheictear in armas Pratt, Eochaill, Contae Chorcaí: *Ar dhearg balc órga breactha le trí réalta dhubha idir an oiread cloigeann stoite eilifinte den dara lí na starrfhiacla airgidí* (BGA: 822).

11.13: An moncaí

Is é círín Mhic Gearailt, Diúc Laighean: *Moncaí ina stad dualdaite, coiléar pléineáilte timpeall a bhásta agus slabhra den lí chéanna ceangailte de sin* (BP: 1043).

Is spéisiúil an scéal a bhaineann leis sin: Bhí Seán Mac Tómáis Mhic Gearailt, céad Iarla Chill Dara (†1316), ina pháiste, deirtear, i gCaisleán Woodstock, gar d'Áth Í, nuair a tharla dóiteán. Rinneadh dearmad air sa ruaille buaille agus nuair a chuaigh na seirbhísigh ar ais chuig a sheomra chun é a fháil, is scriosta a fuair siad an áit gan aon duine ann. Chualathas torann aisteach ansin ag teacht ó cheann de na túir agus ar fhéachaint suas dá raibh i láthair chonacthas moncaí (a mbíodh ceangal slabhraí go hiondúil air) agus an naíonán go slán sábháilte ina bhaclainn. Nuair a d'fhás sé suas, ghlac an t-iarla moncaí amhail círín chun an eachtra a chomóradh.

11.14: Ainmhithe eile

Is iomaí ainmhí eile a fheictear in araltas na hÉireann, an mathúin, an tarbh, an bhó, an gabhar, an chaora, an giorria, an t-iora rua agus an ghráinneog, cuir i gcás. Níl spás anseo chun samplaí díbh sin a thabhairt. Tugtar faoi deara, áfach, gur *Srónbheannach dualdaite le coiléar agus slabhra órga* tacaí tuathail mhuintir Moore, Víocuntaí Mount Cashell, Contae Thiobraid Éireann (BP: 1244) agus gur *cangarú aisbhreathnaitheach* tacaí tuathail Robinson, barún Rosmead, Contae na hIarmhí (§11.06). Is tagairt é sin don tréimhse a chaith an chéad bharún ina ghobharnóir ar an Nua-Choimre Theas (1872-1879).

Torc siúlach

Ceann stoite toirc

Ceann glanghearrtha toirc

Cú ag rith

Cú faoil ina cholgsheasamh

Tobhlaire siúlach

Capall ina cholgsheasamh

Peigeasas siúlach

Antalóp siúlach

Ainmhithe eile

Figiúr 10

12: Éin

12.00: An t-iolar

Leomhan is fiolar fola,
deacair cosc na cianfhoghla,
  i mbánbhrat síodamhail sróill –
  eagal tromghoin a thionóil.
    (file anaithnid ag caint faoi
    mheirge Uí Dhochartaigh)

Tá an t-iolar an-choitianta in araltas na Mór-roinne. Faightear in araltas na hÉireann sách minic é freisin. Is *leata* a bhíonn sé go hiondúil .i. aghaidh chun tosaigh agus na sciatháin ar leathadh ar gach aon taobh. Féach, mar shampla, armas Uí Bhaíolláin: *Ar airgead iolar leata dubh an gob is na hingne órga* (IF: 211). Iolar décheannach atá in armas an Bhrúnaigh: *Ar ór iolar décheannach leata dubh* (IF: 211). Tá leagan den armas sin arna dheighilt le harmais thrí dheoise lena fheiceáil snoite ar bhalla thiar Ardeaglais na Gaillimhe. Armas Mhíchíl de Brún, ardeaspag na Gaillimhe, atá ann.

Cinn iolair a shonraítear in armas Uí Chathasaigh: *Ar airgead rachtán idir trí chloigeann stoite iolair gach rud dearg* (IF: 212).

12.01: Dé-eite iolair

Uaireanta feictear dhá sciathán iolair le chéile, iad ceangailte ag an ngualainn ach gan aon chuid eile den éan ann. *Dé-eite* a thugtar ar a leithéid d'fhíor sa leabhar seo. Trí cinn a fheictear in armas Víocunta Theach Conaill (Viscount Powerscourt): *Ar airgead bandán dearg agus breactha air trí dhé-eite de lí an mhachaire* (BGA: 1123). Is armas tagrach é sin, ós rud é gur *Wingfield* sloinne an teaghlaigh.

12.02: An mairléad

Ó tharla nach bhfeictear an fháinleog ag tuirlingt, creideadh tráth nach raibh cosa fúithi. Is í an fháinleog gan cosa an dara héan is coitianta san araltas agus *mairléad* (Béarla *martlet*) atá uirthi. Féach, mar shampla, armas Uí Gharmaile: *Ar ór trí mhairléad dhearga* (IF: 215).

12.03: An seabhac

Is éan cumhachtach creiche an seabhac agus ní nach ionadh tá áit faoi leith aige san araltas. Sampla suntasach is ea armas Uí Mhadáin: *Ar dhubh seabhac ar eite agus é ag creachadh mhallaird iad araon airgidí* (IF: 217). Ina cháil mar éan spóirt is minic a fheictear an seabhac le cloigíní ar a dhá chos. Sampla maith is ea círín Uí Mheachair: *Seabhac airgidí faoi chloigíní órga* (IF: 217).

Iolar leata

Iolar décheannach

Dé-eite

Trí mhairléad

Fiach dubh

Peileacán á ghoin féin

Ostrais

Féinics

Cág cosdearg

An tIolar agus Éin eile

Figiúr 11

12.04: An fiach dubh

Ba é an fiach dubh comhartha na nUigingeach agus úsáidtear an t-éan san araltas Éireannach inniu le haghaidh bailte, ⁊rl., a raibh baint acu leis na Lochlannaigh. Féach, mar shampla, armas Chill Mhantáin: *Ar ghorm cnocán uaine sa bhun agus air sin teannáil lasta dhualdaite ar sciathbharr camógach órga leathfhiach leata dubh.* *Cf.* freisin armas Chontae Bhaile Átha Cliath (§24.09), nach bhfuil in úsáid a thuilleadh.

12.05: An peileacán

Creideadh tráth go ndéanadh an peileacán baineann í féin a ghoin agus a cinn óga a chothú ar a fuil féin. Ní léir céard ba bhunús leis an gcreideamh earráideach sin, ach ba chionsiocair é le húsáid an pheileacáin san araltas chun Críost agus an Eocairist a mheabhrú. Nuair a thaispeántar an peileacán á dhéanamh siúd, deirtear gur *á goin féin* atá sí. Féach, mar shampla, círíní Uí Choileáin agus Uí Mheára: *Peileacán dualdaite á ghoin féin na sciatháin ardaithe* (IF: 213, 217). *I mbeart na díograise* a thugtar ar an bpeileacán nuair a léirítear ina nead í agus í ag cothú a cinn óga lena cuid fola féin; féach, mar shampla, an círín atá ag an Eathírneach (IF: 211).

12.06: An colúr

Siombail de chuid na síochána an colúr agus ní nach ionadh is é an colúr an phríomhfhíor in armas Uí Shíocháin: *Ar ghorm cnocán uaine thíos ina sheasamh air sin colúr airgidí agus ina ghob craobh dhualdaite olóige* (IF: 219).

12.07: An ostrais

Is iontach go deo cumas díleáite na hostraise, rud a mheabhraítear sa chaoi a léirítear an t-éan san araltas. Nuair a fheictear í, bíonn crú capaill nó seaneochair nó rud eile a fuair sí ar charn seaniarainn ar a béal. Tá sampla maith le fáil in armas Mhic Mhathúna Oirialla: *Ar airgead ostrais dhubh agus ina gob crú órga capaill* (IF: 217).

Cleití ostraise is iondúla a bheith sa churca araltach. Féach, cuir i gcás, círín an Bhuitléaraigh: *Ag éirí aníos as diúcmhionn órga curca chúig chleite airgidí ostraise agus ag éirí aníos díobh sin seabhac den lí chéanna* (IF: 211). Féach stannard Thomáis Buitléir ar Phláta 4.

12.08: An féinics

Is fabhalscéalach an t-éan an féinics. Creideadh faoi nach raibh ach aon cheann amháin ann agus go ndódh sé é féin ar bhreo tine gach 500 bliain chun go n-éireodh sé faoi bhláth na hóige arís as a luaithreach féin. San araltas is mar iolar a thaispeántar é agus é ag éirí aníos as lasracha tine. Bíonn cleití fada ar a bhaithis uaireanta. Feictear féinics in armas Thulach Mhór, Contae Uíbh Fhailí: *Ar ghorm ag éirí aníos de chnocán uaine sa bhun féinics i mbreo tine iad araon dualdaite sa phointe onóra crosóg órga Bhríde idir dhá chros chrosógacha den lí chéanna.*

12.09: An cág cosdearg

Is ball d'fhine na bpréachán an cág cosdearg (*Pyrrhocorax pyrrhocorax*) ach is deas an t-éan é lena ghob cuartha dearg is a chosa dearga. Tá sampla breá de in armas Uí Chiarubháin: *Ar airgead rachtán dubh idir trí chág chosdearga ina ndathanna féin* (IF: 217). Is armas tagrach é sin ar bhealach, mar is éinín dubh an cág cosdearg agus is ionann *Ciarubhán* agus "duine beag dubh".

12.10: An spideog

Is le muintir Shúilleabháin a cheanglaítear an spideog agus ní nach ionadh, tá spideog lena brath i gcírín Uí Shúilleabháin agus Uí Shúilleabháin Bhéarra. Mar seo a chraobhscaoiltear an chéad cheann díobh sin: *Ar dhiúcmhionn órga spideog agus ina gob craobhóg labhrais gach rud dualdaite* (IF: 219).

13: Éisc, reiptílí, agus feithidí

13.00: Éisc

Faightear éisc san araltas go minic. Más cothrománach atá iasc deirtear gur *ag snámh* nó *ar snámh* atá sé. Más ingearach atá sé lena chloigeann in airde, is *ag análú* atá sé. Más thíos atá a chloigeann, deirtear gur *ag tumadh* atá sé.

13.01: An bradán

Uaireanta ní deirtear sa chraobhscaoileadh ach gur iasc atá i gceist, in armas Chluain Meala, cuir i gcás (§11.06). Níos minice ná a mhalairt, áfach, luaitear an bradán as a ainm. An t-iasc ba mhó le rá i seanchas na hÉireann ab ea an bradán riamh. Faightear an bradán feasa i litríocht na Gaeilge, san Fhiannaíocht cuir i gcás. *Maighre* 'bradán' agus *eo* 'bradán' a thugtar go minic ar thaoisigh Ghaelacha i bhfilíocht na scol. Inniu féin feictear bradán ar bhoinn airgid na hÉireann.

Faightear bradán sa bhun in armas Uí Néill, cuir i gcás: *Ar airgead dhá leon chombraiceacha dhearga á coinneáil eatarthu deasóg den lí chéanna í glanghearrtha ag an rosta thuas trí chamréalta dhearga thíos tonnta farraige is bradán ar snámh iontu gach rud dualdaite* (IF: 218 agus *cf.* §01.02).

Feictear an bradán in araltas corparáideach na hÉireann chomh maith, mar shampla, in armas Mhainistir Fhear Maí, a deonaíodh in 1985: *Binnroinnte gorm agus cambhalcach i sé phíosa airgidí agus dubh rachtán céimneach órga é barrmhaisithe le cros laidineach den lí chéanna thuas dhá bhradán de lí an airgid ag léim agus ag féachaint ar a chéile.*

13.02: An róiste

Feictear róistí in armas tagrach an Róistigh: *Ar dhearg trí róiste airgidí agus iad ag snámh ar dul cuaille* (IF: 219).

13.03: An muirín

An muirín an an t-iasc sliogánach (moileasc) is fairsinge san araltas. Féach, mar shampla, armas Uí Chonghaile Chill Dara (§08.00). Feictear muirín faoi dhó in armas bhaile Shligigh (§10.12), áit ar tagairt é d'ainm an bhaile: *Sligeach < slige* 'sliogán'.

13.04: An míol mór agus an deilf

Cé nach éisc iad an míol mór agus an deilf, is gnách san araltas iad a áireamh i measc na n-iasc. Feictear míol mór in armas Uí Chathail na Mumhan: *Ar airgead míol mór ag scairdeadh san fharraige an t-iomlán dualdaite* (IF: 212).

Tá trí dheilf le sonrú ar armas Uí Riagáin: *Ar ór rachtán eirmín idir trí dheilf ghorma* (IF: 219).

Dhá bhradán
ar snámh

Dhá bhradán
ag análú

Dhá bhradán
ag tumadh

Trí mhuirín

Deilf

Nathair ina seasamh

Liashlat

Cadrúca

Laghairt ina
colgsheasamh

Éisc agus Reiptílí

Figiúr 12

13.05: An nathair nimhe

> Do chím tréan ag teacht san maigh,
> meirge shleachta Fhinghin uasail,
> a shleagh go nathair nimhe,
> a shluagh 'na dtreóin teinntighe.
>
> (file anaithnid)

In ainneoin nach raibh nathracha riamh sa tír seo, tá an nathair nimhe an-choitianta in araltas na hÉireann. Feictear í léi féin nó casta timpeall claímh sna harmais seo a leanas: Ó Deá (IF: 213), Ó Donnabháin (IF: 214), Mac Aogáin (IF: 214), Ó Gallchóir (IF: 215), Ó hAodha (IF: 216), Ó Mathúna (IF: 217), Ó Coinn (Tuamhumhain) (IF: 219) agus Ó Súilleabháin (IF: 219). Is ainmhí coimhdeachta an nathair nimhe de Chernunnos, dia na n-adharc, sa dealbhra Ceilteach agus ní ba mhinice ná a chéile bhíodh adharca ar an nathair, rud a mheabhródh gur leagan eile den dia an nathair féin. Is léir ó scéalaíocht na Gaeilge féin gur cuid bhunúsach de smaointeachas na nGael an nathair nó an ollphéist. Dealraíonn sé mar sin gur le miotaseolaíocht na gCeilteach págánach a bhaineann an nathair nimhe in araltas na nGael seachas le biothra na tíre.

San araltas is cuartha a bhíonn an nathair go hiondúil nó feictear í arna casadh ar chlaíomh. Is mar seo, cuir i gcás, a chraobhscaoiltear armas Uí Dheá: *Ar airgead deasóg ina luí go cothrománach í glanghearrtha ag an rosta faoi chufa eangach gorm sa chrobh claíomh ingearach an t-iomlán dualdaite thuas dhá nathair chuartha uaine* (IF: 213). *Nathair ina seasamh* a fhaightear in armas Nás na Rí (§25.12).

13.06: An liashlat agus an cadrúca

Cuireann an nathair a craiceann di ó am go ham. Chreid na Gréagaigh gur á hathnuachan féin a bhíodh sí nuair a dhéanadh sí é sin. I ndealbhra na Sean-Ghréagach ba chomhartha an nathair mar sin den domharfacht agus ceanglaíodh le ceird an dochtúra í. Thaispeántaí Aescláip, dia clasaiceach na míochaine, le bachall ina lámh a mbíodh nathair casta uirthi. Faightear slat úd Aescláip san araltas, áit a n-úsáidtear í chun dochtúirí, ospidéil agus institiúidí eile leighis a chur in iúl.

Liashlat a thugtar ar shlat Aescláip sa leabhar seo. Tá sampla breá le fáil in armas Bhord Sláinte an Mheániarthair, a deonaíodh in 1975: *Ceathairghóireach dearg is gorm thuas liashlat órga thíos caisleán dhá thúr spuaic mhaol eatarthu agus cros phlúrach uirthi sin an t-iomlán airgidí sa bhalc dhá chróin ársa de lí an óir.*

Caithfear an liashlat a dhealú ón *gcadrúca* (Béarla *caduceus*) .i. slat Mhearcair, teachtaire na ndéithe:

Ro éirig Mercuir mac Maia ingine Athlaint ... ocus ro ghabastar a chathbarr órecair ilbhrechtnaighthi ima cheann ocus ro ghabastar a fleisc ceannchaim cumachtaich ina láim .i. cadruca ainm na fleisce sin. (*Togail na Tebe* 585-90)

Dhá nathair a fheictear ar an gcadrúca agus eití ag a bharr. Is chun lucht nuachtán, ⁊rl., a chur in iúl is mó a bhaintear feidhm as an gcadrúca san araltas nua-aimseartha. Níl sampla Éireannach agam ach féach, mar shampla, armas an Times Publishing Company i Sasana: *Ar airgead ocht lata dhubha agus tharstu cadrúca ingearach órga* (CCH: 386).

13.07: An laghairt
Níl ach reiptíl amháin dúchasach in Éirinn, mar atá an t-earc luachra nó an *laghairt* (*Lacerta vivipara*). Tá an laghairt coitianta go maith in araltas na hÉireann ina dhiaidh sin féin. Tá an chosúlacht ar an scéal gur leagan eile den nathair cultasach atá sa laghairt dáiríre. Níor thaitin an nathair phágánach leis an eaglais Chríostaí, is dócha, agus chuirtí an laghairt ina háit uaireanta.

Is mar seo a chraobhscaoiltear armas Uí Chorragáin, cuir i gcás: *Ar ór rachtán idir thuas dhá sheamair agus thíos laghairt shiúlach gach rud uaine* (IF: 213). *Ar ghorm trí laghairt dhualdaite agus iad ar dul cuaille* armas Mhic Coitir (IF: 213). Tá scéal ann chun an laghairt i gcírín Uí Fhlaitheartaigh a mhíniú (§19.06).

13.08: An bheach agus an seangán
Níl feithidí coitianta san araltas ach faightear an bheach agus an seangán mar fhíora uaireanta. Tá an bheach, ar comhartha den dúthracht í, lena feiceáil, mar shampla, in armas Choláiste Victoria, Béal Feirste: *Deighilte cródhearg is dubh ar dheis cláirseach órga agus ar clé leabhar oscailte dualdaite na ciumhaiseanna is an ceangal de lí an óir ar sciathbharr véire cuaille gorm breactha le beach airgidí* (CCH: 398). Feictear coirceog agus beacha ina timpeall i gcírín Mhic Mhuiris, Marcas Lansdún (§19.05).

Faightear seangán dearg in armas Acadamh an Bhaile Meánach: *Ar airgead gearrbhalc gorm idir thuas dhá dheasóg agus thíos seangán gach rud dearg* (CCH: 44).

14.00: Arrachtaigh

Is fabhlach na hainmhithe iad an peigeasas (§11.10) agus t-antalóp (§11.11) araltach agus d'fhéadfaí mar sin iad a áireamh anseo. Is iomaí arrachtach eile a fhaightear san araltas.

14.01: An dragún

Ceann de na hainmhithe fabhlacha is bunúsaí an dragún. Bíonn ceithre chos faoi agus sciatháin ialtóige air. Deir saineolaithe áirithe de chuid an lae inniu gur ón gcrogall a tháinig an bunsmaoineamh. Is dócha freisin go bhfuil baint ag nathair Gheineasas agus an Apacailipsis le bunús an ainmhí. In araltas na nGael, áfach, is dócha nach bhfuil sa dragún dáiríre ach an nathair chultasach faoi chruth eile.

Tá dragún lena fheiceáil i gcírín Mhic Giolla Phádraig: *Dragún aisbhreathnaitheach uaine agus os a chionn leon breathnaitheach dubh a lapa deisil leagtha aige ar cheann an dragúin* (IF: 214). *Leathdhragún gorm* an círín atá ag Mac Uilín (IF: 219). *Cloigne dragúin* a fhaightear in armas Staples (§10.10).

Dragún Síneach tacaí deisil Hart, bairnéad, Cill Mhuircheartaigh, Contae Ard Mhacha (BP: 837) agus tacaí tuathail Gough, Víocunta Luimnigh (§23.08).

14.02: An vuibhearn

Cloigeann, colainn sciatháin agus géaga tosaigh an dragúin atá ag an vuibhearn agus eireaball lannach cuartha siar uaidh sin. Is ionann an vuibhearn mar sin agus dragún déchosach. Feictear an t-ainmhí in armas Mhic Giolla Chuda: *Ar dhearg vuibhearn órga* (IF: 215).

14.03: An rínathair

Má chuirtear cloigeann, cíor agus sprochaille coiligh ar an vuibhearn, rínathair a dhéantar de. Deirtí gur as ubh coiligh a tháinig an rínathair tar éis do nathair nimhe í a ghor ar charn aoiligh. Tá bunús éigin le cuid den chreideamh sin, de réir cosúlachta. Tagann mearbhall hormón ar na cearca uaireanta agus fásann siad cíor agus sprochaille coiligh agus tosaíonn ag glaoch mar a bheadh éan fireann. Ina dhiaidh sin féin bíonn siad fós in ann uibheacha a bhreith. Nuair a d'fheiceadh ár sinsir a leithéidí, ní thuigidís bunús an chlaochlaithe ach chuiridís i leith an diabhail é. Is uaidh sin, is dócha, a d'fhás an creideamh gur arrachtach a thiocfadh as an ubh a bhéarfadh a leithéid d'éan mallaithe.

Dhá rínathair uaine na sciatháin ardaithe agus taobh le taobh snaidhm sna heireabaill na cíora agus na sprochaillí dearg tacaithe an Nuinseanaigh, Iarla na hIarmhí (BP: 1793).

Dragún

Vuibhearn

Rínathair

Gríobh

Mothghríobh

Onchú

Aonbheannach

Murúch

Each uisce

Arrachtaigh

Figiúr 13

14.04: An ghríobh

Ainmhí samhailteach eile atá fairsing go maith in araltas na hÉireann is ea an ghríobh. Colainn, eireabaill agus géaga deiridh leoin atá aici, ach géaga tosaigh, cliabhrach, sciatháin agus cloigeann iolair. Bíonn cluasa uirthi chomh maith. Nuair is ina colgsheasamh atá an ghríobh, sa Bhéarla deirtear gur *segreant* atá sí. Ní gá an chastacht Ghallda a thabhairt isteach sa Ghaeilge, áfach. Is leor mar sin *gríobh ina colgsheasamh* a rá. Feictear a leithéid in armas Uí Ghríofa: *Ar dhubh gríobh órga ina colgsheasamh an teanga is na hingne dearg* (IF: 215). Gríobh shiúlach a fheictear in armas Uí Anrachtaigh: *Ar ghorm gríobh shiúlach órga na sciatháin ardaithe* (IF: 216). *Dhá ghríobh chomhraiceacha* a fheictear in armas Uí Throithigh (IF: 220).

Cloigne gríbhe a fhaightear in armas Uí Bhruadair (§05.04) agus in armas Uí Maolriain (Ryan): *Ar dhearg trí chloigeann stoite gríbhe de lí an airgid* (IF: 219).

14.05 An mhothghríobh

Tá seachleagan den ghríobh le fáil freisin .i. an *mhothghríobh* (Béarla *male griffin*). Ní bhíonn sciatháin air ach bíonn a colainn clúdaithe le dealga. Sampla suntasach Éireannach den mhothghríobh is ea tacaí tuathail Mharcas Urmhumhan: *Mothghríobh airgidí an gob na dealga an coiléar agus an slabhra órga* (BP: 1336).

14.06: An onchú

Trí bliadhna déag 'na dhiaidh soin
réimeas Taidhg mhóir mhic Mhurchaidh;
   i gcath Bhriain at-rochair Tadhg
'na onchoin i ndiaidh Danmharg.

               (file anaithnid)

Tá ainmhí fabhlach eile ann, nach bhfeictear go cinnte in araltas na hÉireann ach i gcírín Uí Cheallaigh Mhaine. *Enfield* atá sa Bhéarla ar an mbeithíoch, a bhfuil cloigeann sionnaigh, cliabhrach agus géaga tosaigh iolair, agus colainn is eireaball mhac tíre air. Deirtear gurb ionann an t-ainmhí sin agus an dúil bheo a tháinig amach as an bhfarraige le linn Chath Chluain Tarbh chun corp marbh Thaidhg Uí Cheallaigh a chosaint ar na Danair. Is é is dóichí gur seansiombail de chuid an teaghlaigh a bhí san onchú agus gur ar ainmhí uisce i gceann de lochanna oirthear Chonnacht a bunaíodh é. Is dócha freisin gur aon rud amháin an onchú agus an t-each uisce, an phéist nó an dobharchú fabhlach, a bhfuil a cheann féin ag a lán lochanna in Éirinn. Is cosúil nach bhfuil san fhocal *enfield* ach truailliú Béarla ar an nGaeilge *onchú, onchainn* 'ainmhí fabhlach; bratach' (Williams 1989).

Cé nach luaitear aon tacaí le hÓ Fearaíl in Éirinn go hiondúil, bhí a leithéidí ag baill den teaghlach ar Mhór-roinn na hEorpa, de réir cosúlachta. *Dhá dhobharchú dhualdaite* na tacaithe a leagann Rietstap ar *Farrel* agus *O'Ferral* ina *Armorial Général*. D'fhéadfadh sé gur onchoin atá i gceist ansin.

14.07: An t-aonbheannach

Ainmhí mór le rá ba ea an t-*aonbheannach* sna meánaoiseanna agus is iomaí suáilce a leagtaí air. Colainn antalóip atá ar an aonbheannach, cloigeann capaill móide adharc fhada chasta, meigeall gabhair, eireaball leoin, géaga carria agus crúba scoilte.

Dhá aonbheannach a fheictear in armas Uí Nialláin: *Ar dhubh dhá aonbheannach airgidí agus iad ag siúl ar dul cuaille na beanna is na crúba órga* (IF: 218). Tá aonbheannach ina armas ag Gearóid Ó Sléibhín, Príomh-Aralt na hÉireann (1953-1982): *Ar dhubh aonbheannach airgidí ina cholgsheasamh thuas dhá chros chrosógacha rinneacha órga an t-iomlán laistigh d'imeallbhord eirmín.*

Is é an t-aonbheannach ainmhí náisiúnta na hAlban, agus feictear é amhail tacaí tuathail in armas ríoga na Breataine Móire. Is duine d'oifigigh Cúirt Rí-Aralt an Leoin Pursuant an Aonbheannaigh (Unicorn Pursuivant).

14.08: An mhurúch

Tá an mhurúch lena scáthán agus cíor fairsing go maith in araltas na hÉireann, mar shampla in armas Mhic Amhlaoibh: *Ar airgead trí mhurúch ar dul bailc cíor agus scáthán i lámh gach ceann acu idir trí réalta gach rud gorm* (IF: 211).

14.09: An t-each uisce

Is capall an t-each uisce sa chuid uachtarach dá cholainn ach gur lapaí lachan atá aige in áit crúba. Colainn agus eireaball éisc is ea a leath íochtarach. Feictear each uisce i gcírín chathair Bhéal Feirste agus sa tacaí tuathail (§25.02).

15.00: Daonnaithe

Uaireanta is é an neach daonna an t-arrachtach is gránna agus is uafásaí dá bhfuil ann. Ina dhiaidh sin féin is dócha gur i gcaibidil dá gcuid féin is fearr daonnaithe san araltas a phlé.

15.01: Figiúirí lomnochta agus an fear fiáin

Is é an t-armas atá ag Ó Dónalláin: *Ar airgead crann fréamhshraoillte darach ina dhathanna féin agus ar an taobh clé sclábhaí dubh agus é ceangailte den stoc le cuibhreach dearg* (IF: 213). Is lomnocht a thaispeántar an gormach bocht sa chás sin. Is é an círín atá ag Ó Cofaigh, Contae Chorcaí: *Fear ag marcaíocht ar dheilf iad araon dualdaite* agus is lomnocht a léirítear an fear go hiondúil (IF: 212). Is iarsma an lomnochtán ar an deilf de dhealbhra na Sean-Cheilteach.

Tá an fear fiáin sách coitianta san araltas. Ní lomnocht ar fad a bhíonn seisean, arae bíonn fleasc duilleog timpeall a uisinní agus a bhásta go hiondúil. Tá sampla breá i dtacaí deisil Iarla Aontroma (Mac Dónaill): *Fear fiáin agus fleasc eidhinn timpeall a uisinní is a bhásta an t-iomlán dualdaite* (BP: 60).

15.02: Figiúirí gléasta

Feictear figiúirí gléasta san araltas sách minic. Is é armas Uí Lochlainn, cuir i gcás: *Ar dhearg fear faoi lánéide chatha a aghaidh tuathal agus saighead á scaoileadh as bogha aige gach rud dualdaite* (IF: 217). Marcach atá in armas Mhig Uidhir: *Ar uaine capall bán faoi láneachraíos agus ar a muin ridire faoi lánéide chatha ar a chlogadsan curca de chleití ostraise agus claíomh á bheartú ina dheaslámh aige an t-iomlán dualdaite* (IF: 215). D'fheictí an t-armas sin ar chruinnbhrat Mhig Uidhir (§01.10).

Tá figiúirí gléasta coitianta amhail tacaithe ar gach aon taobh den sciath, mar shampla, in armas chathair Bhaile Átha Cliath (§25.01).

15.03: Críost, Muire agus naoimh eile

Ó tharla go mbaintear feidhm as armais ar urláir, ar pháipéarachas agus ar rudaí beaga suaracha ar nós fógraí agus a leithéidí, is fearr gan léiriú de Chríost ná de Dhia Athar a chur isteach iontu. Faightear léiriú díobh uaireanta ina dhiaidh sin féin. Is sampla maith armas dheoise Phort Láirge (§27.05).

Pádraig Naofa a léirítear i gcírín Chontae Aontroma: *Ar fhleasc de na líocha leathdhuine .i. léiriú de Phádraig Naofa aibíd uaine le maisiú órga uime naombluan de lí an óir timpeall a chinn ina dheasóg seamair uaine agus caimín dualdaite aoire á choinneáil aige thar a ghualainn chlé* (CCH: 34). Faightear léiriú den naomh in armas Thuathcheantar an Dúin Thoir freisin (§16.06).

Feictear Muire, Eoin Baiste agus Iarlaith Naofa (?) le chéile in armas dheoise Thuama (§27.05).

15.04: An cloigeann

Chomh maith le figiúirí iomlána feictear codanna éagsúla den cholainn dhaonna san araltas go minic. Ar ndóigh, is é an ceann an pháirt is coitianta. Cloigeann gormaigh atá i gcírín Uí Chonaire Failí: *Cloigeann cliathánach gormaigh é dubh agus glanghearrtha faoi na guaillí agus timpeall na n-uisinní ribín airgidí* (IF: 212).

Is gráiniúil círín Uí Mhórdha lena thrí chloigeann: *Deasóg ina luí go cothrománach í glanghearrtha ag an rosta sa chrobh claíomh ingearach agus treáite ag an lann trí chloigeann fhuilteacha gach rud dualdaite* (IF: 218).

Feictear cnámharlach iomlán in armas Dhoire (§25.05).

15.05: An crobh

Léigse dhi mar gach duine
armas fhréimh Rudhraidhe;
    ná saol gur libh an lámh dhearg,
    ná sir acht rádh na rithlearg.

(Diarmaid Mac an Bhaird)

Is éard atá i gceist anseo an chuid sin den lámh a bhfuil bos agus méaranna inti. Más crobh deas atá ann *deasóg* a thugtar air agus más crobh clé é, is faoi *chiotóg* a labhraítear.

Gan amhras ar bith is í "lámh dhearg" Uladh an deasóg is coitianta in araltas na hÉireann. Is *deasóg chrobhscaoilte dhearg* atá inti ó cheart agus í *glanghearrtha ag an rosta*. Ní fios go baileach cén bunús atá leis an "lámh dhearg" ach ceanglaítear le sleachta Ultacha éagsúla í. Tá aighneas fileata ón 16ú haois ar marthain a thugann le tuiscint go n-éilíodh Síol Rúraí (Mág Anaosa) agus sliocht Néill Naoighiallaigh ó thuaidh (Uí Néill) an ceart eisiach chun an lámh dhearg a úsáid amhail suaitheantas. Is suntasach go bhfaightear an deasóg dhearg go forleathan in araltas na nGael, go háirithe in Ultaibh, mar shampla, in armas Uí Néill, Mhic Artáin, Uí Dhonnaile, Mhic Dhoinnléibhe agus Mhig Aonasa. Is léir gur cuid bhunúsach de dhealbhra págánach na nGael an lámh dhaonna.

Tá "lámh dhearg" Uladh an-choitianta in araltas corparáideach Chúige Uladh. Is é an sampla is follasaí, b'fhéidir, armas an Chúige féin (§24.05) ach faightear freisin í in armais mórán institiúidí eile. Is mar seo, cuir i gcás, a chraobhscaoiltear armas an Chaisleáin Riabhaigh: *Ceathair-roinnte airgidí agus órga sa chéad cheathrú deasóg chrobhscaoilte dhearg sa dara agus sa tríú ceathrú roth fiaclach gorm sa cheathrú ceathrú iolar leata dearg ar sciathbharr uaine tuathmhionn óir* (CCH: 98).

Ba é Séamas I a chuir tús le gradam nua an bhairnéid sa bhliain 1611 chun airgead a sholáthar le haghaidh coilíniú Chúige Uladh. Is uime sin atá an ceart ag bairnéad (nach bairnéad de chuid na hAlban Nua é) "lámh dhearg" ar scéithín a chur ar a armas féin. Aisteach go leor ní hí deasóg Uladh a bhíonn ag an mbairnéad ach ciotóg dhearg. Ní fios cén fáth nach lámh dheas atá ann, ach is amhlaidh atá an scéal ó bunaíodh an gradam.

Tá deasóga de líocha eile le fáil in araltas na nGael, in armas Mhic Bhrádaigh (§17.17), cuir i gcás, Uí Bhroin, Uí Choileáin (Cúige Laighean), Uí Chuilleanáin agus Uí Mhangáin. Is mar seo a chraobhscaoiltear armas Uí Mhangáin: *Ar dhubh deasóg chrobhscaoilte airgídí idir thúas dhá fháinnín agus thíos luanla iad uile órga* (IF: 217).

15.06: An lámhrí agus géag na láimhe

Is ionann an *lámhrí* agus an lámh ón uillinn go dtí na méaranna. Níl sí sin chomh coitianta san armas féin is atá an crobh ach tá samplaí maithe le fáil ina dhiaidh sin féin, in armas Uí Dhonnabháin, cuir i gcás: *Ar airgead ag teacht amach as taobh clé na scéithe lámhrí dheas éadach dearg le cufa airgídí uimpi sa chrobh scian ingearach agus nathair casta ina timpeall gach rud dualdaite* (IF: 214).

Is ionann *géag na láimhe* agus an ghéag uile ón uillinn go dtí na méaranna. An deaslámh is coitianta. Féach, mar shampla, armas Uí Ghabhann (nó Smith), Baile an Ghabhann, Contae an Dúin: *Ar airgead dhá ghéag lomnochta láimhe iad ina luí go cothrománach ceann ag teacht amach as taobh na scéithe i gceantar an bhailc ar dheis an ceann eile as taobh na scéithe i gceantar an bhailc ar clé á choinneáil acu araon le chéile tóirse ingearach lasta géag eile láimhe cosúil leo sin ag éirí as an mbun ar dheis agus sa chrobh claíomh ingearach an t-iomlán dualdaite* (BGA: 941).

Tá idir lámhrí agus géag na láimhe an-fhairsing i gcíríní na nGael. Níos minice ná a chéile bíonn an lámh faoi chathéide agus claíomh nó miodóg sa ghlac aici (§01.01).

15.07: An croí daonna

Feictear léiriú den chroí daonna san araltas ó am go ham. Sampla maith is ea armas Uí Chroidheáin: *Ar airgead mac tíre dubh ina cholgsheasamh idir trí chroí dhaonna dhearga* (IF: 213). Is tagrach an t-armas é sin, ar ndóigh. Feictear croíthe in armas John Henry Newman freisin (§26.04).

16: Plandaí

16.00: Crainn

Tá crainn chomh coitianta sin in araltas na nGael, gur dócha gur iarsmaí iad de dhealbhra na Sean-Cheilteach. Tá a fhios againn go raibh meas faoi leith ag na Gaeil phágánacha ar chrainn faoi leith agus gur nós leo daoine a ainmniú as crainn: *Mac Dara, Mac Coill, Mac Cuilinn, Nath Í* "garmhac an Iúir", ⁊rl. Más nithe cultasacha a bhí sna crainn tráth, ní cúis iontais é iad a fheiceáil san araltas Gaelach níos déanaí.

Is é an crann darach is coitianta in armais na nGael agus nuair nach luaitear cén cineál crainn atá i gceist is amhail crann darach a léirítear é. Más ag fás atá an crann, ar chnocán uaine i mbun na scéithe a léirítear é go hiondúil. Sampla maith is ea armas Uí Chonchúir Fáilí (§30.01).

Is minic gur stoite as an talamh a bhíonn crann agus a fhréamhaithe lena bhfeiceáil. Sa chás sin deirtear gur *fréamhshraoillte* atá sé. Féach armas Uí Chonchúir Dhoinn, cuir i gcás: *Ar airgead crann darach fréamhshraoillte uaine* (IF: 212). Crann fréamhshraoillte cuilinn a fheictear in armas Uí Dhúllaing: *Ar airgead crann fréamhshraoillte cuilinn ina dhathanna nádúrtha féin ar sciathbharr gorm leon siúlach órga idir dhá sheamair den lí chéanna* (IF: 214).

Dhá chrann iúir a fheictear in armas Chaisleán an Bharraigh, Contae Mhaigh Eo (§10.03). Is tagairt iad sin, is dócha, d'ainm an chontae: *Maigh Eo* "machaire na n-iúr".

16.01: An fháschoill

Ní crann amháin ach fáschoill iomlán a fheictear in armas Uí Cheallacháin: *Ar airgead sa bhun cnocán air sin sa taobh deas fáschoill ag teacht amach aisti agus ag siúl i dtreo an taoibh chlé mac tíre an t-iomlán dualdaite* (IF: 212). Luann Aogán Ó Rathaille an t-armas sin ina mharbhna ar Dhónall Uí Cheallacháin (§03.01).

Is spéisiúil an rud é go bhfuil an-chosúlacht idir armas an Cheallachánaigh agus armas teaghlaigh Ghearmánaigh darb ainm Busch: *Ar ghorm cnocán uaine sa bhun air sin leon siúlach órga agus é ag teacht amach as fáschoill den dara lí sa taobh clé* (THBF: 316). D'fhéadfadh sé go bhfuil gaol éigin ag an dá armas lena chéile.

16.02: Craobhóga is duilleoga

Is minic a fheictear craobhóga san araltas, in armas an Chraobhaigh, cuir i gcás (§10.10). Craobhóga troim a fheictear in armas Bhaile Átha Troim: *Ar ór balc camógach agus os a chionn caisleán idir trí chraobh troim iad go léir dualdaite*. Is tagairt an trom ansin d'ainm an bhaile.

Tá duilleoga aonair le fáil freisin. Duilleoga darach a fhaightear in armas an Tóibínigh, cuir i gcás: *Ar ghorm trí dhuilleog airgidí darach* (IF: 220). Duilleoga neantóige a shonraítear ar armas Uí Chléirigh: *Ar ór trí dhuilleog uaine neantóige* (IF: 212).

16.03: An cúigdhuille, an ceathairdhuille, an trídhuille nó an tseamair

Tá duilleoga nó bláthanna stílithe le fáil san araltas a ainmnítear as líon a nduillíní: *trídhuille, ceathairdhuille, cúigdhuille,* ⁊rl. Sampla maith den chúigdhuille is ea armas na nDairsíoch, ar tagraíodh dó cheana (§06.05). Ceithre cheathairdhuille a fheictear in armas Blood na hÉireann: *Ceathair-roinnte airgidí is gorm ceithre cheathairdhuille lí-aistrithe* (BGA: 92).

Bíonn gas faoin trídhuille go minic agus sa chás sin is féidir *trídhuille gasach* a thabhairt air. Is fearr, áfach, *seamair* a ghairm de. Tá an tseamair an-choitianta in araltas na hÉireann. Le Pádraig agus múineadh na Tríonóide a cheanglaítear an tseamair go hiondúil, ach is dócha nach bhfuil ansin ach iarracht ar chruth Críostaí a bhualadh anuas ar shiombalachas págánta. Is é is dóichí gur leagan den *triquetra* atá sa tseamair go bunúsach .i. seansiombail de chuid na gréine. Is fiú a lua freisin gurb í an tseamair siombail Hanóvar na Gearmáine, rud ba léir do mhuintir na hÉireann le linn de thoghdóirí Hanóvar a bheith ina ríthe abhus.

Tá an tseamair fairsing in araltas pearsanta na hÉireann, mar shampla, in armas Uí Shirideáin: *Ar ór leon uaine idir trí sheamair den lí chéanna* (IF: 219). Ach is san araltas corporáideach is minice a fheictear í. Ní gá ach dhá shampla a lua:

(1) armas Ollscoil na hÉireann (1913 a deonaíodh): *Ar uaine cláirseach órga a seacht sreang airgidí thuas réalta chúig rinn den dara lí agus breactha uirthi seamair de lí an mhachaire;* agus

(2) armas an Choláiste Ollscoile, Baile Átha Cliath (1912): *Ar uaine cláirseach órga na sreanga airgidí ar sciathbharr de lí an óir cuaille gorm breactha le trí chaisleán lasta dhualdaite idir dhá sheamair uaine.*

16.04: An rós

Is mar bhláth stílithe agus cúig pheiteal aige a léirítear an rós araltach. Bíonn seipil uaine lena sonrú idir gach dhá pheiteal go hiondúil agus síolta órga i lár an bhlátha féin. Más mar sin atá an rós, luaitear lí an róis ar dtús – dearg agus airgidí na líocha is coitianta – agus ansin deirtear gur dualdaite atá na seipil agus na síolta. Má tá cos faoin mbláth deirtear gur *gasach* atá sé nó go bhfuil *gas faoi*.

Is le Sasana a cheanglaítear an rós go minic agus tá sé coitianta mar sin in araltas Gallda na hÉireann. Sampla maith is ea armas Bhaile Átha Luain: *Ar dhearg leon siúlach breathnaitheach órga ar sciathbharr den lí chéanna dhá rós de lí an mhachaire.*

Crann ar chnocán	Crann fréamhshraoillte	Trí thrídhuille

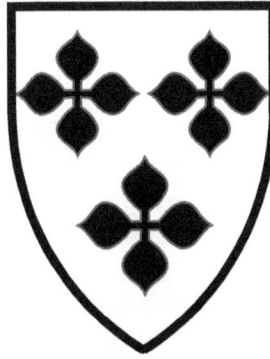

Trí sheamair	Trí cheathairdhuille	Trí chúigdhuille

Rós	Trí fhlór de lúis	Gránúll

Crainn agus Plandaí

Faightear rósanna in araltas na nGael freisin. Féach, mar shampla, armas Uí Dhuinnín: *Ar ghorm dhá chlaíomh airgidí iad crosáilte ar dul sailtíre na reanna thuas na dornchlaí is na húlla órga idir ceithre rós den lí chéanna* (IF: 213).

16.05: An flór de lúis

Acus ro innis fós an ainmhidhi ngalair acus in dá phlúr da lísa at-chonnairc isin eclais amhail ro ráidhsiom remhainn.

(Lorgaireacht an tSoidhigh Naomhtha 2574-76)

Leis an lile is gnách an flór de lúis a shamhlú, arae is ionann ó thaobh bunúis de an focal *lúis* agus *lilium* 'lile' na Laidine. Ina dhiaidh sin féin is leis an bhfeileastram is mó atá an flór de lúis cosúil. Le ríthe na Fraince is mó a bhaineann an flór de lúis san araltas, cé nach léir cén bunús atá leis an gceangal sin. Ó tharla gur éiligh ríthe Shasana forlámhas ar an bhFrainc go dtí 1800, bíonn an flór de lúis lena shonrú ar armas ríoga na Breataine Móire anuas go dtí an dáta sin. Armas ceathair-roinnte a bhí ag na Túdaraigh le flóir de lúis na Fraince sa chéad agus sa cheathrú ceathrú agus leoin Shasana sa dara agus sa tríú ceathrú. D'fheictí an t-armas sin tráth ar sciath bheag in armas na Gaillimhe (§25.04*d*). Is ar an leagan céanna den armas ríoga a bunaíodh armas Phort Laoise freisin (§25.10).

Ní éagoitianta an fhíor í an flór de lúis taobh amuigh den chomhthéacs Francach, áfach, agus tá roinnt mhaith samplaí de le fáil in araltas pearsanta na hÉireann. Féach, cuir i gcás, armas Uí Shé (§8.00) agus armas an tSáirséalaigh: *Deighilte airgidí is dearg flór de lúis lí-aistrithe* (IF: 219).

Feictear dhá fhlór de lúis in armas Leitir Ceanainn (1982 a deonaíodh): *Ar uaine caimín ingearach órga easpaig idir dhá bhradán dhualdaite iad ag tumadh ar aghaidh a chéile ar sciathbharr stuach den dara lí cros chrosógach rinneach dhearg idir dhá fhlór de lúis de lí an mhachaire.*

Úsáidtear an flór de lúis uaireanta chun fíora eile a mhaisiú. Nuair a léirítear fíor agus a huachtar maisithe le flór de lúis, deirtear gur *barrphlúrach* atá sí. Sampla maith is ea armas Bhaile na Sionainne: *Ar ghorm trí dhing fhiartha aníos ón gclé iad órga barrphlúrach airgidí thíos léibheann den lí chéanna maoirsithe dubh.* Is samhlú cliste na dingeanna barrphlúracha sin de thrí scairdeitleán ag éirí den talamh in aerfort na Sionainne. Feictear flór de lúis mar mhaisiú freisin ar an déthrilseán (§10.01) agus uaireanta ar an lomaghaidh liopaird (§11.04).

16.06: Líon agus arbhar

Tá bláth an lín (*Linum usitatissimum*) coitianta in armais Ultacha. Sampla maith (cé nach maith an t-armas féin) is ea armas Chontae an Dúin a deonaíodh in 1967: *Ar uaine balc órga fiteánach dearg breactha le hiasc airgidí ar snámh thuas trí phunann órga agus thíos ar uisce cambhalcach i gceithre phíosa airgidí is gorm long fhada na seolta corntha na bratacha is bratainní ar foluain gach rud de lí an óir idir dhá bhláth dualdaite lín le gasa agus duillí* (CCH: 138).Tugtar faoi deara na punanna arbhair san armas sin freisin.

Tá diasa agus gasa d'arbhair éagsúla sách fairsing san araltas. Gasa eorna a fheictear in armas Thuathcheantar an Dúin Thoir, cuir i gcás: *Binnroinnte uaine agus órga rachtán camógach binnroinnte go camógach airgidí agus gorm agus ina bharr sin bradán dualdaite ag snámh idir [thuas] trí ghas órga eorna ceangailte le chéile agus dhá spól fíodóra ar dul sailtíre den lí chéanna agus thíos leathdhuine i riocht Phádraig Naofa á choinneáil thar a ghualainn chlé caimín aoire gach rud dualdaite a éadach agus a naomhluan de lí an óir* (CCH: 146).

16.07: Torthaí
Feictear caora fíniúna in armas mhuintir D'Olier, Úgónaigh a lonnaigh in Éirinn ag deireadh an 17ú haois: *Ar ór rachtán dearg breactha le luanla órga agus tallann os a chionn idir trí thriopall de chaora dubha fíniúna an t-iomlán laistigh d'imeallbhord gorm plúrach órga* (AF: 396).

Úgónaigh a bhí i muintir La Touche freisin agus bhí cónaí orthu i Marlaí, Contae Bhaile Átha Cliath agus áiteanna eile. Bhí gránúll ina n-armas: *Ar airgead gránúll ingearach gasach ina dhathanna nádúrtha féin ar sciathbharr dearg dhá réalta de lí an mhachaire* (BGA: 587).

16.08: Bláthanna eile
Lus an chromchinn a fheictear in armas Lambart, Iarla an Chabháin: *Ar dhearg trí bhláth de lus an chromchinn iad airgidí is pollta sa lár* (BP: 324).

Tá lus na móinte (*Andromeda polifolia*) lena shonrú ar armas Chontae Uíbh Fhailí (§06.01). Is gann lus na móinte in Éirinn ach i lár na tíre.

17.00: Fíora eile

Is inaitheanta formhór na bhfíor neamhbheo traidisiúnta a fhaightear san araltas ach is aduain an chuma atá ar chuid eile díobh agus tá ainmneacha faoi leith orthu. Ní féidir anseo ach liosta gearr a thabhairt de na fíora is minice a fhaightear.

17.01: Ancaire
Feictear ancaire in armas Chill Rois, Contae an Chláir (§10.07) agus in armas Godwin Swift, uncail Jonathan (§26.02).

17.02: Bogha agus saighead
Is iomaí armas a bhfuil saighead nó saigheada ann. Sampla maith is ea armas Uí Áinle (§11.07).

Tá bogha agus bolgán saighead in armas Uí Maolomhnaigh: *Ar ghorm ar dheis bolgán agus trí shaighead ann ar clé bogha ingearach gach rud órga* (IF: 218).

17.03: Bróg
Tá bróg ina dathanna féin lena feiceáil sa chéad cheathrú d'armas Uí Ágáin: *Ar airgead bróg dhualdaite ar chúinneán binnroinnte dearg is eirmín trí chingid órga* (IF: 215). Ba chuid de dheasghnáth gairthe an taoisigh Ghaelaigh go gcuireadh a phríomhghéilsineach bróg ar a chois. Nuair a dhéantaí rí d'Ó Néill ar an Tulaigh Óig, ba é taoiseach na nÁgánach a chuireadh an bhróg air.

17.04: Buabhall
Is adharc seilge an buabhall a bhfeictear trí cinn díobh in armas Bheilleagamaigh Bhaile an Ghearlánaigh (Castlebellingham), Contae Lú, cuir i gcás: *Ar airgead trí bhuabhall dhubha na sreanga is na snoing órga* (BGA: 69). Is ionann na *snoing* agus na fáinní miotail timpeall chorp an bhuabhaill.

17.05: Caisleáin agus túir
> Túr geal arna chumhdach re leoin réimeann den dath céanna i machaire crobhdhearg.
>
> (armas Uí Eidhin de réir Mhichíl Uí Longáin)

Tá an caisleán coitianta go maith in araltas na hÉireann. Mura ndeirtear a mhalairt bíonn dhá thúr ann agus uchtbhalla eatarthu. Is é an sampla is fearr a bhfuil aithne ag daoine air armas chathair Bhaile Átha Cliath (§25.01). Dhá thúr atá ag an gcaisleán a fheictear in armas Thrá Lí agus sonraíonn an tuairisc gur "trí gheata chuartha" atá ann freisin.

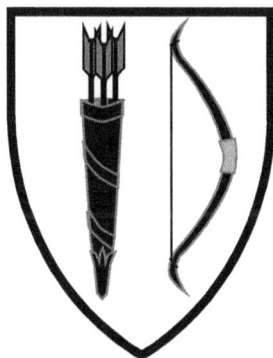

Bolgán saighead
agus bogha

Bróg

Caisleán

Trí thúr

Trí chilfing

Trí chingid

Trí chuisleog

Eochracha crosáilte
ar dul sailtíre

Trí ghalltrumpa

Fíora Éagsúla 1

Tá an túr singil le fáil go fairsing san araltas freisin. Sampla maith is ea armas Uí Uiginn (§06.05).

Túr trí thúirín a fhaightear in armas an Phluincéadaigh: *Ar dhubh bandán airgidí thuas ar clé túr le trí thúirín den lí chéanna* (IF: 218). Túr trí thúirín atá in armas Uí Cheallaigh Ó Maine agus Uí Sheachnasaigh freisin (IF: 216, 219).

17.06: Cilfing

Is léiriú stílithe an chilfing de sheansoitheach a n-iompraítí uisce ann. Is é an cruth atá air dhá bhuidéal leathair agus iad crochta de thrasnán a chuirtí thar na slinneáin chun uisce a thabhairt ó áit go háit. Tá sampla di lena shonrú ar armas Lightburne na hÉireann: *Ar ghorm cilfing órga ar sciathbharr airgidí trí bhandán dhubha* (PO: 346).

17.07: Cingidí agus cupáin

Is é an cineál cupáin is fairsinge san araltas an chingid .i. seanchupán móide clúdach. *Covered cup* atá sa Bhéarla uirthi. Gan amhras ar bith is é an sampla Éireannaigh is fearr aithne ag daoine air na mBuitléarach (§23.03). Tá trí chingid in armas Fágán freisin: *Binnroinnte dearg agus eirmín thuas trí chingid órga* (IF: 214) agus in armas Uí Ágáin (§17.03; agus *cf.* §30.02).

Cupáin Ghaelacha gan clúdach atá in armas Uí Chofaigh (Contae Chorcaí): *Ar uaine balc eirmín idir trí chupán Ghaelacha órga* (IF: 212). Más déanach an t-armas é sin .i. gur glacadh leis tar éis don chaifé a bheith in úsáid go coitianta, d'fhéadfadh sé gur tagairt indíreach na cupáin do shloinne an armasaigh: *Ó Cofaigh/O'Coffey*. Más amhlaidh atá, is cupáin chaifé níos túisce ná cupáin "Ghaelacha" iad.

17.08: Claimhte

Ós rud é go bhfuil an claíomh ar cheann de na fíora is coitianta in araltas pearsanta na hÉireann, níl aon easpa samplaí ann. Is mar seo a chraobhscaoiltear armas Uí Dhúda, cuir i gcás: *Ar uaine sailtír órga thuas dhá chlaíomh airgidí iad ar dul sailtíre na reanna thuas an claíomh deas thar an gceann clé na húlla is na dornchlaí den dara lí* (IF: 214). Ag sileadh fola atá an claíomh in armas Uí Dhábhoireann: *Ar airgead claíomh ingearach dualdaite an t-úll agus dornchla órga agus é ag sileadh fola ina dath nádúrtha féin* (IF: 213).

Chomh maith leis na gnáthchlaimhte a luadh thuas, tá claimhte éagoitianta de shaghasanna éagsúla lena bhfeiceáil san araltas Éireannach. Claíomh le lann chamógach a fheictear in armas Uí Fhionnagáin agus i gcírín Mhic Gormáin agus Mhic Eoghain, cuir i gcás (IF: 214, 215, 216). *Simeatár* atá i gcírín Uí Chinnéide, Uí Éigeartaigh agus de Bhál (IF: 216, 220). *Claíomh solais* atá i gcírín

Uí Airt, cé gur amhail "claíomh lasta dualdaite" a chraobhscaoiltear é (IF: 216). "Claíomh lasta gorm" a fheictear i gcírín Uí Fhlannagáin (IF: 214).

Tá an mhiodóg an-chosúil leis an gclaíomh ach is giorra i bhfad a lann. Tá samplaí maithe le fáil in araltas pearsanta na nGael, mar shampla in armas Uí Artagáin, Uí Chearnaigh, Uí Mhaoláin Chonnacht agus Uí Ríordáin (IF: 216, 218, 219) agus i gcíríní éagsúla.

17.09: Cláirseach

Ós í an chláirseach siombail náisiúnta na hÉireann, feictear go minic in araltas corporáideach na tíre í. Is í an chláirseach an phríomhfhíor in armas an Choláiste Ollscoile, Baile Átha Cliath (§16.03) agus feictear cláirseach agus coróin os a cionn in armas Ollscoil Bhaile Átha Cliath, a deonaíodh in 1862: *Ceathair-roinnte gorm agus eirmín sa chéad cheathrú leabhar oscailte dualdaite na claspaí órga sa cheathrú ceathrú caisleán dhá thúr lasta dualdaite thar an iomlán sa lárphointe cláirseach na hÉireann agus os a cionn an choróin ríoga.*

Feictear an chláirseach san araltas pearsanta uaireanta, mar shampla, in armas Uí Maoilmhichíl: *Gearrtha airgidí is dearg thuas dhá leon chombraiceacha ghorma á coinneáil acu deasóg dhearg í ghlanghearrtha ag an rosta ag snámh fúthu bradán dualdaite sa bhun cláirseach Ghaelach órga na sreanga airgidí idir dhá thua dhualdaite catha na lanna amuigh* (IF: 218).

17.10: Clogad

Cé gur maisiú seachtrach de chuid na scéithe an clogad go hiondúil, faightear uaireanta amhail fíor san armas féin é. Sampla maith is ea armas Uí Chinnéide: *Ar dhubh trí chlogad chliathánacha dhualdaite* (IF: 216 agus §26.07). Dealraíonn sé go ndéantaí an t-ainm *Cinnéide* a mhíniú mar *cinn* 'ceann, cloigeann' + *éide* 'armúr'. Armas tagrach atá ann marsin.

17.11: Corónacha agus coróinéid

Tá coróin ríoga Shasana coitianta in araltas Gallda na hÉireann; féach, mar shampla, armas Ollscoil Bhaile Átha Cliath (§17:09). Feictear coróinéid os cionn armais na bpiaraí freisin agus is de réir gradaim an phiara a bhíonn an coróinéad. Duilleoga sú talún ar fhonsa atá ag an diúc, cuir i gcás, ach duilleoga agus péarlaí gach ré seal ag an marcas. Bíonn caipín de shróll dearg agus líneáil eirmín sa choróin ríoga agus sa choróinéad uasal go hiondúil. An *caipín gradaim* a thugtar air sin. Feictear an caipín gradaim i gcírín na nDairsíoch, cuir i gcás: *Ar chaipín gradaim dearg an líneáil eirmín tarbh dubh na crúba is na hadharca órga* (IF: 213).

Tá dhá chineál corónach ann a fhaightear go coitianta san araltas Éireannach fós. *Coróin ársa* an chéad cheann díobh sin .i. fonsa óir agus cúig spíce arda thriantánacha le feiceáil air. Feictear trí choróin ársa in armas na Mumhan, cuir i gcás (§24.03) agus ceann amháin in armas Mhic Conchrú (§10.03).

Diúcmhionn atá ar an dara coróin. Tá cosúlacht éigin idir é agus coróinéad an diúic ach gur ocht nduilleog atá ag an gcoróinéad agus gan ach sé cinn ag an diúcmhionn. Gan caipín a léirítear an diúcmhionn agus is i gcíríní is minice a fheictear é. Is é círín Uí Fhearaíl, cuir i gcás: *Ar dhiúcmhionn órga cú dubh ag lingeadh* (IF: 214).

Tá dhá choróin eile ann fós a fhaightear go háirithe san araltas cathrúil ó thuaidh. An chéad cheann díobh is cuma é nó balla táibhleach i bhfoirm fáinne agus *múrmhionn* a thugtar air. Os cionn na scéithe is mó a fheictear an múrmhionn, cé go bhfuil samplaí de le fáil ar an sciath féin. Féach, cuir i gcás, armas Chumann Údarás Bardasach Thuaisceart Éireann (Association of Municipal Authorities of Northern Ireland), a deonaíodh in 1954: *Ceathair-roinnte dearg is órga sa chéad cheathrú réalta sé rinn airgidí agus breactha uirthi deasóg den chéad lí í glanghearrtha ag an rosta sa cheathrú ceathrú múrmhionn de lí an airgid* (CCH: 272). Feictear múrmhionn i slánarmas Bhéal Feirste freisin (§25.02) agus san araltas pearsanta i slánarmas Gough (§23.08).

Tuathmhionn a thugtar ar an dara coróin chathrúil, atá déanta as diasa arbhair agus craobhóga darach arna suíomh gach ré seal ar fhonsa cruinn. Feictear sampla den tuathmhionn in armas an Chaisleáin Riabhaigh (§15.06).

17.12: Crú capaill

Is leis an lúb thuas agus cinn na ngéag thíos a léirítear an crú capaill san araltas. Luann an Búrcach armas Ferrers a cláraíodh in Oifig Rí-Aralt Uladh (cé nach dtugann sé aon dáta): *Ar airgead bandán dubh breactha le trí chrú capaill den chéad lí* (BGA: 348). Is tagrach an t-armas, arae is ionann *Ferrer* agus *farrier* 'crúdóir'. Mar a luadh thuas (§12.07), feictear crú capaill i ngob na hostraise go minic.

17.13: Cuisleog

Is uirlis máinlíochta an *chuisleog* ar cuma í nó rasúr a bhfuil lann chuartha uirthi. In armais máinlianna agus institiúidí máinlíochta a fheictear í. B'ollamh i gColáiste Ríoga na Máinlianna, Baile Átha Cliath, an Ridire John W. Moore (1845 a rugadh). Is é an t-armas a deonaíodh dó: *Ar ghorm sciathbharr móreangach órga breactha le cuisleog idir dhá réalta iad uile dearg* (AF: 981).

17.14: Eochair

Is minic a fheictear an eochair san araltas agus go háirithe san araltas eaglasta. Sampla suntasach is ea eochracha an Phápa a léirítear crosáilte taobh thiar dá armas agus ar siombail iad dá chumhacht spioradálta sa saol thall agus sa saol abhus (§27.07). Nuair a chraobhscaoiltear eochracha deirtear cén treo a bhfuil

Caipín gradaim

Trí
dhiúcmhionn

Múrmhionn

Tuathmhionn

Trí luanla

Trí luanla
nuaghealaí

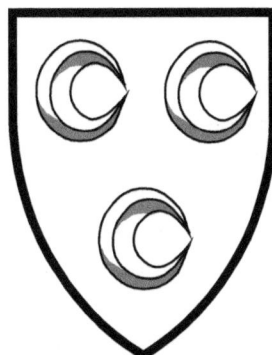

Trí luanla
seanghealaí

Luanra

Grian niamhrach

Fíora Éagsúla 2

Figiúr 16

siad agus cé acu thuas nó thíos atá na heanga, mar shampla, in armas dheoise an Dúin: *Ar ghorm dhá eochair órga ar dul sailtíre na heanga thuas agus tharstu sa lárphointe uan siúlach airgidí* (BGA: 297).

17.15: Galltrumpa

Is uirlís cheoil de shaghas éigin an *galltrumpa* (*clarion* nó *sufflue* sa Bhéarla) ar cuma é nó painphíopa nó binneadán béil móide cos chun é a choinneáil. Chreid daoine áirithe gurbh ionann é agus an taca a gcuirtí an lansa ann sa turnaimint. Is earráid an tuairim sin ach d'fhág sí gur *rest* a thugtar ar an ngalltrumpa as Béarla uaireanta. Ba é an t-armas a bhí ag Granville, Tiarna Lansdún (1712 a cruthaíodh, 1734 a d'éag amach): *Ar dhearg trí ghalltrumpa órga* (BGA: 420).

17.16: Gránáid

Níl aon difríocht idir *gránáid* agus *buama*, ach má bhíonn tine ag teacht amach as i dtrí áit i leaba áite amháin, *lasta i dtrí ionad* a deirtear. Tugann an Cinnéideach agus an Búrcach araon cuntas ar armas Ball: *Ar airgead rachtán dubh idir trí ghránáid den lí chéanna iad lasta dualdaite* (BGA: 44; K: 107). Ní luann ceachtar acu cad as don armasach, áfach. Armas tagrach atá ann, ar ndóigh, ó tharla gur *fire-ball* a thugtar uaireanta ar an ngránáid as Béarla.

17.17: Grian agus gealach

> Do thógamar Dealbh Ghréine,
> bratach Fhinn mhóir na Féine;
> iomdha uair chuir sí deannál
> fá mhórChonán Chinn tSléibhe.
>
> > (file anaithnid)

Tá léiriú den ghrian sách coitianta in araltas na nGael. Le héadan daonna agus gathanna ina timpeall a thaispeántar í go hiondúil agus *grian niamhrach* a thugtar uirthi. Sampla suntasach is ea armas Mhic Bhrádaigh: *Ar dhubh thíos ar clé deasóg dhualdaite í glanghearrtha ag an rosta agus ag síneadh i dtreo ghréine niamhraí órga thuas ar dheis* (IF: 211). Is dócha gur macalla an ghrian niamhrach san araltas Gaelach de dhealbhra na Sean-Cheilteach. Bhí figiúirí den chineál *Sol Invicta* .i. aghaidh duine agus gathanna ina timpeall, coitianta i ndealbhra na nGael. *Cf.* freisin *Oghma Grianaineach* "O. le ceannaithe gréine", pearsa de chuid Thuatha Dé Danann.

Is í an fhíor i bhfoirm gealaí is fairsinge san araltas an *luanla* (*crescent* an Bhéarla). Ní gealach atá inti ó cheart, nó is thuas a bhíonn a hadharca. Tá trí luanla in armas Uí Mhaolalaidh: *Ar airgead trí iolar leata dhearga á coinneáil i ngob gach ceann díobh craobhóg dhualdaite labhrais idir an oiread luanlaí gorma a haon is a dó* (IF: 217), agus in armas Mhig Shamhráin: *Ar ghorm leon siúlach órga thuas trí luanla den lí chéanna agus iad ar dul bailc* (IF: 215).

Más deiseal (go haraltach) atá reanna an luanla dála na gealaí féin nuair is ag méadú atá sí, *luanla nuaghealaí* atá air. Más tuathal atá na hadharca, *luanla seanghealaí* atá ann. Feictear luanla nuaghealaí in armas Mhic Dhónaill (Contaetha an Chláir agus na Gaillimhe): *Ar ghorm seanlong airgidí faoi lán seoil na bratacha ag foluain idir thuas cros naofa trí chéim órga idir ar dheis luanla nuaghealaí de lí an airgid agus ar clé deasóg í crobhscaoilte is glanghearrtha ag an rosta dualdaite thíos bradán ar snámh de lí an airgid* (IF: 213). Tá idir luanla seanghealaí is ghrian niamhrach lena sonrú ar armas Mháirtín na Gaillimhe (§09.02).

> NÓTA: Ba nós roimhe seo *corrán* a thabhairt ar luanla an araltais. Níl an téarma sin sásúil, áfach, toisc an focal *corrán* a bheith ag teastáil chun an uirlis bainte a chur in iúl. Is é an focal *corrán* a úsáidtear sa Bhéarla féin i dtuairisc armas Latharna, Contae Aontroma, chun an uirlis a chomharthú (CCH: 226). Sa bhrateolaíocht freisin bheadh an-deacracht ag baint leis an bhfocal *corrán* ar 'luanla', nó bheadh mearbhall ann idir luanla na dtíortha Muslamacha agus casúr agus corrán sna bratacha stairiúla cumannacha. Cé nach bhfaightear an focal *luanla* in *Foclóir Gaeilge-Béarla* Uí Dhónaill, tá sé le fáil in *Foclóir Tíreolaíochta agus Pleanála* an Roinn Oideachais (1981).

Is coitianta an fhíor é an *luanra* in araltas na Spáinne, mar is siombail é d'Athchoncas na Spáinne, nuair a cloíodh luanla an Ioslaim. Is éard atá sa luanra ceithre luanla i bhfoirm croise agus a n-adharca ag teagmháil lena chéile. Tá sampla maith le feiceáil san armas a d'úsáid Éamonn de Valera (§26.06).

17.18: Grinne
Is é an grinne an beart slat agus tua ina lár a d'iompraítí os comhair liochtóirí (giúistísí) na Sean-Róimhe. *Fasces*, iolra an fhocail *fascis* 'corróg', a thugadh na Rómhánaigh féin ar a leithéid. Ba é an grinne (*fasces*) ba shuaitheantas ag na Faisistithe (*fascisti*) Iodálacha.

Is é an círín a bhí ag an mBairnéad Andrew Porter, Máistír na Rollaí in Éirinn: *Ar ghrinne chothrománach ceiribín, gach rud dualdaite* (BP: 1401). Tá grinne le fáil i gcírín an Tiarna Chill Ainthinne (§26.08) agus san armas a deonaíodh do Charles J. Haughey in 1966 (§26.09).

> NÓTA: Tá an focal *grinne* á úsáid chun *fasces* na Laidine a aistriú ó aimsir na Sean-Ghaeilge i leith; féach *Dictionary of the Irish Language* (Acadamh Ríoga na hÉireann 1983) s.v. *grinde*.

17.19: Leabhair

Is beag nach den riachtanas leabhar amhail fíor in armas nuacheaptha scoile nó coláiste. Ní inniu ná inné, áfach, a chonacthas leabhair in araltas na hÉireann den chéad uair. Staraithe agus scríobhaithe a bhí i muintir Maoil Chonaire riamh anall agus ní nach ionadh tá leabhar ina n-armas acu: *Ar ghorm seanleabhar oscailte dualdaite le leabharmharc agus clúdach órga sciathbharr táibhleach den lí chéanna* (IF: 212).

17.20: Longa

An *long fhada* an t-árthach is coitianta san araltas. Is é an t-ainm Gaeilge (ó Ghaeilge na hAlban) a úsáidtear sa Bhéarla féin: *lymphad < luing fada*. Aon chrann amháin a bhíonn ar an long fhada mura ndeirtear a mhalairt. Tá sampla di sa tríú ceathrú d'armas Mhic Dhónaill Ghlinnte Aontroma: *Ar airgead long fhada dhubh na seolta corntha* (IF: 213). Long fhada atá in armas Uí Drisceoil, de réir cosúlachta, ach is le trí chrann a léirítear go hiondúil í (IF: 167 agus 214). Bád rámhaíochta gan seol ar bith a fhaightear in armas Uí Fhlaitheartaigh (IF: 214) agus Mhig Aodha na Gaillimhe (IF: 216).

Deiseal a sheolann long nó bád ar bith, mura ndeirtear a mhalairt. Is aghaidh chun tosaigh atá an long in armas an Inbhir Mhóir (§10.12). Má scrúdaítear an phaitinn, áfach, feicfear nach luaitear treoshuíomh na loinge sa chraobhscaoileadh Gaeilge.

17.21: Miolaire

Is éard atá sa mhiolaire an píosa iarainn i lár an chloch mhuilinn a dtéadh an fhearsaid chasta isteach ann. Tá cruth ceann an mhiolaire lena fheiceáil freisin ar ghéaga na croise miolairí (§09.05). Faightear ceithre mhiolaire in armas Iarla Winterton, an Gort, Contae na Gaillimhe: *Ar fhritheirmín cros airgidí í chearnphollta de lí an mhachaire agus breactha uirthi ceithre mhiolaire dhubha* (BP: 1829).

17.22: Muinchille

Muinchille mná uaisle ón 12ú haois atá sa mhuinchille araltach a mbíonn lapa fada aisti ag an gcufa. Feictear trí cinn in armas Maunsell, Contae Luimnigh: *Ar airgead rachtán dubh idir trí mhuinchille den lí chéanna* (BGA: 670). Is armas tagrach é sin, ó tharla gur *maunche* (< *manche* na Fraincise) a thugann an Béarla ar an muinchille.

17.23: Paca olla

Cuma adhairte atá ar an bpaca olla. Faightear trí cinn in armas Réamoinn: *Ar dhearg caisleán airgidí idir trí phaca órga olla* (IF: 219).

Trí réalta

Trí thollréalta

Trí chamréalta

Trí bhuabhall

Trí ghránáid

Grinne

Leabhar oscailte
le leabharmharc

Long fhada

Bád rámhaíochta

Fíora Éagsúla 3

17.24: Réaltaí

Cúig cinn de reanna díreacha a bhíonn ar an ngnáthréalta araltach go hiondúil. Más cúig rinn atá aici, ní gá ach *réalta* a thabhairt uirthi. Is dócha nach réalta a bhí inti dáiríre ach léiriú de roithín spoir, arae *mullet* (< *molette* 'roithín spoir' na Fraincise) atá sa Bhéarla ar an réalta chúig rinn. Ba nós le hOifig an Phríomh-Arailt *muilléad* nó *muileat(a)* a thabhairt ar a leithéid anuas go dtí le gairid, ach bhí contúirt mhór mearbhaill ansin, ó tharla gurb ionann *muileata* sa Ghaeilge agus cruth diamaint freisin (§10.05).

Tá an ghnáthréalta cúig rinn an-fhairsing in araltas na nGael, mar shampla, sna harmais seo a leanas: Mac Amhlaoibh, Ó Dochartaigh, Ó Dóráin, Ó Maoileoin Ó Monacháin agus Ó Mórdha (IF: 211-18). Faightear réaltaí sé rinn uaireanta. In armas Uí Mhóráin sé rinn atá ag na réaltaí agus is gathach atá siad freisin: *Ar dhubh trí réalta sé rinn ghathacha de lí an óir* (IF: 218). Ocht rinn atá ar na réaltaí in armas Mhic Eoghain: *Ar airgead dhá leon chomhraiceacha dhubha á coinneáil eatarthu deasóg dhearg is í glanghearrtha ag an rosta thuas ceithre réalta ocht rinn dhearga thíos tonnta farraige agus bradán ag snámh iontu iad sin uile dualdaite* (IF: 217).

Ós rud é gur roithín spoir a bhí sa réalta chúig rinn ar dtús, faightear uaireanta í móide poll cruinn ina lár .i. a dtéadh an pionna tríd. *Tollréalta* atá ar a leithéid sa Ghaeilge agus *spur-rowel* sa Bhéarla. *Tollréalta airgidí* círín LaTouche. Ba leis an teaghlach sin Teach Mharlaí i Ráth Fearnáin, Contae Bhaile Átha Cliath, agus tá samplaí den tollréalta ar fhleasc lena bhfeiceáil snoite sa chloch os cionn doras an tí mhóir ann.

Tá réaltaí eile san araltas ar léiriú stílithe iad de réalta na spéire. Is camógach a bhíonn a reanna agus bíonn sé rinn ann go hiondúil. *Camréalta* nó *stéillín* a thugtar sa leabhar seo ar ar a leithéid. Tá an chamréalta coitianta in armas na nGael. Tá sampla maith in armas Uí Sheanlaoich: *Ar ghorm leon siúlach órga thuas trí chamréalta den lí chéanna* (IF: 219). Sampla breá de chamréalta ocht rinn is ea armas Uí Dhuagáin: *Ar ghorm luanla seanghealaí idir naoi gcamréalta ocht rinn de lí an óir* (IF: 214).

> NÓTA: Is cumadóireacht nua-aimseartha idir *camréalta* agus *stéillín* araon. Ar *stéill* < Laid. *stella*, focal a fheictear sa leagan *Nollaig Stéille* 'Eipeafáine', a bunaíodh *stéillín*. Tá údar leis an díorthú, ós rud é gur *estoile* < Laid. *stella*, atá ar an gcamréalta sa Bhéarla.

17.25: Rinn saighde

Rinn stílithe saighde atá san fhíor seo le friofac amháin ar gach aon taobh. Thuas a bhíonn an bior mura ndeirtear a mhalairt. Tá sampla maith in armas Bhreatnach Uíbh Oirc: *Ar airgead rachtán dearg idir trí rinn dhubha saighde* (IF: 220).

Treá a thugtar ar an rinn saighde, más clasach atá ciumhais inmheánach na bhfriofac. Tá treánna le feiceáil in armas Mhic Colgáin: *Ar ghorm leon órga idir trí threá airgidí na beara thíos* (IF: 212).

17.26: Roth céasta
Seo í siombail San Caitríona, a martraíodh i gCathair Alastair sa 4ú haois. Roth is ea é a bhfuil a sé nó a hocht de spócaí ann agus roinnt lann cuartha ar feadh an fhonsa. Tugann an Búrcach armas William Scott, Ardsirriam Chontae na Banríona (†1661): *Ar airgead luanla dubh idir trí roth céasta den lí chéanna iad uile laistigh d'imeallbhord clasach dearg* (BGA: 907).

17.27: Scamall
Níl scamaill coitianta san araltas, ach faightear samplaí díobh ó am go ham. Féach, cuir i gcás, armas mhuintir Leeson, iarlaí Bhaile an Mhuilinn: *Ar dhearg sciathbharr airgidí ar a íochtar scamall agus gathanna na gréine ag teacht anuas as iad sin uile dualdaite* (BP: 1202).

17.28: Sciath
Luadh an lárscaith thuas faoi na fophíosaí (§10.02). Faightear *sciath* is lú ná í sin san araltas go minic. Sampla is ea armas comhaimseartha chathair na Gaillimhe (§25.04*d*). Is ar sciath bheag a léiríonn bairnéid crobh dearg Uladh (§15.06).

Faightear níos mó ná sciath amháin ar an aon mhachaire amháin uaireanta. Féach, cuir i gcás, armas Hay, Teach Coimseáin, Contae Loch Garman, a deimhníodh i bhfiosrúchán na bliana 1618: *Ar airgead trí sciath dhearga* (BGA: 472). Ba bhrainse muintir Hay, Loch Garman, den teaghlach cáiliúil Albanach, de réir cosúlachta.

17.29: Sleánna agus lansaí
Tá dhá chineál sleá le fáil in araltas na hÉireann, an *tseansleá Ghaelach* agus an *lansa giústála*. Is éard atá sa chéad cheann acu sin crann adhmad agus rinn sleá ar a bharr. Is ornáidí an lansa giústála ná sin: ní fheictear mórán den chrann toisc go gclúdaíonn dornchlúid an chuid is mó de. Tá sampla maith den tsleá lena fheiceáil in armas Mhic Giolla Iasachta (§07.11). Feictear lansa giústála in armas Uí Fhallúin (§11.08).

Faightear an *rinn sleá* mar fhíor léi féin, in armas Mhic Con Mara, cuir i gcás: *Ar dhearg leon airgidí thuas dhá rinn órga sleá* (IF: 218).

17.30: Spól fíodóra

Tá an spól fíodóra coitianta in araltas corparáideach Chúige Uladh i ngeall ar cháil an chúige amhail áit déanta línéadaigh. Sampla maith is ea armas Dhún Geanainn: *Ar ór caisleán dualdaite thuas deasóg dhearg ar sciathbharr dubh spól cothrománach fíodóra de lí an mhachaire* (CCH: 140).

17.31: Teannáil

Is éard atá sa *teannáil* araltach (*fire-beacon* sa Bhéarla) ciseán iarainn ar sheastán agus lasracha tine ag teacht amach as. Ós rud é gur ar an gcósta ba mhó a bhaintí feidhm as teannálacha amhail gléas comharthaíochta, is in armas bailte muirí is mó a fheictear an teannáil mar fhíor. Sampla breá is ea armas Bhaile Chill Mhantáin (§12.04).

Nuair a deonaíodh armas do Chontae Bhaile Átha Cliath in 1944, dúirt an deontas faoin gcírín (gan clogad) gur *teine chomhartha* a bhí ann. *Fire-beacon* an focal sa leagan Béarla. Is dócha gur dhearmaid iad an dá leagan idir Ghaeilge agus Bhéarla, mar ní teannáil a léirítear sa phaitinn ach lasracha tine leo féin.

17.32: Tua catha

Is iomaí sampla den tua chatha a fhaightear in araltas pearsanta na nGael. Is éard atá sa tríú ceathrú d'armas Mhic Shíthigh, cuir i gcás: *Ar ghorm trí thua ingearacha chatha de lí an óir agus iad ar dul bailc* (IF: 219). Féach freisin armas Uí Maoilmhichíl (§17.09).

17.33: Aireagáin nua-aimseartha, ⁊rl.

Cé nach ró-inmholta an nós é, cuirtear nithe as an saol nua-aimseartha isteach san araltas ó am go ham. Níl araltas na hÉireann chomh tugtha fós dá leithéidí is atá araltas Shasana ach tá samplaí suntasacha le fáil abhus ina dhiaidh sin féin. In armas Bhaile Brigín, Contae Bhaile Átha Cliath (§07.09) cuir i gcás, feictear na nithe seo a leanas: fearsaid, roth uisce agus dhá phíopa thionsclaíocha ar dul sailtíre. In armas Phobalscoil Chillín, Bré, a deonaíodh in 1989, feictear "samhlú an chórais dhénártha mar chomhartha eolaíochta" .i. fíor ar le saol na ríomh-aireachta a bhaineann sí. Is léir fiú in Éirinn gur féidir fíor araltach a dhéanamh de rud ar bith ach é a chur in armas.

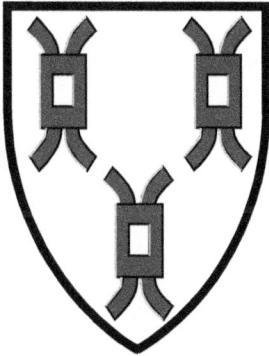

Trí mhiolaire

Muinchille

Trí phaca olla

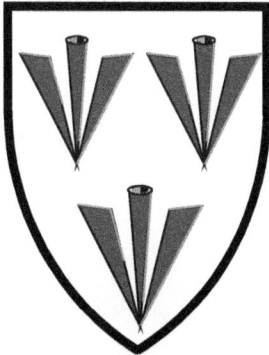

Trí rinn saighde
na reanna thíos

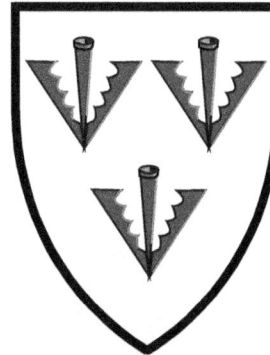

Trí threá
na reanna thíos

Trí roth céasta

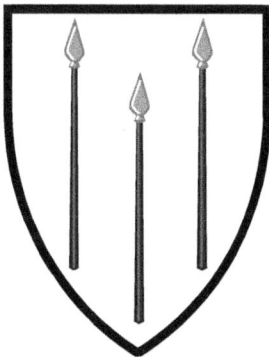

Trí shleá

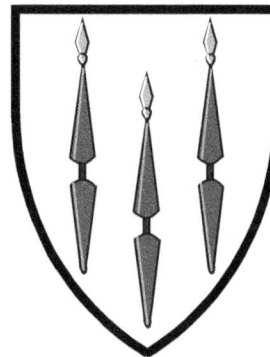

Trí lansa

Tua chatha

Fíora Éagsúla 4

18: Craobhscaoileadh armais

Craobhscaoileadh nó *tuairisciú* a thugtar ar an gcur síos beacht ar armas. Baineann an craobhscaoileadh feidhm as sainfhoclóir an araltais agus leanann sé coinbhinsiúin áirithe sa chaoi gur féidir leis an léitheoir an t-armas a shamhlú agus gan roimhe ach an cuntas lom. Sula bpléifear bunrialacha an chraobh-scaoilte i gcoitinne, is ceart aird a dhíriú ar dhá ghné faoi leith de .i. an *lí-aistriú* agus *fíora ar fad*.

18.00: Lí-aistriú

Is beartas ríchoitianta san araltas an lí-aistriú. Is simplí an rud é go bunúsach ach is aisteach casta na torthaí a bhíonn air uaireanta. Cuir i gcás gur deighilte atá an machaire órga is gorm. Má chuirtear balc anuas air sin sa chaoi gur gorm a bheidh an chuid sin den bhalc a luíonn ar an ór agus órga atá an chuid de atá thar an ngorm, ansin tá sampla simplí den lí-aistriú againn .i. armas Chíosóg (IF: 165 agus 213).

Sampla maith eile den lí-aistriú is ea armas Bharóideach Chontae Chorcaí: *Balcach i ndeich bpíosa deighilte airgidí is dearg lí-aistrithe* (IF: 211). Feictear gnáthfhíora lí-aistrithe in armais Uí Scanláin na Mumhan: *Gearrtha go heangach airgidí is gorm trí leon lí-aistrithe* (IF: 219) agus Uí Shé (08.00).

Fíor amháin agus í lí-aistrithe .i. a leath de lí amháin agus an leath eile de lí eile, a fheictear in armas an tSáirséalaigh (§16.05). Tá balc agus dhá thorc lí-aistrithe lena bhfeiceáil in armas Uí Shúilleabháin Bhéarra: *Deighilte airgidí is dubh balc idir thuas torc siúlach agus thíos ceann eile ag siúl tuathal an t-iomlán lí-aistrithe na starrfhiacla na crúba is an ghuaireach órga* (IF: 184 agus 219).

18.01: Fíora ar fad

Nuair nach sroicheann fíor taobhanna na scéithe, cé gur gnách léi iad a shroich-eadh, deirtear gur *glanghearrtha* atá sí. Ar an gcaoi chéanna má shroicheann fíor taobhanna na scéithe nuair nach iondúil léi sin a dhéanamh, deirtear gur *ar fad* atá sí. Mar sin má theagmhaíonn ceithre choirnéal an mhuileata taobhanna na scéithe, *muileata ar fad* a thugtar air. Ní theagmhaíonn an chros leata le ciumhaiseanna na scéithe de ghnáth. Má theagmhaíonn, *cros leata ar fad* atá inti, fíor a fheictear in araltas ríoga na Danmhairge is na Sualainne.

Is beag nach mar a chéile machaire *binnroinnte ar fad* mar sin agus machaire *dingroinnte aníos* (§06.01), ach gur airde suas taobhanna na scéithe a thosaíonn an bhinnroinnt ná an dingroinnt aníos.

CRAOBHSCAOILEADH ARMAIS

18.02: Bunrialacha an chraobhscaoilte

Is mar seo a leanas an t-ord craobhscaoilte a mholtar le haghaidh na Gaeilge sa leabhar seo agus atá i bhfeidhm sna tuairiscí éagsúla a fhaightear ann:

(*a*) an machaire a lua ar dtús .i. a rá cé acu pléineáilte nó roinnte atá sé agus cén lí nó cé na líocha atá i gceist;

(*b*) an phríomhfhíor a lua .i. ríphíosa nó ainmhí, nó ainmhithe, ⁊rl.;

(*c*) mionfhíora ar an bpríomhfhíora a lua;

(*d*) fíora timpeall na príomhfhíre a lua;

(*e*) deachracha (§§23.04-23.05);

(*f*) rudaí atá thar an iomlán a lua, m.sh., imeallbhord, cúinneán, ⁊rl.

Tugtar faoi deara nach mar a chéile an t-ord sin agus gnáthord chraobhscaoilte an Bhéarla. Sa Bhéarla roimh (*c*) a luaitear (*d*), ach sa Ghaeilge bheadh deacracht leis an ord sin, mar a léireofar ar ball. Breathnaímis ar na pointí sin thuas ina gceann agus ina gceann:

(*a*) Más machaire pléineáilte atá ann, is ceart é sin a chur in iúl ach an réamh-fhocal *Ar* a úsáid móide an t-ainmfhocal cuí, *airgead, ór, dearg, gorm, eirmín,* ⁊rl. Más roinnte atá an machaire, is féidir *Ar sciath* móide an aidiacht chuí a úsáid, mar shampla, *Ar sciath dheighilte airgidí is dearg, Ar sciath bhinnroinnte órga is dubh,* ⁊rl. Ní gá sin, áfach, arae is leor *Deighilte airgidí is dearg, Binnroinnte órga is dubh* a rá.

(*b*) Tugtar faoi deara go gcaithfear a bheith airdeallach más ar chnocán sa bhun atá an phríomhfhíor. Más *Ar airgead ar chnocán uaine sa bhun leon dearg* a deirtear, is ciotach a bheidh athrá an réamhfhocail *ar*. Chun é sin a sheachaint is é seo a mholtar: *Ar airgead cnocán uaine sa bhun agus air sin leon dearg.*

(*c*) Is é a fhearacht sin é sa Ghaeilge maidir le (*b*), (*c*) agus (*d*). Sa Bhéarla is féidir a leithéid seo a rá: *Argent, on a fess azure, between three martlets gules, as many crescents Or.* Dá leanfaí den nós sin sa Ghaeilge, áfach, is éard a gheofaí: **Ar airgead ar bhalc ghorm idir trí mhairléad dhearga trí luanla órga* agus is ciotach a bheadh tús an chraobhscaoilte leis an athrá .i. *Ar airgead ar bhalc.* Uime sin moltar anseo a mhalairt d'ord a chleachtadh sa Ghaeilge agus an focal *breactha* a úsáid chun an phríomhfhíor a cháiliú: *Ar airgead balc gorm breactha le trí luanla órga idir an oiread mairléad dearg.* Is léir ón gcomhthéacs nach ar an mbalc atá na mairléid. Má tá fíora idir fíora eile ar ríphíosa is furasta é sin a chur in iúl gan contúirt mearbhaill: *Ar dhearg bandán órga breactha le réalta de lí an mhachaire idir ar an mbandán féin dhá luanla ghorma ceann thuas is ceann thíos an t-iomlán idir dhá mhiolaire airgidí. Cf.* freisin §18.04*b*.

(*f*)Cuir i gcás nach bhfuil deachair san armas, ach go bhfuil mórfhíor inti, sciathbharr breactha le mionfhíora, imeallbhord agus cúinneán, is san ord sin a luaitear iad, mar shampla: *Ar ór leon siúlach dubh ar sciathbharr ghorm trí chamréalta de lí an mhachaire an t-iomlán laistigh d'imeallbhord eirmín thairis sin arís cúinneán dearg agus breactha air cláirseach de lí an óir.*

18.03: An craobhscaoileadh: roinnt prionsabal eile

Tá roinnt prionsabal eile inleanta sa chraobhscaoileadh Gaeilge agus liostaím thíos iad (cé nach in ord tábhachta é):

(*a*) Is ainmfhocal lí an mhachaire ag tús an chuntais. Is aidiachtaí líocha na bhfíor. *Ar ór, Ar airgead* a deirtear, mar sin, ach *leon órga, cros airgidí.*

(*b*) Ní ceart gnás na Gaeilge a chur as riocht nuair atá armas á chraobh-scaoileadh. *Trí leon shiúlacha dhearga* a deirtear, ní *trí leon shiúlacha dearg* (*Three lions passant gules* a deir an Béarla). Is fearr freisin *crann dualdaite darach, rinn ghorm saighde,* ⁊rl., ná *crann darach dualdaite, rinn saighde ghorm,* ⁊rl.

(*c*) Dá chomhartha sin nuair a thagann an iomarca aidiachtaí nó abairtíní aid-iachtacha le chéile, is ceart forainm pearsanta a chur isteach chun dul nádúrtha na cainte a choinneáil slán, m.sh. in áit *deasóg chrobhscaoilte dhearg ghlanghearrtha ag an rosta* is fearr a leithéid seo a rá: *deasóg chrobhscaoilte dhearg í glanghearrtha ag an rosta.*

(*d*) Ná luaitear lí níos mó ná uair amháin más féidir. Chun an t-athrá a sheachaint abairtear *den chéad lí, den dara lí, de lí an mhachaire,* ⁊rl. Ina theannta sin in áit *órga* agus *airgidí* is féidir *de lí an óir* agus *de lí an airgid* a rá. Mar an gcéanna ní gá *dualdaite* a lua den dara huair, arae is féidir timchaint a úsáid, m.sh., *ina dhathanna nádúrtha féin* nó a mhacasamhail.

(*e*) Ní gá uimhir a lua níos mó ná uair amháin. Mar sin abairtear *an oiread* nó *an oiread céanna* a rá chun an uimhir a chur in iúl an dara huair.

(*f*)Is nós le Príomh-Aralt na hÉireann poncaíocht a úsáid ina chuid deontas agus caithfear a admháil gur féidir brí an chraobhscaoilte a shoiléiriú go mór le poncaíocht. Ní bhaineann rí-arail Shasana aon fheidhm as poncaíocht ina bpaitinní Béarla, áfach, ar fhaitíos go n-athródh duine éigin an phoncaíocht agus an chiall dá réir. Má úsáidtear poncaíocht sa chraobhscaoileadh Gaeilge, is ceart camóg a chur idir dhá mhionchlásal agus leathstad idir dhá mhórchlásal: *Ar airgead rachtán dubh idir trí fhiach den lí chéanna, na goib is na cosa órga; ar sciathbharr airgidí leon siúlach dearg.* Sa leabhar seo, áfach, leantar de nós rí-aralt Shasana. Ní úsáidtear poncaíocht ar bith ach féachtar leis an gcraobhscaoileadh a dhéanamh chomh follas cruinn agus is féidir dá huireasa.

(*g*) Ní gá na líocha a scríobh amach go hiomlán ach baintear feidhm as noda (§§05.01, 05.02, 05.05).

(*h*) Sa Bhéarla nuair a luaitear lí, is do gach rud sí siar go dtí an lí roimpi a thagraíonn sí, mar shampla: *Argent a bend between two lions rampant all within a bordure gules*, áit ar don bhandán, do na leoin agus don imeallbhord a thagraíonn an *gules* (*dearg*). Ní inleanta an nós sin sa Ghaeilge, áfach, nó chuirfeadh sí isteach ar dhul nádúrtha na cainte. Is fearr sa Ghaeilge an lí a lua leis an gcéad fhíor agus í a lua arís nuair is gá trí leagan ar nós *den lí chéanna* a úsáid; nó is féidir leagan ar nós *iad araon… nó iad uile…* a úsáid chun an scéal a shoiléiriú: *Ar airgead bandán idir dhá leon iad uile dearg an t-iomlán laistigh d'imeallbhord den lí chéanna* nó *Ar airgead bandán dearg idir dhá leon den lí chéanna gach rud laistigh d'imeallbhord atá dearg mar an gcéanna.*

(*i*) Nuair is ceathair-roinnte atá an sciath, luaitear é sin ar dtús ach ní féidir líocha na gceathrúna éagsúla a lua go gcraobhscaoiltear ina gceann is ina gceann iad.

(*j*) Cuimhnítear nach gá gothaí an leoin a lua más ina cholgsheasamh atá sé. Is ionann *leon dearg* agus *leon dearg ina cholgsheasamh*. (§11.00).

(*k*) I gcás machairí ceathairghóireacha, ochtghóireacha, ⁊rl., tugtar faoi deara gur ón mbarr go dtí an bun agus ón taobh deas go dtí an taobh clé a dhéantar an craobhscaoileadh.

18.04: Craobhscaoiltí samplacha

Anseo thíos tugaim cúig cinn de chraobhscaoiltí Béarla nach mbaineann puinn le hÉirinn. I ndiaidh gach craobhscaoilte tugaim mo leagan Gaeilge féin. Tá súil agam go léireoidh na leaganacha Gaeilge taobh leis na bunleaganacha an friotal araltach a mholtar sa leabhar seo.

(*a*) *Per fess azure and Or a pale per fess Or and sable in base between in chief two representations of the astronomical sign of Aries Or a ram's head caboshed argent armed Or* (V. J. S. Doddrell, HWW: 128).

    Gearrtha gorm agus órga cuaille gearrtha órga agus dubh thuas dhá léiriú órga de chomhartha réalteolaíoch Aries agus thíos lomaghaidh airgidí reithe na hadharca de lí an óir.

(*b*) *Gules, on a bend cotised flory counter-flory Or, a lion's gamb erased bendwise of the field, between two torteaux, that in chief charged with two keys in saltire, wards upwards and outwards, argent, and that in base with a pierced cinquefoil ermine* (Oadby UDC, CCH: 290).

    Ar dhearg bandán órga le feirbíní plúracha frithphlúracha den lí chéanna breactha air géag stoite leoin de lí an mhachaire lastuas agus laistíos di sin ar an mbandán dhá thoirtín ar an gceann thuas dhá eochair airgidí iad ar dul sailtíre na heanga thuas is amuigh ar an gceann thíos cúigdhuille tollta eirmín.

(c) *Argent, three piles in point sable, the centre pile charged with a saltorel flory Or* (for Laing of Colington) *impaled with Or, a double-headed eagle displayed ermine, beaked and membered gules; over all, on a fess azure, three chess pawns Or* (for Bouwer) (AWW: 230).

Ar airgead trí dhing dhubha ag teacht le chéile sa bhunphointe agus breactha ar an gceann láir sailtír ghlanghearrtha phlúrach órga (armas Laing ó Cholington) *agus ag deighilt na scéithe leis sin: Ar ór iolar décheannach leata eirmín an gob agus na hingne dearg thar an iomlán balc gorm breactha le trí cheithearnach órga fichille* (armas Bouwer).

(d) *Quarterly: I and IV, sable a sheep, and in chief a mullet of six points Or* (for Berger): *II and III, gules, a greyhound passant regardant argent menaced by three arrows Or in bend-sinister heads downwards, and in chief a crescent argent* (for Carrière) (AWW: 96).

Ceathair-roinnte: 1 agus 4 Ar dhubh caora agus thuas réalta sé rinn iad araon órga (armas Berger); *2 agus 3 Ar dhearg cú siúlach aisbhreathnaitheach airgidí ag bagairt air trí shaighead órga iad fiartha faoi chlé lena reanna thíos agus sa bharr luanla airgidí* (armas Carrière).

(e) *Per fess nebuly chequy azure and or, each of the last charged with a goutte of the first, and sable, in base five estoiles four and one of the second, all within a bordure argent charged with eight crosses couped gules* (Borough of Wandsworth, AH: 228).

Gearrtha go néallach seicear gorm is órga gach páircín den lí dheireanach sin breactha le braon den chéad lí agus dubh thíos cúig chamréalta a ceathair is a haon de lí an óir an t-iomlán laistigh d'imeallbhord airgidí breactha le hocht gcros ghlanghearrtha dhearga.

19.00: An círín agus a mbaineann leis

Níl pléite go dtí seo ach an sciath agus a bhfeictear uirthi. Is mithid anois beagán a rá faoi ornáidí seachtracha na scéithe .i. na rudaí ina timpeall ar codanna iad mar aon leis an sciath den slánarmas. Is lena bhfeictear os cionn na scéithe is ceart tosú .i. leis an gclogad, an fhleasc, an tuíneach agus an círín.

19.01: An círín

Is éard ba bhunús leis an gcírín araltach ornáid a gcóirítí barr an chlogaid nó an chafairr leis. An leagan ba luaithe den chírín is sa 12ú agus sa 13ú haois a chleachtaí é. Pláta ar dul fean a bhí ann, a cheanglaítí ar a chorr ar mhullach an chlogaid. Is chun buillí claímh a mhaolú is dócha a ceapadh an gléas sin. Uaireanta is amhlaidh a mhaisítí an pláta le suaitheantas nó fíor éigin. Thug forbairt an chírín céim eile ar aghaidh nuair a tosaíodh ar an bpláta a ghearradh sa chaoi gur imchruth na fíre a bheadh aige. Ní bhíodh ann ach figiúr dé-thoiseach cothrom, áfach, nach bhfeictí ceart ach go cliathánach. Go déanach sa 13ú haois agus go luath sa 14ú haois cromadh ar an gcírín tríthoiseach a úsáid. B'shin é an círín ina chruth lánfhorbartha agus is as adhmad nó leathar a dhéantaí é. Ní foláir nó b'amscaí a leithéid sin d'ornáid ar an gclogad agus is ar éigean a bhaintí feidhm as sa chath féin. Is dócha gur le haghaidh turnaimintí agus ócáidí eile tóstail ba mhinice a d'úsáidtí é. Is é an círín múnlaithe sin móide gach a mbaineann leis .i. an fhleasc agus an tuíneach, atá i gceist san araltas nua-aimseartha nuair is faoin gcírín a labhraítear.

19.02: An clogad

Tá dhá fheidhm leis an gclogad san araltas. Ar an gcéad dul síos cuireann sé bealach ar fáil chun an círín a thaispeáint. Sa dara háit léiríonn an clogad gradam an armasaigh. In araltas na hÉireann inniu ní dhealaítear idir pearsana de réir gradaim (cé go ndealaítear idir fireann agus baineann sa mhéid nach mbíonn clogad ar bith ag baineannach), mar ní dheonaítear ach clogad scuibhéara d'armasaigh nua .i. clogad pléineáilte cruach, é dúnta agus ag breathnú deiseal. Laistigh de na slata tomhaise sin is faoin ealaíontóir atá sé cineál agus toirt an chlogaid a shocrú. Faoin rialtas Gallda, áfach, nuair a dhéantaí ridire, bairnéad nó piara, clogad oscailte aghaidh chun tosaigh a thugtaí dó.

Bhíodh an-mhíbhuntáiste ag baint leis na rialacha i dtaobh treoshuíomh an chlogaid féin. D'fhaightí círíní cliathánacha ar chlogaid a bhí aghaidh chun tosaigh agus círíní tultreocha ar chlogaid a bhreathnaíodh deiseal. Tá cuma cheart ar fhia-chat siúlach breathnaitheach na mBlácach, cuir i gcás, más ar chlogad cliathánach an scuibhéara a léirítear é ach ar chlogad oscailte tultreoch an bhairnéid is aisteach a fhéachann an fia-chat céanna, arae tagann treo an chlogaid agus treo an chírín salach ar a chéile. Chun a leithéid sin de chiotaí a mhaolú is nós le healaíontóirí maithe an círín a chasadh beagán (agus an clogad más féidir) sa chaoi nach mbeidh an dá threoshuíomh naimhdeach glan dá chéile.

Sna 18ú agus 19ú haoiseanna is minic a léirítí an clogad amhail is dá mba chloigeann daonna é .i. le muineál caol agus ceann cruinn. Níorbh fhéidir a leithéid de chlogad a chur anuas ar chloigeann ridire, áfach, mar is gá gach cuid den chlogad a bheith níos leithne ná an chuid is leithne den cheann. Is ar chlogaid mhéanaoiseacha a bhunaíonn ealaíontóirí an lae inniu a gcuid clogad go hiondúil.

19.03: An fhleasc

Le boltaí nó le corda a cheanglaítí an círín den chlogad agus ó tharla gur mhímhaiseach an rud an ceangal, bhaintí feidhm as gléasanna éagsúla chun é a cheilt. Ceann acu sin ba ea an *contoise* nó an scaif, comhartha grá ó bhean uasal is dócha, a chuirtí idir clogad is círín. Tosaíodh ansin ar an scaif a chasadh timpeall an chlogaid go ndearnadh fleasc di *c.* 1350. Amhail ribín casta a léirítear an fhleasc san araltas comhaimseartha. Bíonn dhá lí uirthi gach ré seal agus sé fhilleadh a fheictear. Mura ndeirtear a mhalairt is de líocha an armais an fhleasc .i. an príomh-mhiotal agus an príomhdhath san armas nó i gcás armais cheathairroinnte príomh-mhiotal agus príomhdhath na chéad cheathrún. An chéad fhilleadh den fhleasc ar an taobh deiseal is den mhiotal é.

Uaireanta feictear an caipín gradaim in áit na fleisce nó úsáidtear an diúcmhionn ina hionad (§17.11).

19.04: An tuíneach

Titeann *tuíneach* (nó *brat*) .i. éadach cosanta, anuas den chlogad. Is cába beag a bhí sa tuíneach go bunúsach, é ceangailte den chlogad agus ligthe anuas ar na guaillí chun an ridire a chosaint ar theas na gréine. Is gnách ciumhais an tuínigh a thaispeáint scolbáilte nó mantach. Deirtear uaireanta gur iarsmaí na gearrthachtha sin den sracadh a d'fhaigheadh na ridirí ar pháirc an chatha.

Le linn an 16ú agus an 17ú haois is dearg a bhíodh an tuíneach agus é líneáilte airgidí. Anois mura ndeirtear a mhalairt is ionann líocha an bhrait agus príomhlíocha an armais féin. Is iad sin freisin líocha na fleisce (§19.03).

Is do-áirithe iad na bealaí ar féidir an tuíneach araltach a léiriú. Bíonn saoirse iomlán ag an ealaíontóir mar sin srian a ligean lena shamhlaíocht agus é á dhearadh. Fágann sé sin gur sa tuíneach is fearr a thaispeántar toighis an ealaíontóra agus an stíl a thréimhse.

19.05: Círíní lagmheasartha

Mar a chonacthas thuas ba ghléas déthoiseach a bhí sa chírín ar dtús ach ina chruth lánfhorbartha is múnla tríthoiseach adhmaid nó leathair a bhí ann. Nuair a d'fhág an t-araltas an turnaimint agus páirc an chatha, tosaíodh ar chíríní seafóideacha a dheonú, rudaí nach bhféadfadh seasamh ar bharr clogaid ar chor ar bith. I measc círíní áiféiseacha na hÉireann d'fhéadfaí na cinn seo a lua: *Grian niamhrach ag éirí aníos as scamaill an t-iomlán dualdaite* (Blackwood, Barún Dhubhthrín); *Spota eirmín* (Tabuteau, Cúil an tSúdaire); *Leathiolar airgidí ag éirí na sciatháin leata agus é ag breathnú ar an ngrian ina niamhracht* (Wingfield, Víocunta Theach Conaill); *Leathleon dearg agus idir na lapaí an ghrian órga* (Leeson, Iarla Bhaile an Mhuilinn).

Dhá chírín a bhí ag clann Mhic Mhuiris, Marcais Lansdún. Ba é an chéad cheann: *Coirceog agus beacha ina dtimpeall iad ag eitilt deiseal is treiseal* (BP: 1013). Deir Brooke-Little faoi sin:

> One of the crests of Lord Landsdowne is a beehive beset by bees volant. When it became necessary to make a crest for the 5th marquess to place over his stall at Windsor, as he was a Knight of the Garter, the wood carver gave up the unequal struggle of keeping bees in suspended animation, and so left them out. New grantees should heed the moral of this tale, which is: if you want any of your family to become Knights of the Garter, choose a crest which can be modelled in the round. (CGH: 196 fn.)

19.06: An círín agus siombalachas na nGael

In Éirinn níor ghlac formhór na nGael leis an araltas go dtí go raibh an círín lánfhorbartha. Bhí teaghlaigh Ghaelacha dá réir sin in ann a siombailí dúchasacha a léiriú sa chírín.

An spideog a cheanglaítear le muintir Shúilleabháin ("spideoigín chróndearg de mhuintir Shúilleabháin"), agus feictear an spideog i gcírín na Súilleabhánach (§12.10). Cat siombail na gCathánach agus feictear é sin ina gcírín: *Fia-chat dualdaite ina cholgsheasamh* (IF: 216). Is dócha dála an scéil gur imeartas focal is bunús leis an mbaint atá ag na Cathánaigh leis an gcat, arae tá an focal *cat* le fáil sa sloinne féin. Is dócha gur ag déanamh aithrise ar na Gaeil a bhí idir Bhúrcaigh agus Bhlácaigh Chonnacht nuair a ghlac siad araon leis an bhfia-chat mar chírín.

An onchú (Béarla *enfield*) an círín atá ag Ceallaigh Uí Mhaine. Mar a chonacthas (§14.06), is é arrachtach an teaghlaigh sin é agus is spéisiúil an ní é gur sa chírín a fhaightear é.

Laghairt shiúlach uaine círín Uí Fhlaitheartaigh. Bhí Amhlaí Earclasach, sinsear de chuid mhuintir Fhlaitheartaigh, ag teicheadh óna naimhde. Tháinig sé ar áit uaigneach agus ó tharla é a bheith sáraithe, luigh sé síos is thit ina chodladh. Nuair a bhí a eascairde ar tí teacht suas leis, rith earc luachra suas anuas a éadan á scríobadh lena ingne beaga gur dhúisigh é. Thapaigh Amhlaí a dheis ansin gur éalaigh sé óna naimhde. Deirtear gur ón eachtra sin a ghlac muintir Fhlaitheartaigh an t-earc luachra chucu féin amhail siombail an tsleachta (R. O'Flaherty, *Chorographical Description of Iar Connaught*, in eagar ag J. Hardiman, 363 fn.). Is dócha, áfach, nach bhfuil sa scéal ach míniú réasúnaíoch ar sheanchomhartha págánta.

Is eisceacht lámh dhearg (deasóg) Uladh i measc siombailí na nGael, arae is san armas a fheictear í ag na Niallaigh agus ag clann Mhig Anaosa seachas sa chírín. Is ceart cuimhneamh, áfach, gur fearr a fheileann an deasóg don sciath ná don chírín. Is fiú cuimhneamh freisin gur sa ré luath a ghlac na Niallaigh leis an araltas.

Is iomaí ainmhí nó neach fabhlach a fheictear ina gcíríní ag na Gaeil: murúch na mBranach, cuir i gcás, nó cú mhuintir Fhearaíl. Is é is dóichí gur leis an siombalachas Gaelach a bhaineann siad sin agus gur sa chírín a cuireadh iad nuair a thosaigh na teaghlaigh faoi leith ar armais a iompar.

19.07: An círín agus tuaiplisí araltacha

I Sasana agus in Éirinn i ré mheathlú an araltais bhí tábhacht faoi leith ag an gcírín. In áit an t-armas a úsáid ar mhaoin an armasaigh, ba nós coitianta é an círín a úsáid leis féin. Téann an cleachtadh sin glan in éadan bunsmaoineamh an araltais. Sna meánaoiseanna ba í an sciath a d'úsáidtí chun ridirí a dhealú óna chéile. Ní raibh sa chírín ach maisiú seachtrach a d'athraítí de réir mhian an armasaigh. San 18ú agus sa 19ú haois, áfach, i Sasana agus in Éirinn is beag nár ghlac an círín áit na scéithe féin. Bhí fíor-dhrochthoradh ar an nós úd: tháinig tuaiplis chun cinn sa Bhéarla atá forleathan fós .i. *crest* (círín) a thabhairt ar armas.

Chomh maith leis an mearbhall sa téarmaíocht tháinig tuaiplis eile chun cinn. In áit an círín a thaispeáint os cionn an chlogaid leis na toisí cearta, is amhlaidh a chuirtí é ag foluain ar fhleasc righin chothrománach os cionn na scéithe. Is drochnós an círín eadarbhuasach ar fhleasc righin ar deacair a dhíothú. Feictear sampla de ag duine ar chóir dó níos mó tuisceana a bheith aige ar an scéal .i. ag Éamonn Mac Giolla Iasachta, an chéad duine a raibh post Phríomh-Arailt na hÉireann aige; féach IF 159-85.

19.08: An círín agus corparáidí

In Éirinn inniu deonaítear círín móide clogad is fleasc do dhaoine aonair. Ní dheonaítear círín do bhailte, contaetha agus corparáidí eile, áfach. Is eisceacht Comhairle Chontae Bhaile Átha Cliath ar dheonaigh Mac Giolla Iasachta armas di sa bhliain 1944. Ba chuid den deontas círín os cionn fleisce ach sa phaitinn níor léiríodh clogad a seasfadh an fhleasc is círín air (§17.31).

Chun a cheart a thabhairt do Mhac Giolla Iasachta is léir gur nós seanbhunaithe in Éirinn a bhí ann círín gan clogad a dheonú do chorparáidí. Deonaíodh círín gan clogad do chathair Bhéal Feirste in 1890, cuir i gcás, agus deir Fox-Davies faoi sin:

> In Ireland no helmet at all was painted upon the patent granting arms to the city of Belfast, in spite of the fact that a crest was included in the grant, and the late Ulster King of Arms [an Ridire Bernard Burke] informed me he would not allow a helmet to any impersonal arms. (CGH: 244)

Is dócha gur cheap an Búrcach nár cheart clogad a dheonú do chorparáid toisc gan cloigeann a bheith aici. Tá lúb ar lár sa loighic sin ar ndóigh. Mura ndeonaítear clogad do chorparáid, toisc gan cloigeann a bheith uirthi, d'fhéadfaí a rá gach pioc chomh fírinneach, nach bhfuil muineál aici ach an oiread a bhféadfadh sí sciath a chrochadh air. Chun críocha an araltais is neach samhalta an chorparáid agus is ceart mar sin sciath agus clogad a dheonú di. Mura neach samhalta an chorparáid, ansin ní ceart armas a dheonú di ar chor ar bith, ós rud é gur le ridirí a bhaineann armais go bunúsach.

Is cás faoi leith armas chathair Bhaile Átha Cliath maidir lena bhfeictear os cionn na scéithe. Níl clogad ná círín sa slánarmas ach *ceastar* .i. hata cruinn fionnaidh (§25.01). Tá hata den chineál sin lena fheiceáil freisin in armas chathair Norwich Shasana.

20.00: Tacaithe

Ó tosaíodh ar an araltas bhí sé de nós ag tiarnaí móra ar fud iarthar na hEorpa a n-armais a úsáid ar thaobh amháin dá séalaí. Toisc go mbíodh spás folamh in imeall an tséala chruinn timpeall na scéithe, líontaí le figiúirí eile, daoine nó ainmhithe, é. De réir a chéile tosaíodh ar na figiúirí sin a úsáid mar chuid riachtanach de shlánarmas an tiarna. *Tacaithe* a thugtar ar na figiúirí sa Ghaeilge agus *supporters* sa Bhéarla.

20.01: Tacaithe san araltas pearsanta

Feictear ainmhí ar nós vuibheairn ar gach aon taobh den sciath ar shéala araltach Aodha Ramhair Uí Néill (§01.02), cuir i gcás, ach ní dócha gur tacaithe sa chiall chúng iad. Go ginearálta ní féidir a áiteamh go raibh tacaithe in úsáid i Sasana ná in Éirinn roimh réimeas Anraí VI (1422-1461). I Sasana agus in Éirinn faoin rialtas Gallda ní bhíodh tacaithe ach ag an monarc féin, piaraí agus ridirí beoshláinte le linn a mbeatha. Figiúirí daonna, ainmhithe agus arrachtaigh na tacaithe is coitianta.

In Albain tá cleachtas ann tacaithe a bheith ag mionbharúin (*minor barons*) agus taoisigh chlainne. Is dócha gur aithris air sin an nós a tháinig chun cinn san aois seo caite tacaithe a bheith in úsáid ag taoisigh shloinne in Éirinn. Seo mar a deir Fox-Davies:

> Whilst the official laws in Ireland are, and have apparently always been, the same as in England, there is no doubt that the heads of the different septs assert a claim to the right to use supporters. On this point Sir Bernard Burke, Ulster King of Arms, wrote: 'No registry of supporters to an Irish chieftain appears in Ulster's Office, in right of his chieftaincy only, and without the honour of peerage, nor does any authority to bear them exist'. But nevertheless 'The O'Donovan' uses dexter, a lion guardant, and sinister, a griffin; 'The O'Gorman' uses, dexter, a lion, and sinister, a horse; 'The O'Reilly' uses two lions or. 'The O'Connor Don', however, is in the unique position of bearing supporters by unquestionable right, inasmuch as the late Queen Victoria, on the occasion of her last visit to Dublin, issued her Royal Warrant conferring the right upon him. The supporters granted to him were 'two lions rampant gules, each gorged with an antique crown, and charged on the shoulder with an Irish harp or'. (CGH: 319)

Nuair a aistríodh dualgais Oifig Rí-Aralt Uladh faoin rialtas dúchasach go dtí Oifig an Phríomh-Arailt, tosaíodh ar thacaithe a cheadú do thaoisigh shloinne (IH: vi). Níor leanadh leis an gcleachtas úd, áfach. Deireadh Dómhnall Ó

Beaglaoich, Príomh-Aralt na hÉireann (1982-1995), nach dtoileodh sé féin tacaithe a cheadú do thaoisigh shloinne, toisc go bhfuil cosc sainráite ar ghairmeacha uaisleachta i mBunreacht na hÉireann (§29.07).

Ní dheonaíonn Príomh-Aralt na hÉireann tacaithe do dhuine ar bith go hiondúil, cé go bhfuil eisceachtaí suntasacha ann, an Tiarna Chill Ainthinne, cuir i gcás (§26.08) agus Mícheál Mac Aogáin, Báille de chuid Mhuintir Eoin Baiste (§31.04).

20.02: Tacaithe san araltas corparáideach

Deonaítear tacaithe do chorparáidí áirithe i Sasana, Albain agus Tuaisceart Éireann .i. má tá ardghradam acu, nó más le cairt ríoga a corpraíodh iad. Is iondúil mar sin go mbíonn tacaithe ag contaetha, contaebhuirgí, buirgí, cathracha, ollscoileanna agus institiúidí eile a bhfuil an focal *Ríoga* ina dteidil acu.

Is díol spéise cuid de na tacaithe a deonaíodh d'údaráis áitiúla i dTuaisceart Éireann. Dhá bhroc atá mar thacaithe ag Contae Fhear Manach, cuir i gcás, tagairt do mhuintir Brúc ó Achadh Lon (Brookeborough). Dha eala tacaithe Latharna, Contae Aontroma. Is dócha gur do Chlann Lir a thagraíonn na healaí, mar rinneadh ealaí d'Fhionnuala agus a dearthíreacha de réir an scéil, agus chaith siad trí chéad bliain anróiteacha ar Shruth na Maoile .i. an caolas uisce gar do bhaile Latharna.

Faoin rialtas Gallda is é cleachtas Shasana a bhíodh i bhfeidhm in Éirinn go hiondúil maidir le tacaithe ach ní i gcónaí é. Tá tacaithe ag cathair Bhaile Átha Cliath (§25.01) agus cathair Phort Láirge (§25.08), cuir i gcás, ach níor deonaíodh tacaithe riamh do chathair Chorcaí, cathair Luimnigh ná cathair Dhoire.

In Éirinn faoin rialtas Gallda, murab ionann agus i Sasana, ní dheonaítí tacaithe d'ollscoileanna agus coláiste tríú leibhéal. Ní bhfuair ceann ar bith de na hinstitiúidí seo a leanas tacaithe, cuir i gcás: Ollscoil Bhaile Átha Cliath (1862); Ollscoil Ríoga na hÉireann (1880); Coláiste na Banríona, Corcaigh (1889); Coláiste na hOllscoile Bhaile Átha Cliath (1912); Ollscoil na hÉireann (1913).

Sa lá atá inniu ann tá cleachtas Oifig Phríomh-Aralt na hÉireann éiginnte go maith maidir le deonú tacaithe do chorparáidí. Ní thugtar ach sciath agus rosc d'institiúidí go hiondúil, ach tá eisceachtaí ann. Nuair a dheonaigh Gearóid Ó Sléibhín armas do Institiúid Árachais na hÉireann i mí Aibreáin 1974, cuir i gcás, *Dhá fhéinics dhualdaite* a thug sé mar thacaithe di.

20.03: An lantán

Nuair a bhíonn tacaithe sa slánarmas, is iondúil go mbíonn mar a bheadh cnocán beag féarmhar acu le seasamh air. *Lantán* a thugtar air sin sa leabhar seo (*compartment* a deir an Béarla).

Cé gur coitianta an lantán san araltas nua-aimseartha, ba ghnách gan lantán a léiriú tráth. Ina áit chuirtí beagán de scrolla bláthbhreac ar fáil – ar a dtugtaí an *beanglán gáis* 'gas-bracket' go magúil – mar sheastán le haghaidh na dtacaithe, é sin nó chuirtí ina seasamh go contúirteach ar scrolla an roisc féin iad nó d'fhágtaí ag foluain san aer iad.

Sonraítear cuma an lantáin i gcorrdheontas inniu. Ní cuid den deontas an lantán go hiondúil, áfach, agus fágtar faoin ealaíontóir araltach féin cén cineál lantáin a léireoidh sé. Is nós le healaíontóirí an lae inniu lantáin éagsúla a líniú de réir mar a fheileann .i. tonnta farraige faoi mhurúcha, paiste riascaigh faoi chorra éisc, carraigeacha faoi mhairnéalaigh, ⁊rl.

Cé nach luaitear sa chraobhscaoileadh é, is ar léiriú de Chlochán an Aifir a sheasann tacaithe Chontae Aontroma. Ardán agus dhá chéim ann atá sa lantán a léirítear faoi armas chathair Bhaile Átha Cliath uaireanta. Ní cuid den deontas é sin, áfach, agus gnáthlantán féaraigh a fheictear uaireanta eile.

21.00: An rosc

Is éard atá sa rosc nath nó gáir chatha a chuirtear leis an slánarmas i scrolla. I Sasana ní cuid bhunúsach den slánarmas an rosc. In Éirinn má bhí rosc ann, thaispeántaí é. Inniu deonaítear rosc do dhaoine agus do chorparáidí in Éirinn agus glactar leis gur cuid oifigiúil den armas é. Is faoi bhun na scéithe a théann an rosc in Éirinn agus i Sasana. In Albain is os cionn na scéithe a théann sé. Uaireanta *gáir chatha* 'war-cry' a thugtar ar rosc a fheictear os cionn an armais chun é a dhealú ón *rosc* 'motto' atá faoina bun. Is mar *word or ponse* a thagraíonn Nicholas Narbon, Rí-Aralt Uladh, don rosc i ndeontas dá chuid ón mbliain 1576. In Albain *slughorne* nó *slogan* a thugtar ar an gáir chatha go minic. Is ó *sluagh-ghairm* 'gáir chatha' i nGaeilge na hAlban a thagann sé sin.

Is léir gur mar ghártha catha sa chiall stairiúil a thosaigh roinnt mhaith rosc Éireannach. Le linn d'Eadbhard Poynings a bheith ina Fhear Ionaid rinne sé iarracht ar dhá gháir chatha a chosc. Ritheadh acht sa pharlaimint a tionóladh i nDroichead Átha 1494-1495 chun na focail *Cromabo* agus *Butlerabo* a dhíothú (*Analecta Hibernica* 10 (1940) 94). Is ionann iad sin agus rosc Ghearaltaigh Laighean agus Buitléaraigh Urmhumhan faoi seach. Is tagairt *Cromaboo* (.i. *Cromadh abú*) do chaisleán Chromtha i gContae Luimnigh, a bhronn an rí ar Mhuiris Mac Gearailt, dara barún Uíbh Fhailí, sa bhliain 1216. Bhí Éire suaite ag deireadh an 15ú haois ag trodanna faicseanaíochta idir lucht leanúna Iarla Chill Dara agus Iarla Urmhumhan. Is dócha gur chun an tsíocháin a chothú a cuireadh cosc ar na roisc catha sin.

21.01: Roisc stairiúla Gaeilge

Tá roinnt mhaith rosc Gaeilge lena sonrú ar araltas pearsanta na hÉireann, cé go bhfuil an litriú mírialta i gcuid díobh. D'fhéadfaí na cinn seo a lua mar shampla: *Ar ndúthchas* (Ó Dochartaigh); *Buadh nó bás* (Ó hÁgáin); *Ciall agus neart* (Ó Conaill); *Clann na dtua abú* (Mac Suibhne); *Coileán uasal* (Bhulbh – is imeartas focal é sin ar an sloinne féin: coileán = mac tíre óg; mac tíre = Woulfe); *Conn can an* (Ó Concheanainn – .i. ciall gan locht; ní léir céard é an go díreach murach leagan uireasach den fhocal *aineamh* é); *Do bheirim daoibh an chraobh* (Craobhach – imeartas focal); *Fear garbh is maith* (Mag Fhearaígh – imeartas focal); *Láidir is ó lear rígh* (Ó Laoire – *láidir is ea lear-rí* (?) 'is láidir atá rí na mara'; feictear long faoi lánseol san armas féin); *Lámh dhearg Éirionn* (Ó Néill).

21.02: Roisc phearsanta i dteangacha eile

Cé go raibh roisc Ghaeilge réasúnta coitianta i measc na nGael, is fairsinge go mór na cinn Laidine. Tá sé sin fíor fós i dtaobh araltas pearsanta na hÉireann. Tar éis na Laidine is é an Béarla an teanga is coitianta. Ar na teangacha eile a fhaightear is í an Fhraincis is fairsinge. Seo roinnt samplaí de roisc Fraincise atá nó a bhí in úsáid in Éirinn:

Boutez en avant (de Barra); *Tout d'en haut* (Beilliú); *Suivez raison* (Brún, Marcas Shligigh); *Loyal en tout* (Brún, Iarla Cheann Mhara); *Comme je trouve* (Buitléir, Marcas Urmhumhan); *Liberté tout entière* (Buitléir Bhéal Átha Liag); *En Dieu est ma foi* (Sibhear, Contae na Mí); *Toujours propice* (Dawson); *Ung roy, ung foy, ung loy* (de Búrca); *J'aime mon Dieu, mon roy et mon pais* (Ó Ciarubháin); *Qui pance [Que pensez?]* (St Lawrence); *Prest d'accomplir* (Talbot, Contae Ros Comáin); *Sans tache* (Preston, Víocunta Bhaile Mhic Gormáin). Tá imeartas focal lena shonrú ar rosc na Róisteach: *Mon Dieu est ma roche*, agus ar rosc Trench: *Dieu pour la tranche, qui contre?*

Gáir seilge atá i rosc Chomartún agus ní léir cad go díreach is brí leis: *So ho ho deane.*

Is fíorannamh in araltas pearsanta na hÉireann a thagtar ar theanga eile seachas Laidin, Gaeilge nó Béarla. Ina dhiaidh sin féin is rosc Iodáilise a bhí ag muintir Calvert, Tiarnaí Bhaile an Tí Mhóir ar le bodlathaigh chríochnaithe a shamhlófaí é .i. *Fatti maschi parole femine* "Is fireann na gníomhartha agus baineann na focail". Is ó Thiarna Bhaile an Tí Mhóir a fuair Maryland i Stáit Aontaithe Mheiriceá a armas. Is é a rosc seisean rosc oifigiúil an stáit fós.

21.03: Roisc san araltas corparáideach

Nuair a tosaíodh ar armais gan chírín a dheonú do chorparáidí Éireannacha, chuirtí dhá rosc leis an armas chun an loime a mhaolú beagán. D'fhág an cleachtas sin dhá rosc, ceann os cionn na scéithe (gáir chatha) agus ceann faoina bun, ag an gColáiste Ollscoile, Baile Átha Cliath, cuir i gcás: *Ad astra* agus *Comhthrom Féinne*, agus ag an Ollscoil Náisiúnta: *Veritati* agus *Fír fer*.

Is suntasach gur i Laidin rosc amháin ag an dá institiúid. Go hiondúil faoin réimeas Gallda rosc Laidine nó Béarla a dheonaítí do chorparáidí. Féach mar shampla: *In portu quies* (Londonderry Port and Harbour Commissioners); *Nomine reginae statio fidisssima classi* (Queenstown [Cóbh], Contae Chorcaí); *Oboedentia civium urbis felicitas* (Cathair Bhaile Átha Cliath); *Pro tanto quid retribuamus* (Cathair Bhéal Feirste); *Statio bene fida carinis* (Cathair Chorcaí); *We will endeavour* (Acadamh Ríoga na hÉireann); agus *Where Findbarr taught let Munster learn* (Coláiste na Ríona, Corcaigh).

Ó cuireadh tús le hoifig an Phríomh-Arailt tá an rosc Gaeilge go mór i bhfabhar arís, mar shampla: *Áineas Éireann* (Ceanannas Mór); *Ar aghaidh* (Caisleán an Bharraigh); *As dúchas dóchas* (An Caisleán Nua); *Gníomhach idir carraig is cruacha* (Na Clocha Liatha); *Is fearr comhairle ná combrac* (Carraig Mhachaire Rois); *Is treise tuatha ná tiarna* (Baile Brigín); *Maoin na mara ár muinighin* (An tInbhear Mór); *Mo radharc thar sál sínim* (Cill Mhantáin); ⁊rl.

21.04: Roisc corparáideacha i dTuaisceart Éireann

Ó thaobh an araltais de is ionad ann féin Tuaisceart Éireann ó 1943 anuas sa mhéid gur faoi dhlínse Ghallda atá sé fós. Ní heol dom ach trí shampla de roisc Ghaeilge a deonaíodh d'institiúidí ó thuaidh ó 1943 i leith. Is údaráis áitiúla iad uile agus níl i gceann ar bith de na roisc ach leagan éigin Gaeilge d'ainm na háite: *Beannchor* (Beannchar, 1951); *Feor magh eanagh* [?*Féar maigh eanach*] Contae Fhear Manach, 1954) agus *Cuil Rathain* (Cúil Raithin, 1951).

Rosc Gréigise a deonaíodh d'Ardscoil Dhoire (Londonderry High School) in 1957: Ὡς ἀεὶ ἐνώπιον τοῦ Θεοῦ 'amhail os comhair Dé de shíor'.

21.05: Síneacha eile

Más ball duine d'ord ridireachta, cuirfidh sé a *shíneacha pearsanta* timpeall a scéithe .i. coiléar agus suaitheantas nó bonn an oird.

Is mar a chéile armas Ardmhéara Bhaile Átha Cliath ina cháil mar Ardmhéara agus armas na cathrach féin. Chomh maith leis an gceastar a luadh thuas, bíonn síneacha eile lasmuigh den sciath .i. claíomh agus más cathartha crosáilte laistiar di agus coiléar an Ardmhéara ina timpeall (§25.01).

22: Armas na mban agus cogairsiú armas

22.00: Armais na mban sa ré luath

Sa chéad leath den 12ú haois a tháinig an t-araltas chun cinn, ach ní fhacthas armas ag bean go dtí glúin ina dhiaidh sin. Ba é an chéad armas ag bean is dócha armas Rohaise de Clár (†1156), neacht le Gilbert, céad Iarla Penfro. Dála a col ceathar, Strongbow, rachtáin a bhí aici ar a sciath (§07.04). Faoi na blianta 1220-1230 bhí nós forleathan ag mná na móruaisle armais a úsáid, agus roimh dheireadh na haoise bhí armais ag mná na mionuaisle freisin go háirithe i Sasana agus sa Fhrainc.

Mná pósta i gcónaí nach mór a bhí sna mná a mbíodh armais acu. Is ar éigean a bhain mná singile feidhm as an araltas sa ré luath ar chor ar bith. Na harmais a d'iompraíodh na mná ba iad armais a bhfear céile nó a n-aithreacha iad, agus uaireanta armais a máithreacha.

Ní ba dhéanaí d'fhás nós armais na mban a chur ar mhuileata in áit scéithe. Sa ré luath, áfach, mar is léir ó fhianaise séalaí agus tuamaí, is i sciatha a bhíodh a n-armais ag na mná. Tá armas Anne, Cuntaois Chambridge (†1411) lena fheiceáil ar bhonn umar cloiche in ardeaglais Bhaile Átha Troim. Is ar sciath atá a harmas agus is éard atá ann armas a mic, Risteard Diúc Eabhrac, ag deighilt na scéithe le harmas a hathar, Roger Mortimer, Iarla March (†1385). Má dhéantar na líocha a chur i gcás ó fhoinsí eile, is mar seo a chraobhscaoiltear armas Anne: *Ceathair-roinnte: 1 agus 4 Ar ghorm trí fhlór de lúis órga* (Nua-armas na Fraince), *2 agus 3 Ar dhearg trí leon órga ag siúl ar dul cuaille* (Sasana) *agus thar an iomlán lipéad trí rinn* agus ag deighilt na scéithe leis sin *Ceathair-roinnte: 1 agus 4 Sébhalcach órga is gorm ar sciathbharr den chéad lí dhá chuaille idir deasghóire agus cléghóire iad uile den dara lí agus thar an iomlán lársciath airgidí* (Mortimer) *2 agus 3 Ar ór cros dearg* (de Búrca).

22.01: Armais na mban singil

I Sasana ba thúisce a tháinig an nós chun cinn armas mná a chur ar mhuileata; níorbh fhada gur lean Mór-roinn na hEorpa an nós. Is dócha go raibh an tuiscint ann nár cheart sciath a bheith ag bean, toisc nach mbeadh baint ar bith aici le cath ná turnaimint. Ina dhiaidh sin féin bhíodh a n-armais ag na fir i muileata uaireanta sna meánaoiseanna. Cibé ar bith, buanaíodh nós an mhuileata le haghaidh armas na mban de réir a chéile agus ní bhíonn ach muileata ag mná singile sa lá inniu.

Bíonn ribín i bhfoirm snaidhme os cionn an mhuileata ag bean go hiondúil. *Snaidhm ghrá* a thugtar ar an maisiú sin. Ar ndóigh ní bhíonn comharthaí míleata an fhireannaigh: clogad, tuíneach, ⁊rl., ar taispeáint ag bean. Ós rud é gur gáir chatha atá sa rosc ó cheart, níor chóir di a leithéid a bheith aici ach an oiread. Bíonn coróinéad agus tacaithe ag bean más piara ina ceart féin í, fiú má tá sí

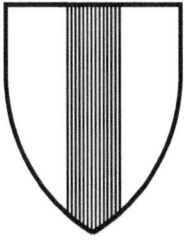

Mac an Chuaille

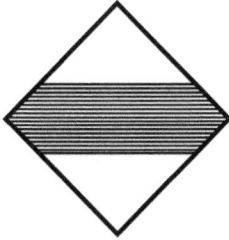

Iníon Mhic Bhailc
(ní banoidhre araltach)

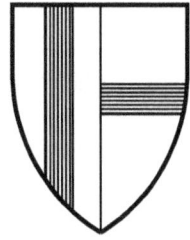

An t-armas
cleamhnais

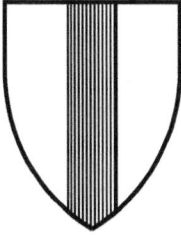

mac Mhic an Chuaille
agus Iníon Mhic Bhailc

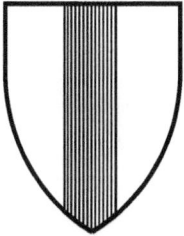

Mac an Chuaille

Iníon Bhandánach Mic Bhailc
(banoidhre araltach)

An t-armas cleamhnais
(le lársciath éilimh)

Cogairsiú Armas

mac Mhic an Chuaille agus
Iníon Bhandánach Mhic Bhailc

Figiúr 19

pósta. Is nós le bean a síneacha pearsanta a thaispeáint ar a slánarmas freisin, má tá a leithéidí aici.

Ní bhaineann riail an mhuileata le banríonacha ina gceart féin. Is ceannas-aithe míleata iad de bhua a ngradaim amhail cinn stáit agus tá ceart acu mar sin chun comharthaí cogaidh, an sciath san áireamh. Sciath a bhí riamh ag Victoria agus í ina banríon, cuir i gcás. Sciath atá ag Eilís II faoi láthair agus ag ban-ríonacha na Danmhairge agus na hOllainne.

Tá ciotaí áirithe ag baint leis an muileata mar chruth chun armas a thaispeáint, sa mhéid nach rómhaith a réitíonn an muileata leis an léiriú araltach agus bíonn ar an ealaíontóir an t-armas a chur as riocht go minic chun é a chur in oiriúint don spás. In áiteanna ar Mhór-roinn na hEorpa is fearr le daoine múnla cruinn nó ubhchruthach .i. cartús, a úsáid le haghaidh armas mná.

22.02: Armas na mban pósta

> Agus timpchioll na haimsire sin adúbhradar go bhfaicfidís cia hé an taobh ar ar chóir armas na mban do chur, ar an ttaobh ndeas nó ar an ttaobh cclé.
>
> *(Párliament na mBan 664-66)*

Is i muileata a iompraíonn bean singil armas a hathar nó a harmas féin más deontas nua atá ann. Nuair a phósann bean fear armasach, iompraíonn sí sciath deighilte lena harmas féin ar clé agus armas a fir chéile ar dheis. *Armas cleamhnais* (*arms of alliance* sa Bhéarla) atá air sin. Ceapann fir áirithe gur ceart don fhear céile an t-armas cleamhnais a chur in áit a armais féin, agus déanann siad amhlaidh. Ní dócha go bhfuil bun leis an nós, áfach. Is é a armas athartha féin is leor don fhear; is í an bhean phósta amháin ar chóir di an t-armas cleamhnais a iompar.

Nuair a chailltear a fear céile, is é an t-armas cleamhnais a iompraíonn a bhaintreach i gcónaí ach ar mhuileata in áit scéithe, rud a chuireann in iúl go haraltach gur ina haonar atá sí (§30.01).

Tá úsáid eile ag an armas cleamhnais .i. i gcás easpaig, ardmhéaraí, ⁊rl. Deighleann an té a bhfuil an oifig aige a armas pearsanta ar clé le harmas na hoifige ar dheis, amhail is dá mba bhean é atá pósta leis an oifig. Sampla de sin is ea armas Narcissus Marsh agus é ina ardeaspag (§26.01). Má tá oifig ard-mhéara ag bean phósta, áfach, ní cinnte an nós atá inleanta. Is dócha gur ceart di armas a fir chéile ag deighilt lena harmas athartha féin .i. an t-armas cleamhnais, a dheighilt arís le harmas a hoifige.

22.03: Déroinnt in áit deighilte

Cé gurb í an deighilt an gnáthbhealach inniu le harmas cleamhnais a léiriú, ba nós tráth an déroinnt a úsáid chuige sin .i. leath deisil armas an fhir agus leath clé armas na mná a chur le chéile ar an aon sciath amháin. Tá sampla breá d'armas déroinnte cleamhnais lena fheiceáil in armas Eochaille, Contae Chorcaí. Tháinig Tomás de Clár, mac sóisearach Risteaird, Iarla Hereford, go hÉirinn sa bhliain 1272. Phós sé Juliana, iníon agus banoidhre Mhuiris mhic Mhuiris Mhic Gearailt, tiarna Inse Choinn agus Eochaille, agus de bharr cheart a bhean chéile fuair sé seilbh ar bhaile Eochaille. Is i ngeall ar an gcleamhnas úd a chaitheadh Propaist bhaile Eochaille amhail armas oifigiúil ar a séala: *Ar ór trí rachtán dhearga* (armas de Clár) arna dhéroinnt le harmas Mhic Gearailt: *Ar airgead sailtír dhearg móide thuas lipéad chúig rinn* (THBF: 467).

Is léir ón armas sin cén mhíbhuntáiste a bhaineann leis an déroinnt. Ós rud é nach dtaispeántar ach leath gach aon armais, cuirtear iad araon as riocht. Ní léir ó armas Eochaille, mar shampla, cé acu rachtáin nó clébhandáin atá ar an taobh deas. Is déroinnte, dála an scéil, atá armas Chúige Chonnacht, a bhfeictear leath deas d'iolar buailte le gualainn is lámh duine ann. Ní armas cleamhnais é sin, de réir cosúlachta, bíodh go bhfuil dhá armas ann (§24.04).

22.04: Armas cleamhnais an bhanoidhre araltaigh

Nuair a phósann fear bean ar banoidhre araltach í, deighleann sé a harmas lena armas féin fad is beo dá hathair. Nuair a chailltear athair a mhná céile, áfach, cuireann sé a harmas sise i lársciath anuas ar a armas féin. *Lársciath éilimh* (*inescutcheon of pretence*) atá air sin. Is éard is brí le banoidhre araltach iníon armasaigh nach bhfuil clann mhac aige. B'ionann an banoidhre araltach sa ré luath agus an bhean a dtitfeadh maoin agus teidil an armasaigh ar a fear céile tar éis bhás a hathar. De réir an fheodachais ba é fear céile an bhanoidhre an té a raibh éileamh aige trí cheart a mhná ar ghabháltas agus teideal a athair cleamhnais tar éis a bháis seisean.

22.05: Sleachtaigh an bhanoidhre agus an cheathair-roinnt

Má bheirtear clann don bhanoidhre araltach agus dá fear céile, tá cead acu sin an dá armas a cheathair-roinnt le chéile. Mura banoidhre araltach bean chéile an armasaigh, ní fhaigheann a clann mar oidhreacht araltach ach an t-armas athartha. I sciath móide an deachair chuí a iompróidh an mac armas a athar, nó armas a athar agus a mháthar le chéile, más banoidhre araltach í. I muileata gan deachair ar bith a iompraíonn iníon an t-armas, is cuma cé acu iníon aonair í nó an bhfuil deirfiúracha aici.

Nuair a tharlaíonn sé go bhfuil armas ceathair-roinnte lena cheathair-roinnt le harmas eile, is gnách i Sasana agus in Éirinn gan ach ceithre cheathrú a úsáid ar an gcéad dul síos. Abraimis, cuir i gcás, go bpósann Mac an Chuaille banoidhre araltach, Iníon Bhandánach Mhic Bhailc, a bhfuil armas ceathair-roinnte aici (Ní Bhandáin ab ainm athar dá máthair sular phós sí). Is é an t-armas a bheidh ag a sliocht siadsan: 1 agus 4, Mac an Chuaille; 2, Mac Bailc; 3, Ó Bandáin.

Cé gur armas singil a bheadh ag an gcéad armasach i dteaghlach, le himeacht ama is mór an seans go bpósfaidh ceann an teaghlaigh banoidhre araltach. Má leanann an próiseas ar aghaidh sách fada beidh lear mór ceathrúna san armas. Nuair a tharlaíodh sé sin, bhí nós ag baill an teaghlaigh an oiread ceathrúna agus ab fhéidir a chur isteach san armas. Deirtí sa chraobhscaoileadh i gcásanna den chineál sin gur *Roinnte i bhfiche píosa, Roinnte i leathchéad píosa,* ⁊rl., a bhí an t-armas de réir mar a d'oireadh. Is í fírinne an scéil sa lá atá inniu ann, áfach, go mbíonn dímheas ag daoine ar an iomarca ceathrúna in armas amháin. Is geall le cuilt phíosaí armas a bhfuil an iliomad ceathrú ann agus is comhartha a leithéid den araltas meathlaithe. Is fearr le daoine inniu simplíocht ghlan na meán-aoiseanna. Ní gnách inniu mar sin níos mó ná ceithre cheathrú a chur isteach in armas.

22.06: Ceathair-roinnt Ghaelach

San araltas Gallda is iondúil gur slí atá sa cheathair-roinnt chun armas na mbanoidhrí i measc sinsir an armasaigh a léiriú. Sa saol Gaelach, áfach, in Éirinn agus i nGaeltacht na hAlban, bhí feidhm eile ar fad leis an gceathair-roinnt. I measc na nGael go minic níl sa cheathair-roinnt ach bealach le gnéithe éagsúla de chuid dealbhra na nGael a chur ar taispeáint go soiléir. Ní armas cumaisc atá san armas ina leithéid de chás ach armas aonair a bhfuil níos mó ná rannóg amháin ann.

Is mar seo a leanas, cuir i gcás, a chraobhscaoiltear armas Mhic Craith: *Ceathair-roinnte 1 Ar airgead trí leon dhearga iad ag siúl ar dul cuaille 2 Ar ór deasóg chothrománach dhualdaite í glanghearrtha ag an rosta agus sa chrobh cros leata rinneach ghorm 3 Ar dhearg deasóg chothrománach í glanghearrtha ag an rosta agus sa chrobh tua chatha iad araon dualdaite 4 Ar airgead antalóp siúlach dubh na hadharca de lí an óir* (IF: 215). Is armas amháin é sin, ní ceithre cinn éagsúla arna gcogairsiú le chéile.

I measc na n-armas aonair a bhfuil an cheathair-roinnt Ghaelach lena sonrú orthu, d'fhéadfaí na cinn seo a áireamh: Ó Conaire Uíbh Fhailí (IF: 212); Mac Dónaill na nGlinnte (IF: 213); Mac Aogáin (IF: 214); Ó Mathúna (IF: 217); Ó Neachtain (IF: 218); Ó Ríordáin (IF: 219) agus Mac Síthigh (IF: 219). Le haghaidh ceathair-roinnt Ghaelach in Albain, féach R. F. Pye (1970, 51-8).

ARMAS NA mBAN AGUS COGAIRSIÚ ARMAS

NÓTA: Ba iad na Spáinnigh ba thúisce a thug an cheathair-roinnt isteach san araltas. Maireann an dá chineál ceathair-roinnte san araltas Spáinneach inniu: (1) chun armais éagsúla a chogairsiú; (2) chun fíora éagsúla a chur isteach in aon armas amháin – dála cheathair-roinnt na nGael. Is sampla de (2) armas de Valera. (§26.06)

22.07: Comhionannas araltach le haghaidh na mban

Tá tráchtairí comhaimseartha ann a cheapann gur mithid deireadh ar fad a chur leis an éagsúlacht idir araltas na bhfear agus na mban. Dá ndéanfaí amhlaidh, maíonn siad nach tionscnamh nua a bheadh ann ach a mhalairt ar fad. Ba mhar a chéile taispeántas araltach ridirí agus ban uaisle i luathré an araltais.

Ón 16ú haois i leith diúltaítear sciath, clogad agus círín do na mná, toisc nach saighdiúirí iad. Fágann sé sin go bhfaightear frithchosúlacht san araltas comhaimseartha. Is iomaí bean inniu a bhfuil coimisiún oifigigh sna fórsaí armtha aici. Níl cead aici a harmas a iompar ar sciath ná clogad a úsáid go bpósann sí. Ar an taobh eile ceadaítear sciath agus gléasanna eile an ghaiscígh d'fhear ar bith, fiú más duine é nár tháinig i bhfoisceacht scread asail do shaol an tsaighdiúra. Dá mba shíochánaí amach is amach é, ar sciath a thaispeánfaí a armas agus bheadh clogad os a chionn.

Dá gcuirfí na mná ar comhchéim leis na fir san araltas, bheadh athruithe bunúsacha ann. Ní leis an gclann mhac amháin a bhainfeadh na comharthaí deachraithe (§23.04) feasta ach leis na hiníonacha chomh maith. B'ionann mar sin an lipéad, cuir i gcás, agus deachair an chéad pháiste in áit an chéad mhic. Chuirfí deireadh freisin le coincheap an bhanoidhre araltaigh. Mura mbeadh deartháir ná deirfiúr ag mac nó iníon armasaigh, oidhre araltach a bheadh ann/inti. Bheadh cead ag a nuachar armas an oidhre a iompar ar lársciath éilimh. Dá mbeadh armas ag bean ach gan armas ag a fear céile, ba chóir go ligfí dá clann an t-armas sin a fháil mar oidhreacht, ach sloinne a máthar a úsáid in áit sloinne a n-athar.

Is réabhlóideach iad impleachtaí an chomhionannais araltaigh idir fir agus mná ach tá seanré na bhfear sa chomhluadar i gcoitinne thart le tamall. Tá uachtaráin mná agus príomhairí mná ar an saol anois. Ní ciallmhar an mhaise do lucht an araltais a bheith ag iarraidh na "seantraidisiúin" i dtaobh araltas na mban a choimeád slán.

23.00: An deachrú

Is chun ridirí a dhealú óna chéile a tháinig an t-araltas chun cinn ar dtús agus is mar chomharthaí pearsanta a úsáidtear na harmais fós. Ó thaobh teoirice de mar sin níl ceart ach ag fear amháin armas faoi leith a iompar ag am faoi leith. Go luath i bhforbairt an araltais theastaigh bealach chun armais deartháireacha, cuir i gcás, a dhealú óna chéile. Is iomaí seift a cuireadh i bhfeidhm chun na críche sin, mar shampla, lí an mhachaire a athrú nó a phúdráil le mionfhíora, fíora beaga a bhualadh anuas ar an armas, ciumhais na bhfíor a mhaisiú, ⁊rl. Gléas ar bith a úsáidtear chun dá armas a dhealú óna chéile *deachair* a thugtar air.

23.01: Na Gearaltaigh

Feictear sampla maith d'athrú lí amhail deachair in araltas na nGearaltach. Ba é Muiris (†1177) sinsear na nGearaltach in Éirinn. Dealraíonn sé gur *Ar airgead sailtír dhearg* an t-armas a bhí aige. Tá an t-armas sin in úsáid fós ag Gearaltaigh Laighean.

Ba é Muiris (†1356) mac Tomáis Mhic Gearailt an chéad Iarla Dheasmhumhan. *Ar eirmín sailtír dhearg* an t-armas a bhí aigesean. Tá deireadh le hIarlaí Dheasmhumhan ó 1601 i leith ach tá an tsailtír dhearg ar eirmín in úsáid fós ag baill éagsúla de Ghearaltaigh na Mumhan.

Ba gharmhac Muiris mac Tomáis le Muiris (†1261) mac Seáin mhic Thomáis Mhic Gearailt. Bhí deartháir ag Muiris mac Seáin .i. Gilibeart, agus is uaidh sin a shíolraíonn Mac Giobúin Chill Mhocheallóg. Leagan deachraithe d'armas Ghearaltaigh na Mumhan atá ag na Giobúnaigh: *Ar eirmín sailtír dhearg sciathbharr airgidí breactha le trí fháinnín den dara lí* (IF: 214).

23.02: Na Búrcaigh

An dara mac ba shine le Riocard de Búrca (†1242), Tiarna mór Chonnacht, a bhí i Uáitéar de Búrca. Phós Uáitéar Maude, banoidhre Aodh de Léis, Iarla Uladh, agus ar bhás a athair cleamhnais in 1241 rinne sé féin Iarla Uladh de cheart a bhean chéile. D'éag an craobh Ultach sin de na Búrcaigh amach sa 14ú haois, áfach, le hEilís, banoidhre Liam de Búrca, a phós Lionel, Diúc Claireans (†1368), dara mac Éadbhaird III.

Ba é an t-armas a bhí ag Uáitéar de Búrca agus a shleachtaigh: *Ar ór cros dearg.* Cé gur éag Búrcaigh Uladh amach, maireann an chros dearg ar ór in armas Chúige Uladh (§24.06). Lean an brainse sóisearach de na Búrcaigh ar aghaidh .i. sliocht Liam (†1270), tríú mac Riocaird, agus chuaigh siad i líonmhaire. Is iad siúd a ndearnadh iarlaí Chlann Riocaird díobh ní ba dhéanaí. *Ar ór cros dearg agus thuas ar dheis leon dubh* an t-armas a bhí agus atá in úsáid ag Búrcaigh Chonnacht. Léiseach a bhí i máthair Uáitéar agus Liam (dara bean Riocaird de Búrca) agus leon corcra ar mhachaire órga an t-armas a bhí ag na

Léisigh (§24.06). Seans maith gur ó armas de Léis a fuarthas an deachair sin de leon a chuir Búrcaigh Chonnacht isteach ina n-armas. Más amhlaidh atá, athraíodh dath an leoin.

23.03: Na Buitléaraigh

Tá samplaí breátha eile den deachrú lna bhfeiceáil in armais na mBuitléarach. *Ar ór sciathbharr eangach gorm* an t-armas a bhí riamh ag brainse sinsearach na mBuitléarach. Ón 16ú haois i leith, áfach, bhí sé de nós ag iarlaí Urmhumhan é sin a cheathair-roinnt le harmas an Phríomh-Bhuitléara: *Ar dhearg trí chingid órga.*

Sa cheathrú haois déag dheachraigh Tomás Buitléir, mac sóisearach an cheathrú Príomh-Bhuitléir, armas a athar le bandán dearg anuas ar an iomlán: *Ar ór sciathbharr eangach gorm thar an iomlán bandán dearg.* Chuaigh Tomás chuig scrín San Séamas i gCompostela in éineacht lena dheartháir, Éamann (an séú Príomh-Bhuitléir). Chun a oilithreacht a mheabhrú chuir Tomás trí mhuirín órga ar an mbandán: *Ar ór sciathbharr eangach gorm thar an iomlán bandán dearg breactha le trí mhuirín de lí an mhachaire.* Rinneadh Barún Dhún Búinne de Thomás sa bhliain 1324.

In 1660 is amhlaidh a d'éag amach príomhbhrainse Bhuitléaraigh Dhún Búinne agus fuair craobh sóisearach den teaghlach an teideal. Ba é an t-armas a bhí in úsáid acu sin: *Ar ór sciathbharr eangach gorm trí mhuirín ar dul bandáin agus iad lí-aistrithe.*

Ba é dara mac Phiarais Bhuitléir, ochtú hIarla Urmhumhan, an té a ndearnadh Víocunta Mountgarret de in 1550. Is é an t-armas atá in úsáid ag muintir Mountgarret anois (á cheathair-roinnt le Rawson): *Ar ór sciathbharr eangach gorm luanla amhail deachair.* Dubh atá an luanla agus is sa mhachaire faoi bhun an sciathbhairr a fheictear é.

Ar ór sciathbharr eangach gorm luanla amhail deachair an chaoi a gcraobh-scaoiltear armas Iarla na Carraige freisin .i. ceann brainse eile de na Buitléaraigh. Is ó dhara mac an tséú Príomh-Bhuitléir a shíolraíonn siad sin agus is airgidí atá a luanla siadsan agus é lena fheiceáil ar an sciathbharr féin.

Gheofar cuntas críochnúil ar araltas na mBuitléarach in Éirinn ag T. Butler (1980/81 agus 1991).

23.04: Comharthaí sóisearachta

Ní ealaín mharbh atá san araltas ach córas beo. Má bhí gá tráth le bealaí deachraithe, tá gá leo fós. Ní le grúpaí teaghlach a bhaineann armas, ná le teaghlach amháin féin, ach le hindibhidiúlaigh faoi leith. Ó cheart níl cead ag deartháireacha ná ag athair agus mac an t-armas céanna a iompar. Go teoiriciúil ní mór do gach uile armasach fiú sa lá inniu deachair éigin a chur isteach ina armas féin chun é a dhealú ó armas gach ball eile dá fhine. Tá dhá chóras deachraithe le fáil sna hoileáin seo, an córas Angla-Éireannach agus an córas Albanach. Ós rud é gur le baill agus brainsí sóisearacha den teaghlach a léiriú a ceapadh iad, is mar chórais comharthaí *sóisearachta* (*cadency* sa Bhéarla) a labhraítear fúthu go minic.

23.05: An córas Angla-Éireannach

Is córas é seo é seo a tháinig chun cinn i Sasana sa 15ú agus sa 16ú haois. Chun a armas a dhealú ó armas a athar cuireann gach mac comhartha faoi leith anuas ar a armas féin. Is iad seo na comharthaí a úsáidtear:

an chéad mhac:	lipéad
an dara mac:	luanla
an tríú mac:	réalta
an ceathrú mac:	mairléad
an cúigiú mac:	fáinnín
an séú mac:	flór de lúis

Is féidir le clann mhac na clainne mac a gcomharthaí sóisearachta féin a bhualadh anuas ar chomharthaí a n-aithreacha. Luanla ar lipéad a bhíonn ag dara mac an chéad mhic mar sin agus réalta ar lipéad ag tríú mac an chéad mhic. Ní gnách le céad mhac an chéad mhic lipéad a chur ar lipéad, áfach. Ina áit sin cuireann sé lipéad chúig phointe in áit lipéad a athar, nach bhfuil ach trí phointe air. Lipéad ar luanla a bhíonn ag céad mhac an dara mic agus luanla ar luanla ag dara mac an dara mic. Luanla ar luanla a bhí ag Charles Stuart Parnell, cuir i gcás (§26.05). Tugtar faoi deara na pointí seo a leanas freisin:

(1) Ní bhacann iníonacha le comharthaí sóisearachta dá gcuid féin. Bíonn comharthaí sóisearachta a n-athar acu, áfach, má tá a leithéid aige.

(2) Tá cead ag an armasach lí ar bith a úsáid le haghaidh comharthaí sóisearachta agus ní bhaineann riail na líocha leis an scéal. Chun cinntiú nach dtógfar in amhlachas gnáthfhíor iad, is inmholta miotal a chur ar mhiotal agus dath ar dhath; is ceart freisin na comharthaí sóisearachta a bheith níos lú ná na fíora féin.

(3) Is thuas ar lár a chuirtear na comharthaí sóisearachta go hiondúil, sa phointe onóra nó sa lárphointe. Tá an lárphointe oiriúnach go maith i gcás armais cheathair-roinnte.

Deachrú: an Córas Angla-Éireannach

Comharthaí Sóisearachta

An chéad mhac

An ceathrú mac

An dara mac

An cúigiú mac

An tríú mac

An séú mac

Céim I

An Ceann Fine

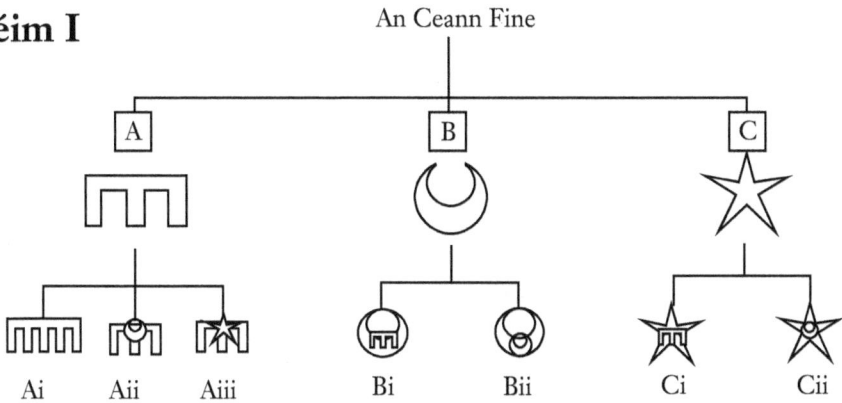

Céim II

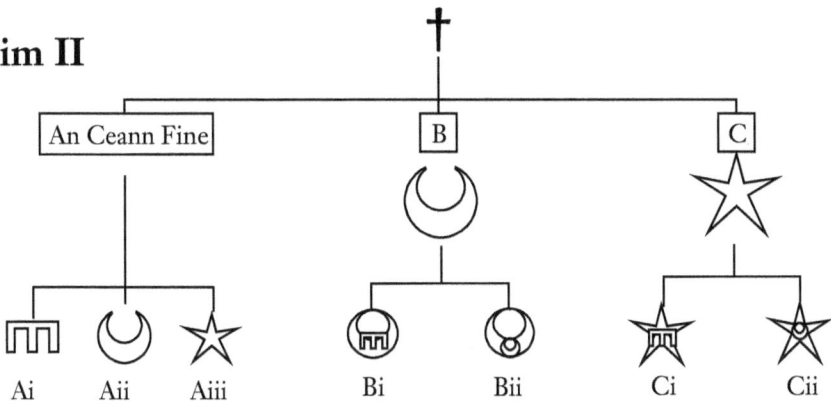

Cé go bhfuil cuma na foirfeachta ar an gcóras sin ar an gcéad amharc, ní fada go bhfeictear lúb ar lár ann. Nuair a chailltear ceann an teaghlaigh, baineann a oidhre, an chéad mhac, an lipéad dá armas. Baineann clann mhac an chéad mhic (arb é ceann an teaghlaigh anois é) dá réir sin na lipéid mhóra dá n-armais féin. Ní bhíonn feasta ach lipéad simplí ag an oidhre nua agus luanla agus réalta faoi seach ag an dara agus an tríú mac. Fágann sé sin, áfach, nach bhfuil difríocht ar bith idir armais na beirte sóisearaí agus armais a n-uncailí .i. deartháireacha a n-athar.

Meabhraíonn Fox-Davies nach fada go hiondúil go bpósann an ball is sine de bhrainse banoidhre araltach. Tá cead ag a shliocht ansin an t-armas athartha a cheathair-roinnt le harmas athair an bhanoidhre, agus is deachair an cheathair-roinnt féin chun armais an bhrainse sin a dhealú ó armais a ngaolta sna brainsí eile.

Chomh maith leis sin moltar leasuithe substaintiúla ar an gcóras ó am go ham, cé nár glacadh go forleathan le ceann ar bith acu. Is é oighear an scéil go bhfuil an deachrú marbh ar fad nach mór i Sasana agus in Éirinn. Ní bhaintear feidhm as comharthaí sóisearachta sa lá atá inniu ann ach chun brainsí sóisearacha an teaghlaigh a thaispeáint. Is ar éigean a dhéantar iarracht ar bith inniu le daoine faoi leith san aon bhrainse den teaghlach céanna a dhealú óna chéile.

23.06: An córas Albanach

Fágann córas na gclann in Albain nach bhfuil ach líon teoranta de shloinnte sa tír. Duine ar bith mar sin a bhfuil, abraimis, an sloinne Caimbéal air, tá gaol aige leis na Caimbéalaigh eile. Is léir mar sin go dteastaíonn slí deachraithe in Albain chun an iliomad brainse den aon teaghlach a dheachrú óna chéile go haraltach. Tá a leithéid de chóras ann a tugadh chun cruinnis sa 19ú haois. Is mó atá sé cosúil le seanchóras na ndeachracha a bhí i bhfeidhm sa ré luath ná le córas Angla-Éireannach na mionfhíor.

Sa chéad ghlúin sa chóras Albanach cuireann an dara, an tríú agus an ceathrú mac imeallbhord de lí faoi leith timpeall a n-armas. Buanaítear na himeallbhoird sa dara glúin agus maisíonn brainsí sóisearacha na himeallbhoird le ciumhaiseanna clasacha, dronnógacha, eangacha, ⁊rl. Ní chuireann an chéad mhac i nglúin faoi leith deachair bhuan ar a armas ach is nós le mic shóisearacha an chéad mhic ciumhais na príomhfhíre a mhaisiú.

Tá de bhuntáiste ag an gcóras Albanach go n-oibríonn sé go héifeachtach agus go ndealaíonn sé armas gach duine sa ghinealach. Tá de mhíbhuntáiste aige, áfach, gur armas nua atá in gach uile leagan deachraithe. De réir dlí mar sin is gá le gach armasach a armas a chlárú as an nua i gcúirt Rí-Aralt an Leoin (§29.01).

Deachrú: an Córas Albanach

(ba é an Stodartach, cléireach Rí-Aralt an Leoin a chóirigh)

Figiúr 21

23.07: Mídhlisteanacht

B'fhairsing tráth bastaird ardghradaim ar fud na hEorpa agus i ré luath an araltais is de réir a thola féin a dheachraíodh an mac neamhdhlisteanach armas a athar. I Sasana agus in Éirinn anuas go dtí an 18ú ba é an clébhastún (*baton sinister*) an comhartha tuilíochta ba choitianta le haghaidh bastard ríoga ach go háirithe. Tógaimis, mar shampla, armas mhuintir FitzRoy, diúcanna Grafton. Ó Anraí FitzRoy, mac tuilí Shéarlais II agus Barbara Villiers (1663 a rugadh), a shíolraíonn siad sin. Cailleadh Anraí in 1690 de bharr créachtaí a fuair sé in arm Liam Oráiste le linn dóibh cathair Chorcaí a ghabháil. Is é an t-armas a chaitheadh diúcanna Grafton armas ríoga na Stíobhartach móide clébhastún cearnógach i sé phíosa, airgidí agus gorm.

Sampla eile den armas ríoga in úsáid ag sliocht bastaird ríoga a fheictear in armas mhuintir FitzClarence, iarlaí na Mumhan. Ó Sheoirse (†1842), céad mhac tuilí Liam IV, a shíolraíonn siad. Is é armas Iarla na Mumhan armas ríoga na Hanóvarach (.i. ceathair-roinnte 1 agus 4 Sasana, 2 Albain, 3 Éire agus Hanóvar i lársciath) móide clébhastún gorm breactha le trí ancaire órga.

Is leagan caol glanghearrtha den chlébhandán an clébhastún. *Barre* atá sa Fhraincis ar an gclébhandán féin agus *bend sinister* sa Bhéarla. Is de bharr mearbhaill éigin den dá théarma a tháinig an baicbhéarla *bar sinister* chun cinn mar bhealach chun an neamhdhlistenacht a chur in iúl.

In araltas Shasana (agus na hÉireann) ó dheireadh an 18ú haois i leith is gnách an t-imeallbhord camógach a úsáid amhail comhartha neamhdhlisteanachta. Ó tharla, áfach, nach mbíodh stádas oifigiúil ná sloinne féin ag an mbastard de réir dlí, dá dteastódh uaidh armas a iompar, bheadh air iarratas a chur faoi bhráid na n-údarás cuí chun deontas nua a fháil. Nó d'fhéadfadh sé Ceadúnas Ríoga nó in Éirinn Ceadúnas Rialtais a fháil chun go gceadófaí dó sloinne agus armas (móide deachair – imeallbhord camógach, cuir i gcás) a athar a iompar.

23.08: Buamhaisiú

Is éard is brí le buamhaisiú (*augmentation of honour* sa Bhéarla) deachracha a dheonaíon rí (nó banríon) d'armasach chun a fhabhar ríoga dó a léiriú go follasach. Is dócha, mar shampla, gur mar bhuamhaisiú pearsanta a tháinig armas na Mumhan (*Ar ghorm trí choróin ársa órga*) go hÉirinn ar dtús (§24.03).

Rugadh Arthur Wellesley i mBaile Átha Cliath in 1769. Rinneadh Diúc Wellington de tar éis dó buachaint ar Napoleon in 1814. Is é an buamhaisiú a fuair sé sa bhliain sin Bratach na hAontachta ar lársciath sa phointe onóra.

Is iomaí sampla den araltas lagmheasartha a fheictear i réimse an bhuamhaisiúcháin. Is dócha gurb é armas Víocunta Gough, Gujerat agus Luimnigh (1849 a cruthaíodh), an sampla is measa uile in araltas na hÉireann de bhuamhaisiú míchuibhiúil neamhbhlasta. Tá trí shárú shuntasacha ar an toighis araltach lena bhfeiceáil ann: (1) an iomarca ar fad sa slánarmas agus is buamhaisiú an chuid is mó de; (2) focail ar an sciath; (3) tírdhreaach in áit siombalachais. Tá armas Gough chomh dona sin, go mb'fhéidir nach miste é a chraobhscaoileadh anseo chun a léiriú céard atá le seachaint sa bhuamhaisiú maith:

Armas: *Ceathair-roinnte 1 agus 4 Ar dhearg cnocán uaine agus leon breathnaitheach órga ag siúl air á coinneáil aige ina lapa deas bratach na haontachta í dualdaite sa bharr os a gcionn sin na focail CHINA INDIA i litreacha órga 2 agus 3 Ar ghorm balc airgidí breactha le leon siúlach breathnaitheach dearg idir trí chloigeann ghlanghearrtha toirc de lí an óir (.i. armas a mhuintire) thuas sa lár ar crochadh de ribín airgidí imlínithe gorm samhlú dualdaite de shuaitheantas ord Spáinneach Shéarlais III agus ar sciathbharr léiriú de bhalla thoir Tarifa briseadh ann idir dhá thúirín agus ar an túirín ar dheis bratach na Breataine Móire ag foluain gach rud ina dhathanna nádúrtha féin.*

Círín: *I lár báire cloigeann órga toirc é glanghearrtha ag an muineál; Ar an taobh deas ar mhúrmhionn airgidí leon siúlach breathnaitheach órga á gcoinneáil aige ina lapa deas dhá chrann dhualdaite brataí iad fiartha faoi chlé ar foluain de cheann amháin díobh bratach aontacht na Breataine Móire agus na hÉireann á urú ag an gcrann agus an bhratach sin an crann eile é briste agus ag foluain de bratainn thriantánach .i. samhlú de bhratach Shíneach agus fíor dragúin uirthi i scrolla os cionn an iomláin an focal CHINA ar clé deaslámh chuartha í faoi éide an 87ú reisimint .i. an t-éadach dearg an maisiúchán uaine sa chrobh meirge na reisiminte réamhráite é ar leathadh agus sa chrobh freisin samhlú d'iolar impiriúil na Fraince é aisiompaithe agus íslithe a chrann briste gach rud dualdaite i scrolla os cionn an iomláin an focal BARROSA.*

Tacaithe: *Ar dheis leon aisbhreathnaitheach órga coróin ársa dhearg timpeall a mhuiníl ceangailte di slabhra órga arna lúbadh thar an droim agus ar fhonsa na corónach an focal PUNJAB i litreacha de lí an óir Ar chlé dragún órga (.i. léiriú d'fhíor na brataí Síní atá lena feiceáil sa chírín a deonaíodh don Víocunta Gough mar bhuamhaisiú onóra) timpeall a mhuiníl múrmhionn dubh an focal CHINA scríofa air i litreacha órga agus ceangailte de slabhra den lí chéanna.*

Rosc: *Os cionn an chírín athartha "Faugh a Ballagh"; os cionn an chéad chírín "China" os cionn an tríú ceann "Barrosa" faoi bhun na scéithe "Goojerat".* (BP: 755)

24.00: Armais na hÉireann agus na gCúigí

Ba nithe pearsanta ar dtús iad na harmais a ceapadh chun ridirí agus tiarnaí móra a dhealú óna chéile. Níorbh fhada, áfach, gur tosaíodh ar armas an tiarna a úsáid mar armas a ghabháltais. Is uime sin a labhraítear, cuir i gcás, faoi leon na hAlban agus flór de lúis na Fraince, bíodh gur le rí na hAlban agus rí na Fraince faoi seach a bhaineann na fíora ó cheart. Anseo thíos tugtar cuntas gearr ar na harmais a leagtar ar Éirinn agus a cúigí. Feicfear gur armais phearsanta roinnt mhaith acu go bunúsach.

24.01: An chláirseach: armas na hÉireann agus Chúige Laighean

Ar ór cláirseach dhearg an t-armas is sine a cheanglaítear le hÉirinn, arae leagtar é sin ar *le roi d'Irlande* 'rí na hÉireann' in *Armasóir Wijnbergen*, rolla armas a scríobhadh sa Fhrainc ag deireadh 13ú haois agus atá i dtaisce anois san Ísiltír. Dealraíonn sé gurb é Brian Bóramha nó duine dá shleachtaigh an rí atá i gceist san armasóir. Ceanglaíodh Brian le cláirseacha riamh agus tá cláirseach ar caomhnú i gColáiste na Tríonóide, Baile Átha Cliath, ar "Cláirseach Bhriain Bhóramha" a thugtar uirthi, cé gur leis an 16ú nó an 17ú haois a bhaineann an chláirseach dáiríre. Deirtí gur ón bpápa a fuair Brian an chláirseach chéanna. Ní raibh an t-araltas ar an saol nuair a cailleadh Brian (†1014) agus is dócha gur beag araltas a bhí á chleachtadh ag na Gaeil sa 13ú haois, nuair a scríobhdh Armasóir Wijnbergen. Is dócha mar sin gur i measc eachtrannach lasmuigh d'Éirinn a tháinig armas na cláirsí chun cinn.

Is i réimeas Anraí VIII a tosaíodh ar an gcláirseach a úsáid go forleathan amhail armas agus bratach na hÉireann, ach is órga a bhí an chláirseach agus ar mhachaire gorm a thaispeántaí í. Roimhe sin ba é armas na dtrí chóróin a bhí in úsáid (§24.03) mar armas na hÉireann. Ba é Séamas I (Séamas VI na hAlban) ba thúisce a chuir cláirseach na hÉireann isteach in armas ríoga na Breataine, agus tá sí ann ó shin. Níor thaitin cláirseach na hÉireann le hIarla Northampton (†1630), nuair a cuireadh isteach san armas ríoga den chéad uair í. "The best reason that I can observe for the bearing thereof," dúirt sé, "that it resembles that country [.i. Éire] in being such an instrument that it requires more cost to keep it in tune than it is worth."

Is í an chláirseach órga ar mhachaire gorm armas oifige Uachtarán na hÉireann. Glacadh leis an armas sin go hoifigiúil an 24 Bealtaine 1945. Feictear an chláirseach ar bhoinn airgid Phoblacht na hÉireann freisin agus ar cháipéisí oifigiúla na tíre.

Ar uaine cláirseach órga na sreanga airgidí armas Chúige Laighean inniu. Níl ansin de réir cosúlachta ach armas na hÉireann móide athrú lí. Ní fios cén uair a athraíodh an gorm go huaine chun armas Chúige Laighean a dhéanamh, cé go bhfuil sampla den chláirseach mar armas Laighean le fáil chomh luath le

1647. Tá armas Laighean in úsáid i bhfoirm meirge go hoifigiúil inniu mar bhratach chrann spreoite na hÉireann .i. an bhratach a chuireann longa Éireannacha ag foluain ar a dtosach. An 9 Meitheamh 1945 a glacadh leis an meirge le haghaidh na feidhme sin.

Tá fianaise éigin ann a thabharfadh le fios gur armas eile ar fad a leagtaí ar Chúige Laighean sa chéad leath den 17ú haois: *Ar ghorm trí luanla órga*. Ní léir cén bunús atá leis sin. Is fiú a lua, áfach, go bhfeictear dhá luanla dhearga in armas na gCaomhánach, sliocht Dhiarmada Mhic Mhurchadha agus ríthe Laighean.

Ar airgead leon dearg armas Chúige Laighean de réir Rolla Armas Devereux, armasóir Sasanach de chuid an 15ú haois. D'fhéadfadh sé go bhfuil gaol aige sin le harmas na dTalbóideach a pléadh in §01.16 thuas. Is ceart cuimhneamh freisin gur *Ar dhearg leon airgidí* a leagtar ar Mhac Murchadha, taoiseach Laighean uaireanta (§24.10).

24.02: Armas na hÉireann: an tsailtír dhearg

Faoin rialtas Gallda san 18ú agus sa 19ú haois ba é an t-armas ba mhinice a d'úsáidtí le haghaidh na hÉireann *Ar airgead sailtír dhearg*. "Cros Phádraig" a tugadh air sin trí analach, b'fhéidir, le Cros Aindriú, bratach agus armas na hAlban. D'fheictí an tsailtír dhearg i síneacha Ord Phádraig Naofa (§31.04) agus cuireadh isteach i mBratach na hAontachta (*the Union Flag*) sa bhliain 1800 í. Tá sí le fáil freisin in armais a deonaíodh sa 19ú haois, Acadamh Ríoga na hÉireann, cuir i gcás, Coláiste na Máinlianna, Cumann Ríoga Bhaile Átha Cliath agus Ollscoil na Ríona, Béal Feirste.

Tá fianaise éigin ann go raibh an tsailtír dhearg in úsáid amhail bratach na hÉireann chomh luath le tús an 17ú haois. Feictear í, cuir i gcás, i séala Choláiste na Tríonóide, Baile Átha Cliath, a rinneadh in 1612. Ní fios céard is bunús leis an tsailtír dhearg. D'fhéadfadh sé nach bhfuil ann ach armas Ghearaltaigh Laighean (§23.01). Sa tréimhse 1475-1520 ba iad na Gearaltaigh máistrí na hÉireann agus ba dhream mór le rá iad ina dhiaidh sin iad. D'fhéadfadh sé freisin go bhfuil baint ag sailtír dhearg Phádraig leis na croiseanna de ribín dearg a bhíodh á gcaitheamh ag muintir na hÉireann Lá Fhéile Pádraig chomh luath le tús an 17ú haois.

24.03: Na trí choróin: armas na hÉireann agus na Mumhan

Ar ghorm trí choróin ársa órga armas na hÉireann sular cuireadh an chláirseach órga ina áit in aimsir Anraí VIII. Nuair a fuair Anraí V bás sa bhliain 1413, ba iad na trí choróin a iompraíodh amhail armas na hÉireann ar a shochraid. Feictear trí choróin os cionn a chéile ar bhoinn airgid na hÉireann ag deireadh an 15ú haois.

Ar ghorm trí choróin órga an t-armas a leagadh go neamhstairiúil ar San Edmund, rí na nAnglach Thoir. Ba mhór an chaondúthracht a bhí ag ríthe Shasana sna meánaoiseanna don naomh sin. Nuair a rinne Risteard II Diúc na hÉireann dá chara ionúin, Robert de Vere, Iarla Oxford, in 1386, dheonaigh sé buamhaisiú dó: *Ar ghorm trí choróin órga laistigh d'imeallbhord airgidí*. Bhí sé sin lena cheathair-roinnt aige sa chéad agus sa cheathrú cuid dá sciath lena armas athartha sa dara agus sa tríú ceathrú (*Ceathair-roinnte dearg is órga réalta airgidí thuas ar dheis*), chomh fada is a bheadh tiarnas na hÉireann aige. Is dócha gurb é armas San Edmund ba bhun leis an mbuamhaisiú a fuair de Vere. Is ar armas Edmund a bunaíodh ollscoil Oxford freisin.

Is dócha, cé nach féidir a bheith cinnte, gur ó bhuamhaisiú úd de Vere a tháinig armas na hÉireann a bhfuil na trí choróin ann. Ina dhiaidh sin arís rinneadh armas na Mumhan de. Bhí armas eile in úsáid ag tús an 17ú haois le haghaidh Chúige Mumhan .i. *Ar dhearg lámhrí chothrománach agus sa chrobh claíomh ingearach an t-iomlán dualdaite*. Níl ansin dáiríre ach seanarmas Bhrianaigh Thuamhumhan. Is é an t-armas sin a dhéanann leath d'armas Chonnacht freisin de réir cosúlachta (§24.04).

Leagtar armas eile fós ar Chúige Mumhan in armasóir Eorpach de chuid na meánaoise .i. *carria órga ar mhachaire airgidí* [sic!] (§24.08).

24.04: Armas Chonnacht

Is é armas Chonnacht inniu: *Deighilte airgidí agus gorm ar dheis iolar leata déroinnte dubh ar clé arna cheangal leis sin i muinchille airgidí lámh chlé chuartha agus sa chrobh claíomh ingearach iad araon dualdaite*. Ní fhaightear sampla ar bith den armas sin mar armas Chonnacht go dtí 1647. Tá fianaise ann, áfach, nach bhfuil in armas Chonnacht ach seachleagan d'armas eile a leagann foinsí éagsúla ar Éirinn ina hiomláine: *Deighilte órga is dearg ar dheis iolar leata déroinnte [dubh] agus ar chlé crobh daonna ag coinneáil miodóige airgidí an dornchla agus an t-úillín órga*. Tá an chosúlacht ar an scéal freisin gur i measc eachtrannach lasmuigh d'Éirinn a tháinig armas sin na hÉireann chun cinn den chéad uair. Tugann an t-aralt Gearmánach, Conrad Grünenberg (1483), mar armas na hÉireann sciath deighilte, ar dheis iolar déroinnte agus ar clé lámh faoi chathéide agus claíomh sa chrobh ag teacht amach as taobh clé na scéithe.

Is dócha nach bhfuil in armas déroinnte an iolair agus na láimhe daonna ach leagan ginearalaithe d'armas Mhainistir Shéamais Naofa .i. mainistir na nGael i Regensburg na Baváire, a bunaíodh *c.* 1067. Sa lá atá inniu ann is cuartha bunoscionn a léirítear an lámh in armas na mainistreach ach is follas gurb aon armas amháin go bunúsach é sin agus armas Chonnacht. Ós rud é gur bunú Éireannach ar thalamh impireacht na Gearmáine atá sa mhainistir, tá dhá eilimint lena sonrú ar a harmas: (1) armas an impire (*Ar ór iolar décheannach leata dubh*) agus armas na hÉireann (*Lámh dhaonna agus sa chrobh claíomh ingearach*). Mar a chonacthas (§24.03), ba é sin armas na Mumhan tráth ach is dócha gurb é seanarmas Uí Bhriain é dáiríre .i. armas shliocht Bhriain Bhóramha, "impire na nGael". Mar sin is d'Éirinn féin a sheasann sé.

Tá fianaise ó chéad leath an 17ú haois gur armas éagsúil ar fad a leagtaí ar Chúige Chonnacht tráth .i. *Ar airgead dair fhréamhshraoillte uaine*. Níl ansin ar ndóigh ach armas Uí Chonchúir Dhoinn. Is de shliocht Ruairí Uí Chonchúir, rí Chonnacht agus an t-ardrí deireanach, an Conchúrach Donn.

24.05: Armas na Mí

Sa 17ú haois ba é an t-armas a leagtaí ar shean-Chúige na Mí: *Ar ghorm rí ina shuí ar a ríchathaoir iad araon órga* nó *Ar ghorm rí ina shuí ar ríchathaoir an deaslámh sínte amach agus sa lámh chlé ríshlat an t-iomlán dualdaite*. Níl ansin ach seachleagan d'armas eile a leagtaí ón 16ú haois i leith ar Éirinn féin. Is ar dhubh a bhíonn an rí agus a ríchathaoir in armas na hÉireann go hiondúil, áfach, "lile" a thugtar ar an ríshlat agus is i lámh dheas an rí a léirítear í. Is dócha gur tagairt an t-armas lena rí do fhlaitheas Éireann agus d'ardrí Teamhrach.

Dheonaigh Príomh-Aralt na hÉireann armas do Chontae na Mí in 1988: *Dingroinnte cuartha aníos uaine agus gorm imlínithe airgidí sa lárphointe coróin ársa órga thuas ar dheis bís ar clé rothchros agus sa bhun bradán ar snámh iad uile de lí an airgid an t-iomlán laistigh d'imeallbhord de lí an óir*. Dathanna spóirt an chontae a fheictear san uaine agus san imeallbhord órga. Is tagairt an choróin do Theamhair, ionad na n-ardríthe. Is don Bhóinn a thagraíonn an bradán airgidí ag snámh ar ghorm. Is samhail de phátrúin shnoite Bhrú na Bóinne an bhís. Is do cheann d'ardchroiseanna Cheanannais a sheasann an rothchros. Mar sin is don réamhstair phágánach agus don luathré Chríostaí faoi seach a thagraíonn an dá fhíor sin.

24.06: Armas Chúige Uladh

Is ionann armas Chúige Uladh inniu agus é seo: *Ar dhearg cros dearg ar lársciath airgidí deasóg ghlanghearrtha den dara lí*. Is ó thús an 18ú haois a thagann an tagairt dó sin is luaithe dá bhfuil againn. Is léir gurb éard atá ann dhá armas arna gcur le chéile .i. cros dearg na mBúrcach, iarlaí Uladh, agus lámh dhearg na Niallach.

Leagtar dhá armas eile ar Chúige Uladh. *Ar ór deasóg ghlanghearrtha dhearg* an chéad cheann acu sin, cé gur lámh chlé a fhaightear freisin. Níl aon sampla den lámh léi féin mar armas Uladh le fáil níos luaithe ná an chéad leath den 17ú haois ach is léir nach bhfuil ann ach bunarmas na Niallach (§01.02). Tá éiginnteacht ag baint leis an dara harmas a leagtar ar Chúige Uladh: *Ar ór leon dé-eireaballach dearg* leagan amháin de ó thús an 18ú haois. Tá sé cosúil le harmas na hÉireann dar le foinse Spáinneach de chuid an 16ú haois: *Ar ór leon dubh*. Ós rud é go mbaineann luaineacht le lí an leoin – dearg nó dubh – d'fhéadfadh sé gur idir an dá dhath a bhí dath an leoin go bunúsach. Is é is dóichí nach bhfuil in armas sin an leoin ar mhachaire órga ach armas na Léiseach: *Ar ór leon corcra* (IF: 217). Ba iad na Léisigh iarlaí Uladh sular thit an gabháltas ar na Búrcaigh (§23.02). Is dócha mar sin gur le haghaidh Chúige Uladh a bhaintí feidhm as an armas ar dtús agus ansin gur leathnaigh a úsáid go dtí Éire ina hiomláine.

Nuair a rinneadh dhá leath d'Éirinn de bharr an Achta um Rialtas na hÉireann (1921), cheap Rí-Aralt Uladh armas do rialtas Thuaisceart Éireann: *Ar airgead cros dearg agus anuas uirthi réalta sé rinn de lí an mhachaire breactha le deasóg ghlanghearrtha den dara lí agus os a chionn sin coróin ríoga órga*. Is suntasach gurb í cros Sheoirse Shasana a cuireadh ar an machaire in áit cros dearg ar ór na mBúrcach. In áit na lárscéithe tá réaltóg shéirinneach chun sé chontae Thuaisceart Éireann a mheabhrú. Is iad na tacaithe a deonaíodh do Thuaisceart Éireann: ar dheis leon agus á choinneáil aige meirge gorm breactha le cláirseach órga na hÉireann agus os a cionn coróin ríoga, ar clé eilc Ghaelach agus á choinneáil aici meirge órga breactha le cros dearg. Is sa mheirge sin a fheictear cros na mBúrcach a díbríodh as an armas féin.

24.07: Armas Phoblacht na hÉireann

Cheap Rí-Aralt Uladh i mBaile Átha Cliath armas nua in 1921 don stát ó dheas freisin agus glactar inniu leis amhail armas Phoblacht na hÉireann. Is éard atá ann armais na gceithre chúige arna gceathair-roinnt le chéile: *1 Ar uaine cláirseach órga na sreanga airgidí* (Cúige Laighean) *2 Deighilte airgidí agus gorm ar dheis iolar déroinnte leata dubh ar clé ceangailte leis sin ag an ngualainn deaslámh chuartha muinchille airgidí uimpi sa chrobh claíomh ingearach iad araon dualdaite* (Cúige Chonnacht) *3 Ar ór cros dearg lársciath airgidí agus breactha uirthi deasóg dhearg í glanghearrtha ag an rosta* (Cúige Uladh) *4 Ar ghorm trí choróin ársa órga* (Cúige Mumhan).

24.08: Círín na hÉireann

Luann an Búrcach, Rí-Aralt Uladh, seanarmas na hÉireann .i. *Ar dhubh rí ina shuí ar a ríchathaoir a dhá chos crosáilte thar a chéile agus ina dheaslámh lile an t-iomlán órga*, agus deir sé go raibh círín os a chionn: *Túr trí thúirín órga ag léim amach tríd an ngeata carria airgidí na crúba is na beanna órga* (BGA: 530). Tá an t-armas sin pléite faoi armas na Mí thuas (§24.05). Ba ghnách sa 19ú haois círín sin an charria a úsáid os cionn armas na hÉireann .i. an chláirseach órga ar mhachaire gorm. Tá an chosúlacht ar an scéal, áfach, gur armas eile de chuid na hÉireann a bhí sa túr agus an carria ar dtús. I measc armas na hÉireann a thugann an Búrcach tá léiriú de mheirge i lámhscríbhinn Add. 4814 in

Iarsmalann na Breataine (Leabharlann na Breataine anois): *Ar dhearg teach trí shimléar agus deatach astu gach rud órga carria dearg sa gheata agus ar an taobh deas crann de lí an óir.* Tugann Hayes-McCoy leagan eile d'armas sin na hÉireann: *Ar dhearg caisleán airgidí agus ag teacht amach tríd an ngeata carria dualdaite na beanna órga* (HIF: 21; *cf.* PO: 365). I roinnt armasóirí meánaoiseacha de chuid na Mór-roinne leagtar leagan eile den armas sin ar rí na hÉireann chomh luath le deireadh an 14ú haois: *Ar ghorm carria dearg ag teacht amach as geata airgidí.*

Tugann Rolla Armas Uffenbach, armasóir Gearmánach ó *c.* 1440, armais cheithre chúige na hÉireann. Ní léir ar fad cén cúige a mbaineann gach armas a thugtar leis ann, ach dealraíonn sé gurb é an t-armas a leagtar ar Chúige Mumhan: *Ar airgead carria órga* [*sic*!]. Ní foláir nó is ionann an t-armas sin go bunúsach agus armas Mhic Cárthaigh, taoiseach iarthar na Mumhan (§11.06). Is dócha freisin go bhfuil gaol éigin ag armas an charria ina aonar a chuirtear i leith na Mumhan le harmas an charria agus an caisleán/túr a leagtar ar Éirinn ar fad. Ní léir cén fáth a bhfuil caisleán nó túr san armas sin, áfach. B'fhéidir gur dhá armas déroinnte a bhí ann go bunúsach .i. carria na Mumhan ar dheis agus caisleán Bhaile Átha Cliath (nó Luimnigh?) ar clé agus gur tógadh in amhlachas aon armais amháin iad, mar atá, carria ag lingeadh amach as geata túir.

24.09: Armais chontaetha na hÉireann

Tagraíodh cheana do chírín Chontae Bhaile Átha Cliath (§17.31). Is é an t-armas féin a deonaíodh don chontae: *Ar ór fiach dubh agus é ina sheasamh ar chliath den lí chéanna.* Is do Lochlannaigh Fhine Gall a thagraíonn an fiach dubh (§12.04) agus is tagairt d'ainm an chontae an cliath.

Dála an armais sin, armas Chontae na Mí (§24.05) agus armas Chontae Uíbh Fhailí (§06.01), is ó Phríomh-Aralt na hÉireann tar éis 1943 a fuair formhór na gcontaetha ó dheas a n-armais. Is léir ó lámhscríbhinn san Oifig Ginealais (GO 60), áfach, go raibh armais ag trí chontae chomh luath leis an mbliain 1665 .i. Cill Chainnigh, Tiobraid Árann agus Ceatharlach. Tá na trí armas sin chomh cosúil lena chéile, gur dócha gur san aon tréimhse amháin a deonaíodh iad. Pléifear sa chéad mhír eile iad.

24.10: Armais Chontae Chill Chainnigh, Tiobraid Árann agus Ceatharlach

Is mar seo a chraobhscaoileann lámhscríbhinn GO 60 armas Chontae Chill Chainnigh: *Ar eirmín balc deighilte ar dheis dubh breactha le trí phunann órga ar clé ceathair-roinnte 1 agus 4 Airgead pléineáilte 2 agus 3 Ar dhearg fiteán de lí an óir.* Is armas é na punanna ar an machaire dubh a leagtar uaireanta ar chlann Mhic Mhurchadha Laighean (PO: 896). Ní léir go díreach cén dream atá i gceist leis an machaire ceathair-roinnte.

ARMAS

Is é armas Chontae Thiobraid Árann sa cháipéis chéanna: *Ar eirmín balc ceathair-roinnte 1 agus 4 Ar ór sciathbharr eangach gorm 2 agus 3 Ar dhearg trí chingid órga*. Níl ar an mbalc ansin ach armas Bhuitléaraigh Urmhumhan (§23.03), dream a raibh an-bhaint acu leis an gcontae.

Is mar seo a chraobhscaoiltear armas Chontae Cheatharlach: *Ar eirmín balc deighilte airgidí agus dearg ar dheis leon dearg ar clé dhá leon shiúlacha bhreathnaitheacha órga*. Luann an Búrcach dhá leagan d'armas a leagtar ar chlann Mhic Mhurchadha Laighean: (1) *Ar dhearg leon airgidí* (IF: 218); (2) *Ar airgead leon dearg agus sna lapaí aige tua chatha den lí chéanna* (BGA: 645). Is dócha gur leagan den armas sin atá i gceist sa chuid deiseal d'armas Chontae Cheatharlach. Is baolach freisin gur tagairt an dá leon shiúlacha don phrionsa Seon, *Dominus Hiberniae* 'Tiarna na hÉireann', a ndearnadh rí Shasana de sa bhliain 1199. Tá a fhios againn ó shéala Sheoin, a d'úsáid sé nuair a tháinig sé go hÉirinn in 1185, gur dhá leon shiúlacha an t-armas a bhí aige.

25.00: Bailte móra na hÉireann

Nuair a bunaíodh an smaoineamh go bhféadfadh tír nó dúiche armas a bheith aici, ba ghearr gur tosaíodh ar armais a cheapadh do bhailte agus cathracha chomh maith. In Éirinn is minic gur eilimintí as armais phearsanta a fheictear in armais na mbailte móra. Úsáidtear armais na gcathracha i gcomhthéacs pearsanta freisin. Is ionann armas chathair Bhaile Átha Cliath, cuir i gcás, agus armas Ardmhéara Bhaile Átha Cliath. Má tá armas pearsanta ag an Ardmhéara, déanann sé é sin a dheighilt ar an taobh deas (§22.02). Mura bhfuil armas dá chuid féin aige, armas na cathrach leis féin a iompraíonn sé le linn a théarma oifige.

Anseo thíos tugtar cuntas ar armais roinnt de na bailte is mó le rá in Éirinn.

25.01: Armas Bhaile Átha Cliath

Leagtar níos mó ná armas amháin ar chathair Bhaile Átha Cliath. Luann Papworth an ceann seo: *Ar dhearg caisleán le túir airgidí* (PO: 365), cé nach dtugann sé aon fhoinse. *Ar ghorm trí chaisleán airgidí lasta dualdaite* an t-armas atá in úsáid inniu. Dheimhnigh Daniel Molyneux, Rí-Aralt Uladh, an t-armas sin le linn fiosrúcháin 1607. Dealraíonn sé go raibh sé i bhfeidhm le fada roimh an dáta úd.

Ba in 1229 ba thúisce a thogh saoránaigh Bhaile Átha Cliath méara agus ghlac siad le séala coiteann sa bhliain chéanna. Caisleáin trí thúr a bhí ar thaobh amháin den séala agus long faoi lán seoil ar an taobh eile. Is dócha gur ar an séala úd a bunaíodh an t-armas a luann Papworth. Is léir gur tagairt an caisleán do lárionad an bhaile Normannaigh. Má méadaíodh ar líon na gcaisleán chun armas 1607 a dhéanamh, níl sé deacair an t-athrú a mhíniú. Is fearr an chuma atá ar thrí fhíor ar sciath ná ceann amháin. Go deimhin is ionann an uimhir trí agus líon caighdeánach na bhfíor san araltas. Féach, cuir i gcás, trí fhlór de lúis na Fraince, trí choróin na Mumhan agus trí long Phort Láirge.

Is deacra na lasracha ag teacht amach as na caisleáin a mhíniú. Ní heol dom sampla ar bith eile de chaisleán lasta in áit ar bith san araltas. I séala 1229 tá ceithre fhigiúr dhaonna lena bhfeiceáil ar thúir an chaisleáin .i. saighdeoir le crosbhogha ar gach aon taobh agus beirt ag séideadh stoic cogaidh ar an túir láir. D'fhéadfadh sé nach bhfuil sna lasracha in armas 1607 ach truailliú a tháinig chun cinn le himeacht aimsire de na figiúirí daonna sin ar an gcéad séala. Deir bileoigín a chuireann Bardas Átha Cliath amach, áfach, nach trí thine atá na caisleáin ar chor ar bith ach gur samhlú na lasracha den díogras a thaispeáin saoránaigh Bhaile Átha Cliath riamh chun a gcathair a chosaint.

Nuair a dheimhnigh Molyneux armas Bhaile Átha Cliath d'ardmhéara, bardasaigh agus saoránaigh na cathrach in 1607, luaigh sé tacaithe agus rosc. Is mar seo a craobhscaoileadh na tacaithe: *Ar dheis figiúr baineann dualdaite .i.*

samhlú den Dlí éadach dearg uimpi an líneáil órga ina deaslámh claíomh ingearach agus ina lámh chlé craobh olóige iad araon dualdaite agus ar clé figiúr baineann dualdaite .i. samhlú den Cheart éadach dearg uimpi an líneáil órga ina deaslámh craobh olóige agus ina lámh chlé meá iad araon dualdaite. Tá fianaise éigin ann, áfach, go raibh tacaithe eile ann sa 15ú haois, mar atá, gé agus coileach clóis.

Oboedentia civium urbis felicitas 'Is ionann umhlaíocht na gcathróirí agus rath na cathrach' an rosc a luann Molyneux. Bhí rosc eile in úsáid tráth: *Vigilance and valour.*

Ní luann Molyneux ach armas, tacaithe agus rosc. Is minic a léirítear armas Bhaile Átha Cliath le síneacha eile .i. ceastar os cionn na scéithe, más agus claíomh crosáilte ar dul sailtír taobh thiar di agus coiléar an Ardmhéara ina timpeall. D'fhéadfadh sé go raibh an ceastar, an más agus an claíomh in úsáid chomh luath leis an 15ú haois.

25.02: Armas Bhéal Feirste

Is mar seo a chraobhscaoiltear armas Bhéal Feirste: *Gearrtha airgidí agus gorm thuas ding véire thíos ar thonnta dualdaite farraige long faoi lán seoil í den chéad lí ar chúinneán dearg cloigín de lí an airgid.* Tacaithe: *Ar dheis mac tíre dualdaite diúc-mhionn órga timpeall a mhuiníl agus é ceangailte le slabhra den lí chéanna ar clé each uisce agus múrmhionn timpeall a mhuiníl gach rud dualdaite.* Círín: *Each uisce agus múrmhionn timpeall a mhuiníl gach rud dualdaite.* Rosc: *Pro tanto quid retribuamus* 'Conas chúiteoimid an oiread sin?'.

Cé nár deonaíodh an t-armas sin go dtí 1890, is ionann é agus an ceann a bhí in úsáid ar shéala chorparáid Bhéal Feirste in 1640. Níorbh é armas an bhaile a bhí ann ag an tréimhse sin ach armas Anraí le Squire. Duine de lucht leanúna Edward Chichester a bhí in Anraí agus bhí sé ina cheannaire ar bhaile Bhéal Feirste sna blianta 1635-1636 agus 1639. Is tagairt an cloigín (*bell*) ar an gcúinneán d'ainm Béarla an bhaile, *Belfast.*

Ar shéala 1640 is ar chlogad a sheasann an círín. Mar a luadh thuas (§19.08), níor dheonagih an Búrcach clogad do Bhéal Feirste, toisc gan cloigeann a bheith aici.

Ar théacs na Vulgáide de Shalm cxv.12, *Quid retribuam Domino, pro omnibus quae tribuit mihi?* 'Cén cúiteamh a dhéanfaidh mé leis an Tiarna ina ndearna sé dom?' a bunaíodh an rosc.

25.03: Armas Chorcaí

Ar ór tonnta farraige sa bhun agus orthu sin long trí chrann faoi lán seoil gach rud dualdaite idir dhá thúr dhearga ar charraigeacha dualdaite agus os cionn gach túir díobh bratach airgidí í breactha le sailtír dhearg an chaoi a gcraobhscaoiltear armas Chorcaí go hoifigiúil. Is é *Statio bene fida carinis* 'cuan sábháilte le haghaidh na long' an rosc. Is ar Aeneid Virgil (II. 23) a bunaíodh é sin agus is d'fheabhas Chorcaí mar chalafort a thagraíonn sé.

Is deacair gan creidiúint nach bhfuil gaol éigin ag an armas sin le harmas Bhriostó Shasana, a thaispeánann long ag teacht amach as cúl caisleáin. Ó réimeas Anraí VIII (1485-1509) a thagann an sampla d'armas Chorcaí is sine dá bhfuil ar eolas againn. Sa leagan sin léirítear figiúr daonna agus coileach i rigeáil na loinge. Ba nós coitianta ag mairnéalaigh Spáinneacha samhlú d'Iúdás a chrochadh de rigeáil a long Aoine an Chéasta agus an figiúr a dhó ina dhiaidh sin. Is dócha mar sin gurb ionann an coileach sa rigeáil agus samhlú den éan a ghlaoigh le linn do Pheadar ár Slánaitheoir a shéanadh.

Tá an chosúlacht ar an scéal mar sin go raibh nós i measc mhairnéalaigh Chorcaí tráth léiriú d'Iúdás agus de choileach Pheadair a chrochadh dá rigeáil Aoine an Chéasta agus iad a dhó ina dhiaidh sin. Más amhlaidh a bhí, is rídhócha gur aithris ar nós a gcomhbhráithre Spáinneacha a bhí ann. Is ceart cuimhneamh go raibh an-chaidreamh ag calafort Chorcaí leis an Spáinn tráth.

Ní léirítear na figiúirí úd sa rigeáil in armas Chorcaí inniu.

25.04: Armas na Gaillimhe
Bhí armais éagsúla in úsáid ag baile na Gaillimhe le linn na staire. In ord cróineolaíoch a chuirfear síos orthu anseo.

(*a*) Ba é an chéad armas a d'úsáideadh bardas an bhaile armas na mBúrcach, iarlaí Uladh: *Ar ór cros dearg* (§23.02). Is sa 14ú haois a glacadh leis an armas sin, de réir dealraimh. Bhí cuid mhaith de Chonnachta faoina smacht na mBúrcach faoin am sin agus ba é baile na Gaillimhe an baile ba mhó sa chúige.

(*b*) Chaill na Búrcaigh iarlacht Uladh ar bhás Uilliam, an tríú hiarla, in 1333. Maraíodh go fealltach é ina chaisleán i gCarraig Fhearghais. D'fhág Uilliam iníon amháin ina dhiaidh, a bhanoidhre Eilís. Phós sise Lionel, tríú mac Éadbhard III agus Diúc Claireans. Thit iarlacht Uladh ar Lionel de cheart a mhná. Ní raibh de chlann ar an lánúin ach aon iníon amháin, Philippa, agus sa bhliain 1368 phós sise Edmund Mortimer, iarla March. B'iarla Uladh agus barún Átha Troim agus Chonnacht Edmund Mortimer de cheart a bhanchéile. Ón tréimhse sin i leith bhain bardas na Gaillimhe feidhm as armas na mBúrcach arna cheathair-roinnt le harmas Mortimer: *Ceathair-roinnte 1 agus 4 Ar ór cros dearg 2 agus 3 Sébhalcach órga agus gorm ar sciathbharr den chéad lí dhá chuaille idir deasghóire agus cléghóire iad uile den dara lí thar an iomlán lársciath airgidí.* Bhaineadh bardas na Gaillimhe feidhm as an armas sin go rialta anuas go dtí 1485, dar le húdaráis áirithe. Tá fianaise éigin ann, áfach, go mbíodh an t-armas in úsáid ó am go ham go dtí an 18ú haois féin.

Tugtar faoi deara go n-iompraíodh Anne Mortimer (†1411), gariníon Edmund Mortimer, leagan den armas céanna (§22.00). Bhí leagan den armas in úsáid tráth ag Droichead Átha freisin (§25.13).

NÓTA: Is iomaí bealach atá ann chun armas Mortimer a chraobh-scaoileadh. Is é an leagan seo a leanas (a bunaíodh ar chraobhscaoileadh Fraincise) an ceann is cruinne agus is deise liom féin: *Sébhalcach gorm is órga sciathbharr tríroinnte go hingearach an chéad chuid criosroinnte den chéad agus den dara lí an tríú cuid cléroinnte de na líocha céanna an dara cuid órga le cuaille gorm thar an iomlán lársciath airgidí.*

(c) Is é an tríú harmas a bhí ag bardas na Gaillimhe: *Ar ghorm rachtán órga idir trí chaisleán trí thúr airgidí.* Ceapann Hardiman gur sa bhliain 1396 a glacadh leis an armas sin. Is é is dóichí, áfach, gur le cairt an bhaile a bhaineann sé. Ba é Risteard III a bhronn a céad chairt ar Ghaillimh sa bhliain 1485. Dúradh sa chairt chéanna nach mbeadh aon chumhacht ná údarás feasta ag Mac Uilliam de Búrca ar bhaile na Gaillimhe. Ba mhithid mar sin armas na mBúrcach a dhíbirt ar fad agus ceann nua a chur ina áit. Is dócha gur do na ballaí a cuireadh timpeall an bhaile ag deireadh an 14ú haois a thagraíonn na caisleáin lena dtúir. Ba de mhuintir Linse roinnt de mhéaraí luatha na Gaillimhe agus is dócha mar sin gur ó rachtán órga na Linseach a fuair an baile an ríphíosa ina n-armas féin.

(d) Tá níos mó ná leagan amháin ann den armas atá in úsáid anois ag cathair na Gaillimhe. Is mar a chraobhscaoiltear an leagan is bunúsaí de: *Ar airgead seanlong aon chrainn an seol corntha í ag seoladh ar thonnta farraige gach rud dualdaite ar sciath sa lárphointe armas ríoga Shasana.* Ní féidir a bheith cinnte cén uair a tosaíodh ar an armas sin a úsáid. D'fhéadfadh sé gur glacadh leis nuair a fuair baile na Gaillimhe cairt nua ón mbanríon Eilís in 1578. Is follas gur cuireadh an long isteach san armas d'fhonn tábhacht an bhaile mar chalafort a léiriú.

Is éard is brí le "armas ríoga Shasana" sa chraobhscaoileadh: *Ceathair-roinnte 1 agus 4 Ar ghorm trí fhlór de lúis órga* (nua-armas na Fraince) *2 agus 3 Ar dhearg trí leon bhreathnaitheacha órga agus iad ag siúl ar dul cuaille* (armas Shasana); *cf.* taobh deiseal armas Anne Mortimer (§22.00). Ar shéala coiteann na Gaillimhe, áfach, dealraíonn sé ón gcéad cheathrú gurb é seanarmas na Fraince atá ann, mar atá: *Machaire gorm púdráilte le flóir de lúis órga.*

Ar dhubh leon órga an t-armas a fheictear inniu ar an sciath láir go hiondúil. Is dócha gurb é leon Shasana an leon sin. Is mar chomhartha dílseachta do choróin Shasana a cuireadh idir armas ríoga agus an leon órga ar an sciath bheag.

Tugann Papworth leagan eile fós den armas: *Ar airgead long dhubh maisithe órga* (PO: 1089), cé nach luann sé aon fhoinse. Is baolach nach bhfuil san armas sin ach seanséala éigin. Is foirmeacha forbartha den séala céanna, de réir cosúlachta, na leaganacha éagsúla d'armas *d*.

25.05: Armas Dhoire

Is suntasach armas chathair Dhoire sa mhéid go bhfeictear cnámharlach daonna ann. Is mar seo a chraobhscaoiltear an t-armas: *Ar dhubh cnámharlach daonna órga ina shuí ar chloch clúdaithe le caonach dualdaite an uillinn dheas á tacú ar an nglúin agus an cloigeann claonta ar an gcrobh an lámh chlé leagtha ar an ngorún thuas ar dheis caisleán trí thúr airgidí ar sciathbharr den lí dheireanach cros agus sa chéad cheathrú claíomh ingearach iad araon dearg* (armas chathair London). Rosc: *Vita veritas victoria* 'beatha fírinne bua'.

Cé nár deimhníodh an t-armas sin go hoifigiúil go dtí 1613, is dócha go raibh sé in úsáid lúide an sciathbharr tamall maith roimhe sin. Is tagairt armas London sa sciathbharr do chomhlachtaí London a raibh baint mhór acu le plandáil Dhoire. Is i ngeall ar na comhlachtaí sin a cuireadh ainm London le hainm na cathrach:

> A Londain-Doire, bolgach chughatsa
> Ar nós na scáile ar lasadh le púdar.
> "Slán le Pádraig Sáirséal"

Deirtear uaireanta gur do bhás Chathaoir Uí Dhochartaigh, namhaid mór Ghaill Dhoire, a thagraíonn an cnámharlach. Creideadh gur dúnadh suas isteach ina thúr féin é gur cailleadh leis an ocras é. Ní mar sin a fuair sé bás, áfach, agus bhí sé fós ina bheatha nuair a deimhníodh an t-armas. Deir údaráis eile gur le heachtra i stair na mBúrcach, iarlaí Uladh, a bhaineann an cnámharlach. Ba iad na Búrcaigh a thóg an Caisleán Nua ar bhéal Loch Feabhail.

25.06: Armas Ard Mhacha

Ní raibh de shíneacha araltacha ag cathair Ard Mhacha go dtí le gairid ach armas na hÉireann: *Ar ghorm cláirseach órga na sreanga airgidí*. Feictear an t-armas sin fós ar na nótaí airgid i dTuaisceart Éireann. Is do Chontae Ard Mhacha mar dhea a sheasann an t-armas orthu sin.

Sa bhliain 1958 dheonaigh Coláiste na nAralt i Londain an t-armas seo a leanas don chathair .i. do bhuirgcheantar Ard Mhacha: *Ar ghorm bandán táibhleach breactha le caolbhandán dearg idir thuas bachall phríomháidh órga agus thíos cláirseach den lí chéanna.*

25.07: Armas Luimnigh

Is é an t-armas atá in úsáid anois agus atá ar taifead san Oifig Ginealais: *Ar dhearg caisleán airgidí le dhá thúr agus eatarthu sin spuaic mhaol dhualdaite le cros phlúrach airgidí ar a bharr.* Ba nós leis an gcathair tráth an t-armas sin a cheathair-roinnt le leoin Shasana. Is mar seo a chraobhscaoileann an Búrcach armas Luimnigh: *Ceathair-roinnte 1 agus 4 Ar dhearg caisleán agus spuaic mhaol le coileach gaoithe os cionn gach túir ar áirse os cion an uchtbhalla láir cros phlúrach an t-iomlán airgidí 2 agus 3 Ar dhearg trí leon órga Shasana* (BGA: 609).

Feictear leagan d'armas Luimnigh in armas Bhord Sláinte an Mheániarthair (§13.06).

25.08: Armas Phort Láirge

Ar ghorm tonnta dualdaite farraige sa bhun os a gcionn trí bhirlinn órga agus iad ar dul cuaille armas Phort Láirge atá ar taifead in Oifig an Phíomh-Arailt. Ba nós leis an gcathair tuilleadh a chur isteach san armas tráth. Is mar seo a chraobh-scaoileann an Búrcach an t-armas: *Gearrtha dearg is airgidí thuas trí leon bhreathnaitheacha órga agus iad ag siúl ar dul cuaille thíos ar thonnta dualdaite farraige trí bhirlinn de lí an óir* (BGA:1081). Is iad leoin Shasana atá i gceist sa chuid uachtarach den sciath. Tugtar faoi deara freisin go mbriseann an chuid íochtarach riail na líocha le trí fhíor órga ar mhachaire airgidí. Tá leagan snoite den armas sin ón mbliain 1593 lena fheiceáil fós ar bhalla sa tSráid Mhór, Port Láirge. Is le cláirseach mar chírín agus leon agus deilf mar thacaithe a léirítear an t-armas go hiondúil. *Urbs intacta manet* 'fanann an chathair slán', nó *Urbs intacta manet Waterfordia* an rosc.

25.09: Armas Dhún Dealgan

Is é an t-armas atá in úsáid ag an mbaile inniu: *Ar ór bandán dearg idir sé mhairléad den lí chéanna.* Níl ansin ach armas Thomás de Furnivall, duine a raibh Dún Dealgan ina sheilbh sa 14ú haois. Tá séala ar caomhnú a bhfuil an t-armas sin air, cé nach fios go díreach cén aois atá ag an séala céanna. Dheimhnigh Oifig an Phríomh-Arailt an t-armas sin móide círín agus tacaithe mar seo a leanas: Círín: *Leon siúlach breathnaitheach órga*; Tacaithe: *Ar dheis torc eirmín ina cholgsheasamh agus ar clé saighdiúir coise Normannach é i gcathéide agus sa chrobh deas sleá an t-iomlán dualdaite.* Is d'armas Uí Anluain, taoiseach Oirthir, a thagraíonn an torc. *Mé do rug Cúchulainn cródha* an rosc a úsáidtear leis an armas.

Bhí armas eile in úsáid ag Dún Dealgan sa 16ú agus sa 17ú haois: *Ar ghorm trí mhairléad airgidí.* Is dócha gur leagan truaillithe d'armas Furnivall é sin.

Tá daoine ann a chreideann nach ó armas Furnivall a thagann armas an bhaile ach ó armas Dowdall, dream eile a raibh an-bhaint acu le Dún Dealgan sna meánaoiseanna. *Ar airgead balc dearg idir trí mhairléad den lí chéanna* bunarmas Dowdall Oirialla (BGA: 296). D'fhéadfadh sé gur colúir a bhí sna mairléid tráth agus gur tagrach an t-armas a bhí ann: *Dove-dall > Dowdall.*

25.10: Armas Phort Laoise

Rinneadh an baile seo a chorprú faoin ainm *Maryborough* sa bhliain 1553 le linn do Mháire Thúdarach a bheith ina banríon. Is dócha gur ag an am sin a fuair an baile a armas: *Gearrtha dearg is gorm thuas dhá leon bhreathnaitheacha ag siúl ar dul cuaille thíos dhá fhlór de lúis ar dul bailc gach rud órga.* Níl fianaise ar bith againn faoin armas, áfach, gur dheimhnigh Risteard Ó Cearnaigh, Aralt Prionsapálta na hÉireann in 1656, é. Ar armas ríoga Mháire féin .i. an Fhrainc ag ceathairroinnt na scéithe le Sasana (§25.04), a bunaíodh an t-armas.

25.11: Armas Dhún Laoire

Deonaíodh armas do Dhún Laoire ag deireadh an 19ú haois agus is sampla maith é d'araltas lagmheasartha na tréimhse sin: *Ar chorcra an bun cambhalcach i naoi bpíosa gorm agus airgidí ar dheis ceann féarmhar tíre agus air sin túr táibhleach cloiche ar clé long lochlannach an seol leagtha gach rud dualdaite sciathbharr deighilte airgidí agus uaine ar dheis seanmhítéar dualdaite ar clé coróin ársa de lí an óir.* Is tírdhreach an chuid is mó de sin. Is tagairt an choróin d'ainm an bhaile nuair deonaíodh an t-armas dó: *Kingstown.*

25.12: Armas Nás na Rí

Ar airgead nathair nimhe dhualdaite agus í ina seasamh an t-armas a leagtar ar Nás. Níl fianaise ar bith ann, áfach, gur deonaíodh nó gur deimhníodh riamh é. Deir daoine áirithe gur armas tagrach atá ann agus gur ar ainm an bhaile agus an focal Eabhraise ar nathair nimhe, *nahash*, a bunaíodh an t-imeartas focal. Is áiféiseach an míniú sin, dar liom. Príomhbhaile ríthe na Laighean a bhí i Nás agus is dócha go bhfuil baint aige sin leis an armas. Is baolach gurb í an nathair nimhe ainmhí cultasach na Laighean agus gur uirthi a bunaíodh an t-armas. Is spéisiúil sa chomhthéacs seo go gceanglaítear Bríd, an bandia/naomh Laighneach, leis an nathair nimhe san fhilíocht luath.

25.13: Armas Dhroichead Átha

Tagraíodh thuas d'armas de Búrca arna cheathair-roinnt le Mortimer, a bhí in úsáid tráth mar armas na Gaillimhe (§25.04*b*). Dealraíonn sé go raibh armas in úsáid ag baile Dhroichead Átha sa tréimhse 1368-1425 agus ní ba dhéanaí fós, b'fhéidir, a bhí an-chosúil le harmas sin na Gaillimhe. Is é an t-aon rud a dhealaíonn armas Dhroichead Átha ó armas na Gaillimhe gur sa chéad agus sa cheathrú ceathrú a bhí Mortimer in armas Dhroichead Átha agus de Búrca sa dara is sa tríú ceathrú. In armas na Gaillimhe is sa chéad is sa cheathrú ceathrú a bhí de Búrca.

Phós Roger Mortimer, céad iarla March, Joan de Grenville. Ba ghariníon Joan le Maud de Léis, duine de chomh-bhanoidhrí Aodha de Léis, tiarna na Mí. Is ó Joan a fuair de Mortimer in 1308 roinnt mhaith de Thiarnas Átha Troim. Ba chuid de sin buntiarnas chaisleáin Dhroichead Átha. Is dócha gurb é armas Mortimer leis féin a bhí in úsáid ag Droichead Átha (lastuaidh den Bhóinn) anuas go dtí 1369. Sa bhliain sin phós Edmund Mortimer, Philippa, banoidhre Lionel, Diúc Claireans agus iarla Uladh. Murab ionann agus Gaillimh, ba iad muintir Mortimer agus ní hiad na Búrcaigh, ba thábhachtaí i nDroichead Átha. Is uime sin is sa chéad cheathrú a bhí armas Mortimer ag an mbaile.

Tá armas eile ag Droichead Átha a cláraíodh in Oifig Rí-Aralt Uladh: *Ar ghorm machaire déroinnte ar dheis trí leon bhreathnaitheacha órga agus iad ag siúl ar dul cuaille ar clé an oiread cabhail loinge ar dul cuaille den lí chéanna agus thar an iomlán caisleán dhá thúr thríthúiríneacha de lí an airgid* (BGA: xcviii). Mar chírín luaitear: *Camréalta ocht rinn laistigh d'adharca luanla an t-iomlán airgidí.* Is é *Deus praesidium mercatura decus* an rosc ('Is é Dia ár gcosaint, an margadh ár nglóir').

Áitíonn an Búrcach go bhfeictear armas eile fós ar mhionséala an bhaile: *Ar ghorm trí luanla agus an oiread camréalta ag éirí aníos astu gach rud airgidí.*

25.14: Armas Eochaille

Is é an t-armas a bhí in úsáid ag baile Eochaille sna meánaoiseanna de Clár arna dhéroinnt le harmas Mhic Gearailt (§22.03). Tá armas eile ag an mbaile nár cláraíodh riamh san oifig araltach i mBaile Átha Cliath. Is mar seo a chraobh-scaoiltear é: *Ar dhubh seanlong aon chrainn an seol corntha agus an giordán leagtha go cearnach an t-iomlán airgidí.* Is órga a bhíonn an long uaireanta. Is dócha gur ar sheanséala a bunaíodh an t-armas sin.

25.15: Bailte eile

Is iomaí baile eile in Éirinn ar deonaíodh armas dó nó a bhfuil armas gan údarás in úsáid aige le fada an lá, mar shampla, Guaire (§06.02), Cionn tSáile (§06.04) agus Baile Átha Luain (§16.04).

Dheonaigh Príomh-Aralt na hÉireann armas dá lán bailte sa tír ó bunaíodh a oifig in 1943. Baineadh adhmad as fíora dúchasacha agus an traidisiún Gaelach nuair a bhíothas ag ceapadh a bhformhór sin. Ar na harmais a bhfuil trácht orthu sa leabhar seo áirítear Baile Átha Troim (§16.02); Baile Brigín (§07.09); Baile Locha Riach (§06.03); Baile na Sionainne (§16.05); Bun Dobhráin (§06.01); Caisleán an Bharraigh (§10.03); an Caisleán Nua (§06.01); Ceanannas Mór (§05.03); Cill Airne (§07.09); Cill Mhantáin (§12.04); Cill Rois (§10.07); na Clocha Liatha (§07.01); Cluain Meala (§11.06); an tInbhear Mór (§10.12); Leitir

Ceanainn (§16.05); Mainistear Fhear Maí (§13.01); Sligeach (§10.12); agus an Tulach Mhór (§12.08).

Ar na harmais a deonaíodh do bhailte i dTuaisceart Éireann ó 1943 i leith agus a luaitear sa saothar seo áirítear an Caisleán Riabhach (§15.06), Dún Geanainn (§17.30) agus Latharna (§20.02).

26.00: Armais roinnt daoine cáiliúla

Anseo thíos tugtar armais roinnt daoine cáiliúla as stair na hÉireann.

26.01: Narcissus Marsh (1638-1713)

I Sasana a rugadh Narcissus Marsh agus in Oxford a fuair sé a chuid ollscol-aíochta. Oirníodh é agus tháinig sé go hÉirinn sa bhliain 1678/9 le bheith ina phropast ar Choláiste na Tríonóide. Rinne sé easpag Protastúnach Leithghlinne agus Fearna in 1683, ardeaspag Chaisil in 1690, ardeaspag Bhaile Átha Cliath in 1694 agus ardaíodh go hArd Mhacha in 1704 é. Bhí baint mhór aige le foilsiú an bhíobla Gaeilge. Nuair a bhí sé ina ardeaspag i mBaile Átha Cliath bhunaigh sé Leabharlann Marsh in aice le Teampall Phádraig. Tá an leabharlann fós ann.

Seo an t-armas a bhí ag Marsh nuair a bhí sé ina ardeaspag i mBaile Átha Cliath: *Ar ghorm bachall órga easpaig í barrmhaisithe le cros leata den lí chéanna anuas orthu sin páilín airgidí na ciumhaiseanna agus an frainse de lí an óir agus breactha air cúig chros leata rinneacha dhubha* (deoise Bhaile Átha Cliath) agus ag deighilt na scéithe leis sin, *Ar dhearg cloigeann glanghearrtha airgidí capaill idir trí chros chrosógacha rinneacha de lí an óir* (armas Marsh).

26.02: Jonathan Swift (1667-1745)

Ar ór rachtán véire idir trí fhiaphoc ina dtáinrith iad dualdaite an t-armas a leagtar ar Jonathan Swift, ar a thuama i dTeampall Chríost agus sa cháipéis a tugadh dó nuair a fuair sé saoirse chathair Bhaile Átha Cliath. Cuireann an Búrcach armas eile ina leith: *Deighilte órga is uaine rachtán breactha le trí threá na reanna thíos idir an oiread fiaphoc ina dtáinrith gach rud lí-aistrithe* (BGA: 990). Is dócha nach bhfuil ansin ach leagan eile den chéad armas. Is tagairt don sloinne na fianna ag rith go mear ("swiftly"), de réir cosúlachta.

D'fhéadfadh sé go raibh armas eile fós ag Swift, arae deir an iontráil sochraide faoi Godwin Swift (†1695), deartháir athar Jonathan, gurb é an t-armas a bhí aigesean: *Ar dhubh ancaire ingearach órga an stoc gorm agus casta air deilf airgidí an cloigeann thíos* (BGA: 990). Is armas tagrach é sin, mar "swift" a thugtaí ar an deilf uaireanta.

26.03: Henry Grattan (1742-1820)

Fear mór i bparlaimint na hÉireann ag deireadh an 18ú haois a bhí i Henry Grattan. B'as Baile Átha Cliath dá mhuintir. Banoidhre araltach a bhí ina shin-seanmháthair, Grissel Brereton, as Contae an Chabháin. Is uime sin a d'iompair Anraí armas Grattan arna cheathair-roinnt le harmas Brereton: *Ceathair-roinnte 1 agus 4 ceathair-ghóireach dubh agus eirmín leon órga* (Grattan) *2 agus 3 Ar airgead dhá bhalc dhubha* (Brereton).

26.04: John Henry Newman (1801-1890)

Ba é an t-armas a bhí in úsáid ag John Henry Newman, nuair a rinneadh cairdinéal de sa bhliain 1879: *Ar ór balc móreangach dearg idir trí chroí dhaonna den lí chéanna* agus an rosc: *Cor ad cor loquitur* 'le croí a labhraíonn croí'. Ó San Proinsias de Sales a thagann an ráiteas sin, naomh a raibh caondúthracht faoi leith ag Newman dó. Tá léirithe den armas sin móide hata dearg an chairdinéil os a chionn lena bhfeiceáil i mórán áiteanna i Sasana agus in Éirinn, i bpóirse Eaglais na hOllscoile, Faiche Stiabhna, Baile Átha Cliath, cuir i gcás.

Bhí an t-armas féin gan an rosc in úsáid ag John Newman, athair an chairdinéil, sular rugadh John Henry. Ghlac athair an chairdinéil an t-armas chuige féin nuair a phós sé in 1799. Is í fírinne an scéil, áfach, nach raibh údarás dá laghad ag John Newman, an t-athair, an t-armas a iompar. Cé gur ar achainí Dhiúc Norfolk, tuatach Caitliceach agus éarlamh Choláiste na nAralt, a rinneadh cairdinéal de John Henry Newman, níor scrúdaíodh riamh an ceart a bhí aige (nó nach raibh aige) chun an t-armas a bhí in úsáid aige a iompar.

26.05: Charles Stuart Parnell (1846-1891)

Ar dhearg dhá rachtán airgidí agus sa bharr trí mhuirín den lí chéanna luanla ar luanla mar dheachair. Is é an t-armas sin lúide an deachair a deonaíodh i Sasana in 1846 do Henry Brooke Parnell, Barún Congleton, agus do shliocht eile a athar, John Parnell, bairnéad. Bhí deartháir óg ag Henry Brooke Parnell agus William Parnell Hayes ab ainm dó. Eisean ab athair le John Henry Parnell ó Avondale. Ba é John Henry Parnell athair Charles Stuart, an polaiteoir cáiliúil. Ba dhara mac mar sin William Parnell Hayes, seanathair Charles Stuart Parnell. Ba é Charles Stuart féin an dara mac ba shine a mhair de chlann a athar. Is uime sin a chaitheadh Charles Stuart luanla ar luanla .i. deachair dara mic an dara mic (§23.05) ar a armas.

26.06: Éamon de Valera (1882-1975)

Tá armais Uachtaráin uile na hÉireann lena bhfeiceáil le chéile in Iarsmalann an Araltais i Sráid Chill Dara. Is mar seo a leanas an t-armas a chuirtear i leith de Valera: *Ceathair-roinnte 1 agus 4 Ar dhearg leon órga 2 agus 3 Ar ór luanra dearg laistigh d'imeallbhord den lí chéanna agus é breactha le hocht sailtír ghlanghearrtha de lí an óir.*

Tá cuma an-Spáinneach ar an armas sin. Is tréith Ibeireach an cheathair-roinnt 1 agus 4, 2 agus 3 laistigh den aon armas amháin gan feidhm cogairsithe (§22.06 nóta). Is tréith eile Spáinneach an t-imeallbhord breactha le hocht bhfíor. Is fíor Ibeireach an luanra freisin, a bhí coitianta sa Spáinn agus sa Phortaingéil le linn an Athchoncais. Sainchomhartha de chuid an Ioslaim an luanla agus is chun an Muslamach cloíte a léiriú a cuireadh ceithre cinn ina gcarn le chéile. De réir mar a dhíbir na taoisigh Chríostaí na Muslamaigh as an leath-inis Ibeireach is amhlaidh a ghlac siad an luanra chucu féin chun a mbuanna a léiriú go haraltach (§17.17).

Cé gur bhain de Valera feidhm as an armas, ní dócha gur deonaíodh riamh é. I Meiriceá a rugadh de Valera agus ba Spáinneach a athair. Teaghlach aithnidiúil de chuid na Spáinne atá i muintir de Valera, an dream ar shíolraigh Éamon uathu. Nuair a rinneadh Uachtarán na hÉireann de, chuir Ambasáid na Spáinne armas ar fáil dó, ach ní deontas a bhí ann. Ní dhearna na Spáinnigh ach léaráid d'armas de Valera a sholáthar agus cuntas air.

Is aisteach an ní é nár moladh do de Valera deontas ceart armais a fháil ó Phríomh-Aralt na hÉireann féin. Is é céad saoránach na hÉireann an tUachtarán de bharr a oifige agus ba é de Valera féin a bhunaigh post an Phríomh-Arailt an chéad lá. Mura raibh an tUachtarán de Valera laistigh de phroibhinse araltach an Phríomh-Arailt a cheap sé féin, ní raibh duine ar bith laistigh di. Is dócha nach rómhaith a thuig na húdaráis ag an am ceist na dlínse araltaí.

26.07: John F. Kennedy (1917-1963)

Dheonaigh Príomh-Aralt na hÉireann armas don Uachtarán Seán Gearaltach Ó Cinnéide Lá Fhéile Pádraig 1961. Is mar seo a chraobhscaoiltear an t-armas: *Ar dhubh trí chlogad chliathánacha órga laistigh d'imeallbhord ceathairghóireach dearg is eirmín.* Círín: *Idir dhá chraobh olóige lámhrí ingearach chlé faoi chathéide sa chrobh dornán ceithre shaighead na reanna thuas gach rud dualdaite.* Níl aon rosc ann.

Tá an t-armas sin spéisiúil go maith. Is ionann na clogaid ar an machaire dubh agus an gnátharmas a leagtar ar na Cinnéidigh. Ó Ghearaltaigh Dheas-mhumhan a shíolraigh an tUachtarán Ó Cinnéide freisin agus cuireadh an t-imeallbhord dearg is eirmín isteach chun sailtír dhearg ar eirmín Ghearaltaigh Dheasmhumhan (§23.01) a mheabhrú. Is ar armas na Stát Aontaithe a bunaíodh an círín. Ar bhrollach iolair mhaoil a léirítear armas na Stát Aontaithe go hiondúil agus bíonn craobh olóige agus beart saighead ina ingne aige.

Bíodh go bhfuil roinnt institiúidí príobháideacha ann, níl aon údarás poiblí araltais sna Stáit Aontaithe (§29.05). Is dá bharr sin is ón údarás in Éirinn, tír a shinsear, a fuair an tUachtarán Ó Cinnéide a armas. B'ócáid gan fasach é cinnte gur dheonaigh rialtas na hÉireann armas do cheann rialtais eile .i. Uachtarán Stáit Aontaithe Mheiriceá.

26.08: An Tiarna Chill Ainthinne (1914-1999)

Is é an t-armas atá ag Michael Morris, an tríú barún Chill Ainthinne (Killanin): *Ar eirmín balc móreangach dubh thíos leon den lí chéanna na hingne is an teanga dearg.* Círín: *Ar ghrinne dualdaite cloigeann stoite leoin é airgidí fuilbhraonach.* Rosc: *Si Deus nobiscum, quis contra nos* 'Má tá Dia ar ár dtaobh, cé atá inár gcoinne?'

(Rómh. 8.31). Thit an bharúntacht ar an Móiréiseach sa bhliain 1927, nuair a cailleadh a uncail, Martin Morris, gan sliocht.

Bhí tacaithe ag an gcéad bharún: *Ar gach aon taobh leon dearg é ina sheasamh ar ghrinne dualdaite slabhra órga timpeall a mhuiníl crochta den slabhra sciath eirmín í breactha le claíomh ingearach dualdaite an t-úll agus an dornchla de lí an óir*. Ba lena phiaracht saoil mar thiarna achomairc (1889) a bhain na tacaithe céanna, de réir cosúlachta, ní lena phiaracht oidhreachtúil (1900). D'iompraíodh an dara barún (1900-1927) na tacaithe ina dhiaidh sin féin, cé gur dócha nach raibh ceart aige chucu. Ní iompraíodh an tríú barún tacaí ar bith go dtí an bhliain 1985, nuair a dheonaigh Príomh-Aralt na hÉireann mar thacaithe dó na leoin dhearga a bhí ag a sheanuncail, an chéad bharún. Ní ina cháil mar phiara a deonaíodh na leoin don Tiarna Chill Ainthinne, áfach, ach toisc gurbh é Cathaoirleach an Choiste Idirnáisiúnta Oilimpigh é.

26.09: Charles J. Haughey (1925-2006)

Dheonaigh Príomh-Aralt na hÉireann armas do Chathal Ó hEochaidh sa bhliain 1966: *Deighilte órga is dearg ar dheis leon den dara lí a aghaidh tuathal á choinneáil aige idir na lapaí claíomh airgidí ar clé carria de lí an airgid é ina cholgsheasamh agus á choinneáil aige grinne den lí chéanna*. Círín: *Ag éirí aníos as coróin ársa órga leathchapall airgidí*. Tuíneach: *Dearg an líneáil airgidí*. Rosc: *Marte nostro* 'Trínár dtroid féin'.

27.00: An t-araltas eaglasta

Cé gur leis an gcath agus an turnaimint a bhain an t-araltas ar dtús, níorbh fhada gur thosaigh cléirigh ar armais a úsáid. I gcartús a thaispeántaí armais eaglasta go minic seachas i sciath an tsaighdiúra. Sa lá atá inniu ann, áfach, is gnách an sciath a úsáid.

27.01: Easpaig Phrotastúnacha is Chaitliceach

In Éirinn is iad na heaspaig is mó a bhaineann feidhm as an araltas, ar a séalaí, mar shampla, agus ar cháipéisí oifigiúla eile. Ní annamh a fheictear armais easpag snoite ar leachtanna, ⁊rl. In Éirinn tá scéal araltas na n-easpag casta sa mhéid go bhfuil dhá chliarlathas ann taobh le taóbh .i. easpaig Eaglais na hÉireann agus na heaspaig Chaitliceacha Rómhánacha, agus go minic is mar a chéile na deoisí atá acu. Is ionann de ghnáth na harmais freisin ach fágann na maisiúcháin seachtracha, hataí agus croiseanna ag na Caitlicigh agus mítéir ag na Protastúnaigh, nach bhfuil baol ar bith mearbhaill ann.

> NÓTA: Sa tréimhse *c.* 1960-1970 ba mhar a chéile na harmais in úsáid le haghaidh na ndeoisí Protastúnacha agus Caitliceacha seo a leanas: Ard Mhacha, Baile Átha Cliath, an Mhí, Ardach, Cill Mhór, Clochar Cluain Fearta, Corcaigh, an Dún (§17.14), Leithghlinn, Luimneach, Ail Finn, Port Láirge agus Ráth Bhoth.

27.02: An chléir Phrotastúnach

Ní bhíonn mar mhaisiú seachtrach ar a n-armais ag easpaig agus ardeaspaig de chuid Eaglais na hÉireann ach an mítéar os cionn na scéithe. Ba nós tráth leis na heaspaig a n-armais phearsanta ar clé a dheighilt le harmas a ndeoisí. An t-easpag nach bhfuil armas aige nuair a choisrictear é, ní bhacann sé inniu le deontas nua armais go hiondúil, toisc a chostasaí is a bheadh sé. Ní bhíonn aige ar taispeáint mar sin ach armas a dheoise nó a dheoisí. Is gnách go mbíonn níos mó ná deoise stairiúil amháin faoi chúram an easpaig Phrotastúnaigh agus is nós seanbhunaithe é armas na ndeoisí éagsúla a chogairsiú le chéile ar an aon sciath amháin.

Tógaimis mar shampla easpag Chorcaí, Chluana agus Ros Ó gCairbre. Tagraíodh cheana d'armas dheoise Chorcaí (§09.03). Aontaíodh deoise Rosa le Corcaigh in 1582/3. Ní raibh armas ag deoise Rosa riamh. Is é armas dheoise Chluana, a aontaíodh le Corcaigh in 1835: *Ar ghorm mítéar dualdaite na sraoillíní órga idir trí chros leata rinneacha de lí an airgid.* Armas gearrtha a iompraíonn easpag na dtrí dheoise .i. armas dheoise Chorcaí sa bharr agus armas dheoise Chluana sa bhun.

Má tá armas pearsanta ag sagart de chuid Eaglais na hÉireann is nós leis é sin a iompar móide clogad, tuíneach agus círín, mar a bhíonn ag tuatach. Ón mbliain 1976 i leith tá cead ag sagairt de chuid Eaglais Shasana hata dubh ar leith a chur in áit clogaid agus círín. Ní fhacthas an cleachtas sin i measc na cléire Anglacánaí sa tír seo fós.

27.03: An chléir Chaitliceach

Cé is moite den phápa, a bhaineann feidhm as an tiara pápúil, cuireann gach uile chléireach Caitliceach hata cruinn leathanduilleogach os cionn a armais. Hata dearg agus cúig cinn déag de scothóga dearga ar sileadh de a bhíonn ag cairdinéil. Hata uaine agus cúig cinn déag de scothóga uaine ar crochadh de a bhíonn ag príomháithe. Hata uaine agus deich scothóg a iompraíonn ardeaspaig, hata uaine móde sé scothóg a bhíonn ag easpaig. Hata dubh a bhíonn ag ngáthshagart agus scothóg dhubh amháin ar gach aon taobh.

Laistiar den sciath cuireann príomháithe agus ardeaspaig cros le dhá thrasnán. Cros aon trasnán amháin a bhíonn ag easpaig. Is nós le heaspaig Chaitliceacha in Éirinn a n-armais phearsanta a dheighilt le harmas a ndeoise .i. an t-armas oifige ar dheis agus an t-armas pearsanta ar clé (§22.02).

27.04: Ard-deoisí Ard Mhacha agus Bhaile Átha Cliath

Tá armas dheoisí Ard Mhacha agus Bhaile Átha Cliath an-chosúil lena chéile. Is mar seo a chraobhscaoiltear Ard Mhacha: *Ar ghorm bachall ingearach ardeaspaig de lí an airgid cros leata ar a barr agus í á hurú ag páilín airgidí ar fad na ciumhaiseanna is an ffrainse órga é breactha le ceithre chros leata rinneacha dhubha.* Is mar a chéile sin agus armas dheoise Bhaile Átha Cliath ach gur cúig chros a fheictear ar an bpáilín ann. Féach, cuir i gcás, armas Narcissus Marsh nuair ab é ardeaspag Bhaile Átha Cliath é (§26.01). Is mar a chéile go díreach armas dheoise Ard Mhacha agus armas dheoise Chanterbury.

Tá an dá armas, Ard Mhacha agus Baile Átha Cliath, in úsáid inniu ag ard-easpaig an dá eaglais. Sa bhliain 1805, nuair a bhí Achainí na gCaitliceach á plé i bparlaimint Westminster, ardaíodh ceist armas ardeaspag Caitliceach Bhaile Átha Cliath, an Dochtúir Seán Ó Troithigh. Cuireadh ina leith gur ghlac sé chuige féin armas ardeaspag na heaglaise bunaithe agus gur chuir sé hata cairdinéil os a chionn. Ní raibh sa phointe deireanach sin ach míthuiscint: hata uaine, ní dearg a bhí in úsáid ag an Dr Ó Troithigh. Shéan Ó Troithigh go láidir gurbh ionann a armas féin agus armas an ardeaspaig Phrotastúnaigh. Ba mhar a chéile an dá armas, áfach, cé go raibh na maisiúcháin chuí Chaitliceacha timpeall a armais ag Ó Troithigh .i. cros dhúbailte agus hata uaine. Ba nós leis freisin an t-armas a dheighilt lena armas pearsanta féin: *Ar ghorm balc ór idir trí thúr dhualdaite.*

27.05: Roinnt deoisí Éireannacha

Is dócha nach bhfuil i roinnt de na harmais atá in úsáid ag easpaig na hÉireann ach leaganacha de sheanséalaí neamharaltacha. Is sampla maith an t-armas a úsáideann easpag Protastúnach Phort Láirge: *Ar ghorm easpag faoi éide a ghradaim á coinneáil aige os a chomhair cros chéasta airgidí agus figiúr dualdaite ár Slánaitheora uirthi sin*. Dealraíonn sé nach bhfuil ansin ach leagan de sheanséala a raibh léiriú den Tríonóid Rónaofa uirthi .i. an tAthair síoraí, an Mac á chéasach agus an Spiorad Naomh i bhfoirm colúir ag foluain os a gcionn. Is dócha gur trí dhearmad a fágadh an colúr ar lár.

Is é armas dheoise Thuama: *Ar ghorm faoi théastar foirgnithe trí áirse trí fhigiúr dhaonna .i. sa lár léiriú den Mhaighdean Bheannaithe Mhuire agus ina baclainn an Leanbh Naofa idir ar dheis figiúr d'easpag* [Iarlaith Naofa?] *in éide a ghradaim é ag tabhairt a bheannachta uaidh ar clé léiriú d'Eoin Baiste i mbacán a láimhe clé uan airgidí gach figiúr sna héadaí cearta órga na lámha cosa is aghaidheanna dualdaite*. Is follas gur séala neamharaltach is bunús leis sin.

Is é an t-armas atá in úsáid ag easpag Protastúnach Dhoire: *Ar dhearg dhá chlaíomh ar dul sailtíre iad dualdaite na dornchlaí órga thíos ar sciathbharr armas na hÉireann .i. Ar ghorm cláirseach órga na sreanga airgidí*. Is ionann ana t-armas lúide an sciathbharr agus armas dheoise London. Is eisceachtúil an t-armas sin sa mhéid gurb é an t-aon cheann é d'armais dheoisí na hÉireann atá ar taifead in Oifig an Phríomh-Arailt. Bhí armas eile ag deoise Dhoire tráth a dheimhnigh Daniel Molyneux, Rí-Aralt Uladh, in 1613: *Ar dhearg trí mhítéar órga*. Roimhe sin arís bhí armas eile in úsáid, mar atá: *Ar mhachaire* [airgidí] *eaglais* [dhualdaite]. Is ó shéala neamharaltach a baineadh é sin, is dócha. Is éard a d'fheictí ar shéala chomhshuíomh ardeaglais Cholm Cille dár dáta 1778 an ardeaglais féin lúide a spuaice agus colúr ag foluain os a cionn. Ní hé an Spiorad Naomh a léiríonn an colúr ach Colm Cille, naomhéarlamh Dhoire.

Is é an t-armas atá in úsáid anois ag easpag Caitliceach Dhoire: *Ar* [airgead] *eaglais* [dhualdaite], *ar sciathbharr ghorm trí mhítéar* [de lí an mhachaire]. Aon bhunús amháin atá ag an armas sin agus séala 1778, de réir dealraimh.

27.06: Craobhscaoiltí eaglasta as Gaeilge

Sula bhfágfar ceist seo an araltais eaglasta in Éirinn níor mhiste a lua go gcraobh-scaoiltear armais cheithre dheoise Éireannacha i nGaeilge i lámhscríbhinn 24C5 in Acadamh Ríoga na hÉireann, Baile Átha Cliath. Sa bhliain 1842 a scríobhadh an lámhscríbhinn agus ba é Éamann Ó Mathúna an scríobhaí. Ní dócha gurb eisean a chéadcheap na tuairiscí, áfach. *Bairrín* a thugtar sa lámhscríbhinn ar *mítéar* tríd síos. Seo mar a chraobhscaoiltear armas (*a*) dheoise Chorcaí agus (*b*) dheoise Phort Láirge sa saothar:

(*a*) *Cros lán tiugh agus baruighion 'na lár agus tríd sin fós bachal eascoip agus baruighin an uachdar;*

(*b*) *Eascop 'na éide eascoip acht amháin an bharuighin agus cros láimh aige agus baruighion os cionn na sgéithe mar chách.*

Tugtar tuairisc chomhaimseartha ar an dá armas sin thuas (§§09.03, 27.05).

27.07: Armais na bpápaí: Pol VI (1897-1978)

Ní hata a bhíonn os cionn armas an Phápa ach an tiara pápúil. Feictear eochracha crosáilte Pheadair Naofa laistiar den sciath freisin. Ba nós riamh leis na pápaí Iodálacha a n-armais a chur ar sciath éagsúil .i. sciath i bhfoirm cloigeann capaill. Faightear sampla maith den chineál sin scéithe ar Ardeaglais na Gaillimhe, áit a bhfuil armas Phól VI (Giovanni Battista Montini) arna shnoí ar an mballa thiar lasmuigh. Is é an t-armas a bhí aige sin: *Ar dhearg sé chnocán stílithe airgidí sa bhun a haon a dó agus a trí agus sa bharr trí fhlór de lúis den lí chéanna a haon agus a dó.* Is fíora sainiúla Iodálacha na cnocáin stílithe agus sa chás sin déanann siad imeartas focal leis an sloinne *Montini*. Ba de shliocht uasal Pól VI agus ba é a armas sinsearta a d'úsáid sé agus é ina phápa.

27.08: Eoin Pól II (1920-2005)

Gan amhras ar bith is é armas Eoin Póil II (Karol Wojtyła) an t-armas eaglasta is aithidiúla inniu: *Ar ghorm cros órga an balc ardaithe agus an cuaille bogtha deiseal thíos ar clé mórlitir M den lí chéanna.* Bhí an t-armas sin ag Karol Wojtyła, nuair ba é ardeaspag Kraków é, cé gur le malairt líocha: is gorm a bhí an machaire ach is dubh a bhí idir chros agus *M* (sárú suntasach ar riail na líocha!). Is ar éigean is ceart litreacha a úsáid san araltas. Mhol an t-ardeaspag Bruno Heim, saineolaí na hEaglaise Caitlicí ar an araltas, nuair a toghadh Wojtyła ina phápa, go mba chóir dó comhartha éigin a chur in áit na litreach. Más í an Mhaighdean Bheannaithe a bhí i gceist leis an *M*, go bhféadfaí rós (*Rosa mystica*), flór de lúis (*Flos florum*), coróin (*Regina coeli*) nó túr (*Turris eburnea*) a chur ina háit. Níor ghéill an pápa, áfach, rud a d'fhág gur araltas lagmheasartha atá san armas is mó a bhfuil aithint air ar fud an domhain ar fad. Is ceart meabhrú gur rud ann féin araltas na Polainne agus gur coitianta ann fíora ar geall le litreacha na haibítre iad. Ceaptar gur ó rúnscríbhinn na Lochlannach a thagann siad sin go bunúsach.

28.00: Na hArailt

Teachtairí agus bolscairí le linn cogaidh a bhí sna harailt ar dtús. Nuair a tosaíodh in iarthar na hEorpa ar thurnaimintí a choinneáil, ba iad na harailt ba mhó a d'eagraíodh iad. Thosaigh siad ansin ar liostaí d'armais na n-iomaitheoirí éagsúla a ullmhú agus iad a chur ar taifead i leabhair .i. na rollaí armas nó armas-óirí. Níorbh fhada ansin gur tháinig na harailt chun bheith ina saineolaithe ar chúrsaí araltais i gcoitinne. Is ón saineolas sin acu a tháinig an focal *araltas* (*heraldry*) < *aralt* (*herald*).

De réir a chéile d'fhás éagsúlachtaí gradaim i measc na n-aralt. *Rí-aralt* 'king of heralds, king of arms' an ceannaire, *aralt* 'herald' an gnáthdhuine agus *pursuant* 'pursuivant' an t-aralt sóisearach nó an t-ábhar arailt. Ar dtús ba neamhspleách an dream iad na harailt ar chosúil iad ó thaobh stádais de leis na trúbadóirí. Thosaigh móruaisle ansin ar arailt dá gcuid féin a choinneáil agus faoin 16ú haois ní bhíodh araílt ach ag ríthe agus impirí.

28.01: Na harailt in Éirinn: tagairtí luatha

Dála an araltais féin ba leis an gcoilíneacht Ghallda a bhain na harailt in Éirinn. Is é an chéad aralt a bhfuil fianaise ann faoi in Éirinn John Othelake, a bhí ina aralt pearsanta ag Edmund Mortimer, tríú hiarla March agus fear ionaid an rí. Aralt March a bhí mar theideal ag Othelake. Cailleadh Edmund Mortimer in 1381. Rinneadh fear ionaid an rí dá mhac, Roger, agus nuair a tháinig Risteard II go hÉirinn, bhí Roger agus Aralt March in éindí leis (§01.05). Tá fianaise ann freisin go raibh fear eile a raibh post Aralt March aige in Éirinn in aimsir Edmund Mortimer, an cúigiú hiarla (†1425).

Tá corrthagairt sna cáipéisí oifigiúla ó dheireadh an 15ú haois do Phursuant Bhaile Átha Cliath, Pursuant Urmhumhan agus Pursuant Chill Dara, ach ní fios céard iad na feidhmeanna a bhí acu. Is dócha gur araílt phríobháideacha de chuid iarlaí Urmhumhan agus iarlaí Chill Dara faoi seach an bheirt phursuant.

Is é an chéad tagairt atá againn do rí-aralt Éireannach ar bith ráiteas i gcroinic Froissart faoin mbliain 1392 i dtaobh Chandos Rí-Aralt Éireann. Ní léir, áfach, an bhfuil bunús stairiúil ar bith le scéal Froissart. D'fhéadfadh sé nach bhfuil ann ach tagairt do John Othelake, a luadh thuas, faoi theideal eile.

Am éigin i réimeas Anraí V fuair Séamas Buitléir, Iarla Urmhumhan, ceapachán John Kitely amhail Rí-Aralt Éireann. Duine a raibh an-spéis aige san araltas a bhí i Séamas Buitléir, agus réitíonn a iarratas lena bhfuil ar eolas againn faoi ó fhoinsí eile. Cé gur lean post Rí-Aralt Éireann anuas go dtí 1485 ar a laghad, ní léir cén bhaint go díreach a bhí ag Rí-Aralt Éireann leis an tír seo cé is moite dá theideal.

28.02: Rí-Aralt Uladh agus a oifig

Cuireadh tús le caibidil nua i scéal oifigigh na n-armas sa tír seo i réimeas Éadbhaird VI, mar sa bhliain 1552 ceapadh rí-aralt le haghaidh na hÉireann. Ba í an tír uile a phroibhinse agus is i mBaile Átha Cliath a bhí a cheanncheathrú. *Rí-Aralt Uladh* an teideal a bhí air. Ós rud é gurb é Cúige Uladh an chuid d'Éirinn ba lú a raibh smacht ag an rialtas Gallda uirthi, is dócha gur shíl siad gur thuar dóchais acu an t-ainm sin a úsáid.

Sa bhliain chéanna ceapadh an chéad Phursuant Átha Luain amhail cúntóir ag an rí-aralt. Ba é Bairtliméad Buitléir an chéad Rí-Aralt Uladh (1552-1566) agus Pilib Buitléir, a mhac tuilí, an chéad duine a raibh oifig Phursuant Átha Luain aige.

Tá an chosúlacht ar an scéal go raibh ceangal éigin idir oifig Rí-Aralt Uladh agus Coláiste na nAralt i Londain, cé nár mhair sé sin ach cúpla bliain. Leanadh le hoifig Rí-Aralt Uladh anuas go dtí aimsir Chromail. In 1655 ceapadh Risteard Ó Cearnaigh ina "Aralt prionsapálta le haghaidh na hÉireann". Athbhunaíodh oifig Rí-Aralt Uladh in 1660, nuair a chaill an Cearnach a phost. Bhí an Ridire Risteard Ó Cearnaigh, mac Risteaird, an tAralt Prionsapálta, ina Rí-Aralt Uladh ó 1683 go 1692. Bhí an post céanna ag Risteard, a mhac seisean, ó 1692 go 1698.

Nuair a bunaíodh Ord Phádraig Naofa in 1783, cruthaíodh dhá phost nua chun gnóthaí an oird a riaradh .i. Aralt Bhaile Átha Cliath agus Aralt Chorcaí. Mhair an dá oifig go dtí gur cuireadh deireadh le post Rí-Aralt Uladh in 1943.

28.03: Príomh-Aralt na hÉireann

Nuair a bunaíodh Saorstát Éireann in 1922, ba rud é an Oifig Armas a d'fhan faoi choimirce na Corónach agus nár cuireadh i lámha an rialtais dúchasaigh. Nuair a cailleadh an Ridire Nevile Wilkinson, Rí-Aralt Uladh, in 1940, lean a ionadaí, Thomas Sadleir, é amhail ceann na hoifige ar feadh trí bliana, bíodh nach ndearnadh rí-aralt de. In 1943 ghlac rialtas na hÉireann sealbh ar an oifig agus ceapadh Éamann Mac Giolla Iasachta ina Aralt Prionsapálta. Tamall ina dhiaidh sin athraíodh a theideal go dtí Príomh-Aralt na hÉireann. Is iad na feidhmeanna céanna a bhí aige i dtaobh armas a dheimhniú is a dheonú, ┐rl., agus a bhí ag Rí-Aralt Uladh roimhe. Tá dhá bhundifríocht idir Rí-Aralt Uladh agus Príomh-Aralt na hÉireann, áfach. Sa chéad áit ní bhaineann an Príomh-Aralt le hOrd Phádraig Naofa, ar ligeadh dó meathlú de réir a chéile tar éis 1922. Sa dara háit is le húdarás rialtas na hÉireann, ní le húdarás na Corónach, a dheonaíonn Príomh-Aralt na hÉireann armais nua.

An Oifig Ghinealais a thugtar go hoifigiúil ar oifig an Phríomh-Arailt agus is státseirbhísigh a foireann a fhostaítear laistigh den Leabharlann Náisiúnta faoi scáth Roinn an Taoisigh. Dála oifig Rí-Aralt Uladh ba i gCaisleán Bhaile Átha Cliath a bhí Oifig an Phríomh-Arailt ó 1943 go dtí lár na n-ochtóidí nuair a aistríodh go Sráid Chill Dara í. Tá bailiúchán luachmhar de cháipéisí araltais agus ginealais in Oifig an Phríomh-Arailt agus tá iarsmalann araltais ann freisin.

D'éirigh Éamann Mac Giolla Iasachta as oifig amhail Príomh-Aralt na hÉireann in 1953 agus lean Gearóid Ó Sléibhín é go dtí 1981. Ba é Dómhnall Ó Beaglaoich Príomh-Aralt na hÉireann ó 1982 go 1995.

28.04: Fiosrúcháin araltacha

Bhí sé de nós ag arailt Choláiste na nAralt i Londain ó *c.* 1530 i leith dul timpeall Shasana agus na Breataine Bige ag fiosrú úsáid agus mí-úsáid na n-armas .i. chun fáil amach an raibh ceart chun a n-armas ag na daoine a bhí á n-iompar. Beartaíodh a mhacasamhail d'fheachtas le haghaidh na hÉireann ó 1567 ar aghaidh. Is léir go mbíodh armais á n-úsáid gan chead go forleathan in Éirinn sa 16ú haois. Níor cuireadh i gcrích ach líon beag fiosrúchán, áfach, toisc a shuaite is a bhí an tír de réir dealraimh. Tá torthaí na bhfiosrúchán ar taifead san Oifig Ghinealais ó na háiteanna seo: Contaetha Bhaile Átha Cliath agus Lú (1568-1570); Droichead Átha agus Baile Átha Fhir Dhia (1570); Sord (1572); Corcaigh (1574); Luimneach (1574); Baile Átha Cliath (1607, 1610); agus Loch Garman (1610). Is faoi Nicholas Narbon, Rí-Aralt Uladh 1568-1574, agus Daniel Molyneux, Rí-Aralt Uladh 1607-1610, a rinneadh iad sin agus tá an chuma ar an scéal nach ndearnadh dada lasmuigh den Pháil agus de na cathracha ba mhó. D'fhéadfadh sé ar ndóigh go ndearnadh fiosrúcháin eile nach maireann fianaise ar bith fúthu. Mar is féidir a shamhlú, is foinse fhíorluachmhar a mhaireann de tuarascálacha ar na fiosrúcháin, mar tugann siad a lán eolais dúinn faoi staid araltas na hÉireann ag an am.

Ní dhearnadh fiosrúcháin araltacha in Éirinn tar éis thús an 17ú haois de réir dealraimh. Ó 1586 ar aghaidh, áfach, ba nós le Rí-Aralt Uladh iontrálacha sochraide a chlárú agus mhair an nós go ceann i bhfad. Is éard is brí le hiontráil sochraide tuairisc ar shochraid duine mór le rá. Bhíodh ainm an éagthaigh, a mhná agus a ghaolta inti móide pictiúr daite nó sracléaráid dá armas. Bhí deireadh le nós na n-iontrálacha sochraide roimh lár an 18ú haois ach rinne Bernard Burke (§28.06) é a athbheochan ar feadh tamaill nuair a bhí sé in Oifig na nArmas. Is foinse luachmhar na hiontrálacha sochraide freisin ar chleachtas araltach na linne.

Toisc nárbh fhéidir agus a shuaite a bhí Éire fiosrú araltach a chur i bhfeidhm ar fud na tíre, bhí bearnaí móra riamh in eolas Rí-Aralt Uladh faoi úsáid armas ina lán áiteanna. Tháinig nós chun cinn dá bharr sin atá fós i bhfeidhm. Más féidir le duine a thaispeáint go bhfuil armas á iompar aige agus a shinsir roimhe ar feadh céad bliain nó trí ghlúin, is féidir leis teastas a fháil ón oifig araltach a dheimhneoidh an t-armas sin dó.

28.05: James Terry (1660-1725)

I mí an Mheithimh 1690 cheap Séamas II James Terry ina Phursuant Átha Luain. Nuair a theith an rí chun na Fraince lean Terry é. Thug Terry leis thar lear roinnt mhaith cáipéisí ar le hOifig Rí-Aralt Uladh iad ó cheart. Ghníomhaigh Terry amhail pursuant armas i gcúirt na Stíobhartach i St Germain agus nuair a cailleadh in 1725 é, fuair Charles Hozier, iúidic armas de chuid rí na Fraince, na doiciméid a bhí i seilbh Terry. Is ina theaghlach seisean a d'fhan siad go dtí aimsir na Réabhlóide, nuair a cuireadh i dtaisce sna h*Archives Nationales* iad.

B'as Corca Bhaiscinn, Contae an Chláir, do James Terry ó dhúchas. In 1660 a rugadh é. Phós sé Mary Stritch in 1687. Is beag sonas a bhí aige ar deoraíocht agus é ag iarraidh teidil agus ginealaigh a thaifeadadh. Is mó de tharcaisne ná de luach saothair a fuair sé riamh.

Arms of Irish Families an t-ainm atá ar ollsaothar Terry. In 1712 a chríochnaigh sé an lámhscríbhinn. Is i Leabharlann na Breataine, Londain, atá sí ar caomhnú inniu.

28.06: An Ridire John Bernard Burke (1814-1892)

Is dócha gurb é an Búrcach an duine ba cháiliúla dá raibh post Rí-Aralt Uladh riamh aige. Ba mhac leis an Ridire Seán de Búrca ó Elm Hall, Contae Thiobraid Árann, é ach is i Londain a rugadh é. I Sasana a fuair sé a chuid scolaíochta agus d'fhreastail sé ansin ar ollscoil Caen na Fraince. Ní fhéadfadh sé clárú in ollscoil i Sasana toisc gur Caitliceach Rómhánach a bhí ann. Ceapadh ina Rí-Aralt Uladh é sa bhliain 1853 mar chomharba ar William Betham. Rinneadh ridire de an bhliain dár gcionn. Bhí cónaí air i Sráid Líosan agus be é Rí-Aralt Uladh go dtí a bhás é. Bhí Betham féin ina Rí-Aralt Uladh ó 1820 go 1853 agus rinne sé cion fir agus é ag iarraidh ord agus eagar a chur ar cháipéisí ginealais agus araltais na hoifige. Sháraigh an Búrcach air lena ndearna sé, áfach.

Ní amháin gur lean an Búrcach d'obair eagrúcháin Betham, ach d'fhoilsigh sé mórán saothar tathagach freisin. Orthu sin bhí na heagráin rialta a chuir sé amach den *General and Heraldic Dictionary of the Peerage and Baronetage*. *Burke's Peerage* a thugtar go coitianta air sin agus ba shaothar é a d'fhoilsigh John Burke, athair an Ridire J. B. Burke, den chéad uair in 1826. D'fhoilsigh J. B. Burke eagrán nua de gach uile bhliain ó 1847 go dtí a bhás. Leanadh den fhoilsiú rialta ina dhiaidh sin fiú (*cf.* BP). D'fhoilsigh John Burke *The General Armory of England, Scotland and Ireland* sa bhliain 1842. Is iomaí leagan leasaithe de sin (BGA) a chuir Sir Bernard amach anuas go dtí 1884.

Is cuimsitheach an leabhar é BGA ach ní féidir a mhaíomh gur iontaofa atá sé. Deir J. Brooke-Little, Rí-Aralt Noirréis agus Uladh faoi:

That this book was edited by a herald has given rise to the belief that it is an authoritative work of reference. Unfortunately such is not the case; it is but a collection of blazons of arms, crests and supporters arranged alphabetically under the names of those who are supposed to have borne them. Many of the coats given are inaccurately blazoned, wrongly attributed, borne without authority or just plain bogus.... Although Burke's work is unreliable, nonetheless it is valuable if used critically. Where the date of a grant or visitation is mentioned as authority for the arms given, the coat is usually genuine. (*Boutell's Heraldry*, 307)

28.07: Scoláirí dúchasacha: Ruairí Ó Fearaíl (*fl.* 1709) agus Diarmaid Ó Conchúir (*roimh* 1712-*c.* 1730)

Sa chéad cheathrú den 18ú haois bhí dream beag scoláirí i mBaile Átha Cliath a raibh spéis acu i gcúrsaí araltais is ginealais agus a bhí neamhspleách ar Oifig Rí-Aralt Uladh. Orthu sin bhí Ruairí Ó Fearaíl, Diarmaid Ó Conchúir agus Aaron Crossly.

Is beag atá ar eolas againn faoi Ruairí Ó Fearaíl (Roger O'Feral) ach gur scoláire ginealais a bhí ann agus gurb eisean a scríobh an chéad mhórchnuasach de ghinealaigh agus armais Ghaelacha *Linea Antiqua* in 1708. Tá an lámhscríbhinn ar caomhnú san Oifig Ghinealais. Sa saothar sin faightear formhór armais na dteaghlach Gaelach agus is orthu siúd a bunaíodh an chuid is mó de na harmais a d'fhoilsigh Mac Giolla Iasachta in IF.

Tá roinnt mhaith ar eolas againn faoi Dhiarmaid Ó Conchúir. Go deimhin ba dhuine de na caimiléirí is spéisiúla i stair léann na hÉireann é. I Luimneach is dócha a rugadh é, cé nach fios cén uair. Bhí sé ag obair mar scríobhaí i Luimneach sa tréimhse 1712-1716. I mBaile Átha Cliath a bhí sé sna blianta 1719-1720 agus ó 1720 go dtí a bhás tar éis 1730 is i Londain a bhí cónaí air. Cuimhnítear inniu air mar an duine a d'fhoilsigh aistriúchán Béarla ar *Foras Feasa* an Chéitinnigh in 1723. Níorbh é féin a rinne an t-aistriú, cé gur thug sé le tuiscint gurbh é. Mar aon leis an aistriúchán d'fhoilsigh sé plátaí d'armais na síntiúsóirí agus is follas gur ealaíontóir agus scoláire cumasach araltais a bhí ann.

Ligeadh an Conchúrach air féin go raibh údarás aige armais a dheonú. Ar aon chuma dealraíonn sé gur ullmhaigh sé deontas armais do Mhaitiú Ó Caoilte, Éireannach i Málaga na Spáinne, sa bhliain 1724. Is baolach go raibh Ó Caoilte ag iarraidh bean uasal Spáinneach a phósadh agus go raibh teastas uaisleachta uaidh chuige sin. Is sa Laidin a bhí an teastas a réitigh Ó Conchúir don Chaoilteach agus tagraíonn Ó Conchúir dó féin sa cháipéis mar *Antiquarius pro regno Hiberniae electus et juratus* 'Seanchaí tofa agus mionnaithe le haghaidh ríocht na hÉireann'.

Tá tábhacht leis an gConchúrach sa mhéid go maireann tráchtas óna pheann faoin araltas ar i nGaeilge a scríobhadh é. Is éard atá ann craobhscaoileadh roinnt mhaith armas Éireannach. Is dócha gurb é an Conchúrach féin a chum cuid den téarmaíocht sa tráchtas agus níl a fhriotal soiléir, iomlán ná de réir a chéile. Is follasach ina dhiaidh sin féin go gcaomhnaíonn Ó Conchúir beagán d'fhoclóir traidisiúnta Gaeilge an araltais.

Anseo thíos tugtar trí chraobhscaoileadh ó lámh Uí Chonchúir mar aon le craobhscaoiltí nua-aimseartha na n-armas céanna:

(*a*) *Leathleoghan dubh air bhuidhe a leath bheas, sa leath oile bán le hermín fá chevron bán; er sin trí réalta órdha an uaithne.* Creast: *Lámh armtha le cloidheamh briste, an lann lán d'fhuil.* (Mac Seanlaoich)

   [*Binnroinnte uaine agus an bun deighilte órga agus eirmín rachtán airgidí idir thuas trí chamréalta órga agus thíos ar dheis leon dearg. Círín: Deaslámh chuartha faoi chathéide agus sa chrobh claíomh ag sileadh fola gach rud dualdaite.*]

(*b*) *Chevron dearg armen idir thrí treafoyles slipt argent.* Creast: *Fiollar re dhá cheann a' tuirliocan ar rabhe dá dhath.* (Miach)

   [*Ar dhearg rachtán eirmín idir trí sheamair airgidí. Círín: Iolar décheannach leata dubh an gob is na crúba órga.*]

(*c*) *Dhá leoghan chuthach ór ar dhearg, trí chloidheimhe crosda, an dornchla órtha.* Creast: *Lámh éidighthe agus cloidheamh.* (Ó Braonáin)

   [*Ar dhearg dhá leon chomhraiceacha agus punann á coinneáil acu gach rud órga sa bharr trí chlaíomh airgidí le dornchlaí is úlla órga péire díobh ar dul sailtíre na reanna thuas an ceann eile go cothrománach an rinn deiseal. Círín: Lámh chuartha faoi chathéide agus sa chrobh claíomh an t-iomlán dualdaite.*]

28.08: Aaron Crossly (*fl.* 1694-1724) agus William Hawkins (1670-1736)

Níl mórán ar eolas againn faoi Aaron Crossly. "Péintéir araltach" a thugadh sé air féin agus bhí siopa aige ag coirnéal Shráid Thomáis agus Shráid Bhun an Droichid. Tá a fhios againn, áfach, gurb eisean a d'fhoilsigh an chéad fhlaithsheanchas Éireannach, *The Peerage of Ireland*, i mBaile Átha Cliath in 1723. Ag cúl an leabhair d'fhoilsigh sé cuntas ar an araltas féin agus admhaíonn sé ina réamhrá sin go bhfuair sé cúnamh maidir le haraltas agus ginealas ó scoláirí Gaeilge, Diarmaid Ó Conchúir ina measc.

Bhí aighneas fada ag Crossly le William Hawkins, Rí-Aralt Uladh ó 1698 go 1736. Duine cuileadach a bhí i Hawkins agus is iomaí duine ar chuir sé olc air, rud nár chúnamh dó ina chonspóid le Crossly. Ba é gearán Hawkins in éadan Crossly go soláthraíodh sé armais le haghaidh sochraidí uaisle na tíre. Ghoilleadh gnó sin Crossly go mór ar Hawkins, arae chonacthas dó gur masla dó féin agus do ghradam oifig Rí-Aralt Uladh a bhí ann. Dar le Hawkins ní raibh údarás ach aige féin amháin agus a oifig a leithéidí d'armais sochraide a cheadú. Ar ócáid amháin sa bhliain 1711/12 chonaic Hawkins sochraid ag dul thar bráid (ba é Richard Boyle an t-éagthach) agus ealaín de chuid Crossly ar taispeáint ar an gcóiste. Shrac sé anuas ar áit na mbonn gach ar fhéad sé de na maisiúcháin araltacha. Tugadh Hawkins os comhair na ngiúistísí ina dhiaidh sin chun a iompar a mhíniú. Níor éirigh le Hawkins cosc a chur le Crossly sa deireadh, mar bhí cairde cumhachtacha ag Crossly, Robert Dale i gColáiste na nAralt i Londain, cuir i gcás, agus an Ridire Richard Cox, iar-Thiarna Seansailéir na hÉireann.

Aisteach go leor is i lámh Crossly nó duine dá chúntóirí iontráil sochraide Richard Boyle san Oifig Ghinealais agus roinnt eile iontrálacha timpeall an ama céanna.

29.00: Dlínse araltach sa saol comhaimseartha

De bharr réabhlóidí agus fás an daonlathais is iomaí tír inniu nach bhfuil údarás oifigiúil araltais inti. Sa Fhrainc ó 1872 anuas, cuir i gcás, níl aon riarachán araltach le haghaidh daoine príobháideacha. Maireann armais na seanuaisle ar ndóigh. Duine ar bith nach armasach é agus ar mhaith leis armas a iompar, ní gá dó ach ceann a ghlacadh chuige féin. *Armas burgaire* a thugtar ar a leithéid d'araltas "déan thú féin é". Más armas duine eile a úsáideann an t-armasach nua, áfach, seans go gcuirfidh an seanarmasach an dlí air. Tá araltas cathrúil na Fraince faoi rialú an Roinn Intíre agus an Roinn Oideachais.

Armais bhurgaire an gnátharaltas i measc saoránach na Gearmáine, na hEilvéise agus na hOstaire. Sna tíortha sin, áfach, tá institiúidí príobháideacha ann a chabhraíonn le daoine armais fheiliúnacha a roghnú dóibh féin agus a chuireann ar taifead iad.

Is ríochtaí an Ísiltir, an Bheilg agus an Danmhairg agus tá oifigí acu uile a rialaíonn araltas na n-uaisle ach is faoin ngnáthshaoránach é armas nua a ghlacadh chuige féin murab armasach cheana é.

29.01: Sasana agus Albain

Is eisceachtaí an Bhreatain Mhór agus Éire, mar maireann riaracháin araltacha iontu atá freagrach as gach uile chineál armais. Laistigh den Bhreatain Mhór tá dhá údarás faoi leith ann: Coláiste na nAralt i Londain agus Cúirt Rí-Aralt an Leoin i nDún Éideann.

Tá triúr rí-aralt i gColáiste na nAralt i Londain, Rí-Aralt an Ghairtéir, Rí-Aralt Noirréis agus Rí-Aralt Claireansó. Is é Rí-Aralt an Ghairtéir príomharalt Shasana agus na Breataine Bige. Tá dlínse logánta ag an mbeirt rí-aralt eile, Rí-Aralt Noirréis lastuaidh d'abhainn an Trent agus Claireansó laisteas di. Tá seisear aralt sa choláiste agus ceathrar pursuant. Is é Diúc Norfolk, an tIarla Marascal, éarlamh an choláiste, cé nach ball den chorparáid féin é.

Ní chuirtear pionós go hiondúil ar dhaoine i Sasana má bhaineann siad feidhm as armais daoine eile. Bhí cás clúiteach dlí ann in 1954, áfach, nuair a cuireadh cosc le hamharclann i Manchain armas na cathrach a úsáid gan chead. Rinneadh an tseanchúirt ridireachta a athbheochan chun an chúis a éisteacht.

Níl ach rí-aralt amháin in Albain, Rí-Aralt an Leoin, a bhfuil triúr aralt agus triúr pursuant mar chúntóirí aige. Is corparáid neamhspleách Coláiste na nAralt i Londain. Is státseirbhíseach Rí-Aralt an Leoin, áfach, agus tá tacaíocht an dlí laistiar de. Ó thaobh staire de is de bhunús Gaelach Rí-Aralt an Leoin. Ba é príomhollamh na hAlban a dhéanadh rí na hAlban a oirniú ina rí agus tá fianaise againn a thabharfadh le fios gurbh ionann go bunúsach seanchaí nó ollamh rí na hAlban sa tréimhse Ghaelach agus a phríomharalt ina dhiaidh sin.

29.02: Tuaisceart Éireann

Nuair a cuireadh deireadh le hoifig Rí-Aralt Uladh in 1943, tugadh dlínse an iar-rí-arailt do Rí-Aralt Noirréis i Sasana. Rí-Aralt Noirréis agus Uladh a theideal oifigiúil ó shin agus tá idir thuaisceart Shasana agus Thuaisceart Éireann amhail proibhinse araltach aige. Éilíonn Bunreacht na hÉireann 1936 gur cuid scartha den stát sé chontae Thuaisceart Éireann. Fágann sé sin go bhfuil dhá údarás araltacha ann a éilíonn limistéar Thuaisceart Éireann amhail cuid dá bproibhinse .i. Príomh-Aralt na hÉireann agus Rí-Aralt Noirréis is Uladh. Deonaíonn an bheirt acu armais do dhaoine agus corparáidí sa tuaisceart.

29.03: Comhlathas na Breataine

Deonaíonn Coláiste na nAralt i Londain armais do dhaoine agus institiúidí i dtíortha de chuid Chomhlathas na Breataine. Nuair a bhain iarchoilíneachtaí neamhspleáchas amach sna seascaidí, cuir i gcás, thug Coláiste na nAralt armais oifigiúla dóibh. Daoine aonair i dtíortha de chuid an Chomhlathais a dteastaíonn armais uathu, is ó Rí-Arailt Shasana a fhaigheann siad iad. Is nós le daoine de bhunadh Albanach a n-iarratas a chur chuig Rí-Aralt an Leoin. Is chuig Príomh-Aralt na hÉireann a dhíríonn saoránaigh de chuid an Chomhlathais a n-iarratais uaireanta, más de bhunadh Éireannach iad.

Scar an Afraic Theas leis an gComhlathas in 1961. Bunaíodh Biúró Araltach an Stáit sa tír go luath ina dhiaidh sin, ionas nach bhfágfaí an phoblacht nua gan údarás araltach. Is nós le Rí-Arailt Shasana go fóill armais a cheapadh do dhaoine agus corparáidí laistigh den Afraic Theas, mura bhfuil siad sin toilteanach glacadh le deontas ón mBiúró Araltach san Afraic Theas féin.

Ba nós riamh le daoine aonair agus corparáidí agus institiúidí i gCeanada armais a fháil ó Londain nó ó Dhún Éideann. Is mór le muintir Cheanada a gceannas féin mar thír, áfach, agus sa bhliain 1988 bunaíodh údarás oifigiúil Ceanadach um araltas. Duine nó corparáid ar bith i gCeanada anois, is ón údarás dúchasach a gheobhaidh sé nó siad armas.

29.04: An Spáinn

Tá rí-arailt sa Spáinna dheonaíonn armais le húdarás an rí agus faoi choimirce Roinn Dlí agus Cirt na Spáinne. *Cronistas de armas* 'croiniceoirí armas' a thugtar go hoifigiúil orthu ó 1951 i leith. Tá tréithe dá chuid féin ag araltas na Spáinne (§26.06) agus deonaíonn croiniceoirí na Spáinne armais fós ní do Spáinnigh amháin ach do dhaoine in iarimpireacht na Spáinne freisin.

29.05: Stáit Aontaithe Mheiriceá

Is iomaí saoránach de chuid Stáit Aontaithe Mheiriceá nach bhfuil armas ó dhúchas aige agus a bhfuil a leithéid uaidh. Cé nach bhfuil údarás poiblí ar bith sna Stáit Aontaithe a dheonaíonn armais, má fhógraítear armas duine i gceart, tá cosaint dlí ag an armas céanna – go díreach mar a bheadh ag trádmharc.

Tá roinnt mhaith bealaí ag an saoránach Meiriceánach chun teacht ar armas pearsanta a bheadh feiliúnach dó féin. Ar an gcéad dul síos tá cead aige deontas oinigh a fháil ó Choláiste na nAralt i Londain, más féidir leis taispeáint gur ó dhuine a shíolraíonn sé a raibh cónaí air i Meiriceá roimh Chogadh na Saoirse san 18ú haois. Ní gá gur de bhunadh Sasanach é. Más de bhunadh Éireannach nó Albanach é, is féidir leis iarratas a chur faoi bhráid na n-údarás araltach i mBaile Átha Cliath nó Dún Éideann faoi seach. Sampla suntasach de dheonú Éireannach do shaoránach Meiriceánach is ea armas an Uachtaráin Uí Chinnéide ar tagraíodh dó thuas (§26.07).

Is féidir le saoránach Meiriceánach armas a fháil ón Spáinn freisin. Má thig leis fianaise á sholáthar go raibh armas Spáinneach a iompar ag a shinsir roimhe (ní gá gur ar thaobh a athar iad), déanfaidh croiniceoir Spáinneach an t-armas sin a chlárú dó. Tá cead aige armas nua éileamh, más i gcuid ar bith de na Stáit Aontaithe atá cónaí air a bhí tráth faoi réimeas rí na Spáinne, Nua-Mheicsiceo, California nó Florida, cuir i gcás. Tá deontas den chineál sin ag dul i líonmhaire de réir cosúlachta. Aithníonn Príomh-Aralt na hÉireann agus Rí-Aralt an Leoin a leithéid de dheontas ach diúltaíonn rí-arailt Shasana iad a aithint.

An saoránach Meiriceánach a dteastaíonn armas uaidh, ní gá dó iarratas a chur chuig na harailt san Eoraip ar chor ar bith. Tá roinnt institiúidí príobháideacha i Stáit Aontaithe Mheiriceá féin a sholáthraíonn armais do dhaoine agus corparáidí Meiriceánacha. Bunaíodh Coláiste Meiriceánach um Araltas agus Armais i Maryland in 1966 agus deonaíonn sé armais d'indibhidiúlaigh agus corparáidí. Is ón gColáiste a fuair na huachtaráin Lyndon Johnson agus Richard Nixon a n-armais agus an Leas-Uachtarán Spiro Agnew.

Is ón Danmhairg a fuair an tUachtarán Dwight D. Eisenhower armas ach b'eisceachtúil an bealach a bhfuair sé é. Rinne an Danmhairg ball d'Ord na hEilifinte de tar éis an Dara Cogadh Domhanda. Ba é sin an onóir ba mhó dár fhéad ríocht na Danmhairge a bhronnadh air. Ó tharla nach raibh armas ag Eisenhower cheana, bhí ar údaráis an oird ceann a cheapadh dó. Níl d'fhíor ar an sciath ach inneoin, tagairt don sloinne *Eisenhower* 'buailteoir iarainn'.

Ós rud é nach mbacann rialtais na stát éagsúil ná rialtas na Stát Aontaithe i gcoitinne le haraltas pearsanta, níl cosc ar bith ar an saoránach Meiriceánach armas a chumadh agus a ghlacadh chuige féin. Má dhéanann sé amhlaidh, áfach, ba cheart dó gan armas a thoghadh a bheadh in úsáid cheana ag Eorpach. B'inmholta dó freisin dul i gcomhairle le haraltóir áitithe sa chaoi nach sáróidh a armas bunrialacha an araltais. Ina theannta sin uile tá leabhair le fáil a chuireann síos ar na bealaí cearta chun armas a chumadh; féach, cuir i gcás, Rosemary A. Chorzempa (1987).

29.06: Toirbhirt Armais

Ós rud é gur le húdarás na Corónach nó le húdarás Uachtarán na hÉireann a dhéantar armais a dheonú sa Bhreatain agus in Éirinn faoi seach, níl údarás ar bith ag armas a dheonaítear do shaoránaigh Mheiriceánacha. Ní gnáthdheontais iad ach deontais oinigh. Ní féidir deontas oinigh féin a dhéanamh i gcás corparáidí agus bailte i Meiriceá. Is nós mar sin le Coláiste na nAralt i Londain nós eile imeachta a ghlacadh ar lámh agus armas a *thoirbhirt* (*to devise arms*). Is mar seo a mhíníonn Brooke-Little an scéal:

> Some years ago, an American town wanted to be granted arms by the English Kings of Arms, but, as the Queen's Writ did not run in the United States, such a grant could not be made. However, an arrangement was reached whereby the Kings of Arms were empowered, by an Earl Marshal's Warrant dated 25th July 1960, to devise, that is design and record, arms for towns in the United States. Then, by another Warrant dated 1st February 1962, the permission to devise arms in the United States was extended to include corporate bodies other than towns. Before a devisal is made in the United States, the consent and approval of the Governor of the sovereign state in which the devisal is to be made is always obtained.
>
> (*Boutell's Heraldry*, 268).

Is ag dul i líonmhaire atá toirbhirtí armais do bhailte agus corparáidí Meiriceánacha ó Rí-Aralt Shasana. Sa bhliain 1986 is amhlaidh a thoirbhir Coláiste na nAralt armas do Threibh Bhundúchasach, na hApache Mescalero. Níor thoirbhir Príomh-Aralt na hÉireann armas do chorparáid Mheiriceánach riamh. Thoirbhir sé armas d'Ollúntacht an Léinn Éireannaigh, St Mary's University i Halifax na hAlban Nua i gCeanada in 1987, áfach. Ní léir cén bunús dlíthiúil atá leis an toirbhirt chéanna. Ní fhéadfadh an Príomh-Aralt armas a thoirbhirt do chorparáid Cheanadach anois, toisc an tÚdarás Ceanadach um Araltas a bheith ann ó 1988 i leith.

29.07: Bunús na dlínse araltaí

Is léir óna bhfuil ráite thuas, gur éiginnte iad na slata tomhais a úsáidtear chun dlínse araltach a dheimhniú. Más ag caint faoi araltas pearsanta atáthar, is féidir na critéir a úsáidtear a rangú ina dtrí chineál:

(*a*) Deonaíonn Príomh-Aralt na hÉireann armais do shaoránaigh Éireannacha nó do dhaoine a bhfuil sainchónaí orthu laistigh d'Éirinn .i. a phroibhinse araltach. Mar an gcéanna deonaíonn Rí-Aralt an Leoin armais d'Albanaigh agus rí-arailt Shasana do Shasanaigh.

(b) Is nós leis na húdaráis Eorpacha armais a dheonú do Mheiriceánaigh ar de bhunadh Eorpach iad. Sampla de sin ba ea armas an Chinnéidigh. Fuair sé armas oinigh ó Phríomh-Aralt na hÉireann, toisc gur sleachtach a bhí ann de dhaoine a raibh sainchónaí orthu tráth laistigh d'Éirinn .i. proibhinse an Phríomh-Arailt inniu. Is nós freisin le Rí-Aralt an Leoin armais a dheonú d'Albanaigh a bhfuil cónaí orthu laistigh de phroibhinse rí-aralt Shasana. Is ar an tuiscint nach mbainfear feidhm as na harmais sin ach in Albain féin a dheonaítear iad. Má theastaíonn óna leithéid de dheontaí Albanach a armas a iompar i Sasana, go teoiriciúil bíonn air an t-armas a chlárú i gColáiste na nAralt.

(c) Deonaíonn na Spáinnigh agus na Sasanaigh armais do Mheiriceánaigh a bhfuil sainchónaí orthu in áit a bhí tráth laistigh dá bproibhinsí araltacha.

Ós rud é gur chun ridirí a aithint thar a chéile a ceapadh an t-araltas ar dtús, is follas gurb é (a) an t-aon slat tomhais a bhfuil bunús stairiúil léi. Ní féidir le rí-aralt féachaint chuige gur éagsúil na harmais a dheonaíonn sé le gach armas eile, más lasmuigh dá phroibhinse féin a thugann sé deontas. Is í fírinne an scéil, áfach, gur mór leis na riaracháin araltacha na táillí a íoctar leo. Is dócha dá bharr sin go leanfar den éiginnteacht i gcúrsaí dlínse.

29.08: Armas mar chéim uaisleachta

In Albain glactar leis gurb ionann an ceart chun armais agus céim éigin uaisleachta. Maíonn roinnt scoláirí araltacha i Sasana mar an gcéanna go mbronnann deontas armais ón monarc uaisleacht éigin ar an deontaí. Ní féidir a áiteamh gur uasal duine ar bith Mhór-roinn na hEorpa, áfach, a bhfuil armas burgaire á iompar aige nó ag a theaghlach.

Tá an scéal achranach go maith i gcás na hÉireann de. Tá cosc sainráite i mBunreacht na hÉireann ar chéimeanna uaisleachta de shaghas ar bith ("Ní cead don Stát gairm uaisleachta a bhronnadh ar aon duine", *Bunreacht na hÉireann* 40.2.1). Ar an taobh eile deonaíonn an stát armais dá shaoránaigh, go díreach mar a dheonaíodh ríthe Shasana armais d'Éireannaigh lá dá raibh. Deonaíonn Príomh-Aralt na hÉireann armais do shaoránaigh de chuid Stáit Aontaithe Mheiriceá freisin, agus tá cosc ar chéimeanna uaisleachta sa Bhunreacht Meiriceánach chomh maith. Is dócha gur féidir a rá nach ndeonaíonn Príomh-Aralt na hÉireann armais ach do dhaoine fiúntacha, ach nach ionann sin agus a rá gur uaisle iad.

30.00: Caimiléireacht araltach

Tá lánchead ag an gnáthshaoránach i dtír nach bhfuil riarachán araltach inti armas burgaire a ghlacadh chuige féin. In Éirinn agus i dtíortha eile a bhfuil údarás um araltas acu, is féidir leis an saoránach deontas nó deimhniú a fháil ón údarás sin ach na táillí a íoc. Ceapann a lán Éireannach, áfach, gur le sloinne a théann armas. Duine dar sloinne Ó Súilleabháin, abraimis, ceapann sé nach gá dó ach fáil amach céard é armas mhuintir Shúilleabháin agus is é a armas barántúil dlisteanach féin é. Is deargfhallás an tuairim sin, mar is léir óna bhfuil ráite thuas. Dá n-iarrfadh Súilleabhánach ar Phríomh-Aralt na hÉireann armas a cheapadh agus a dheonú dó, gach uile sheans gur ar leagan éigin d'armas na Súilleabhánach a bhunófaí an t-armas a gheobhadh sé, ach bheadh sé éagsúil le gach uile armas dár bronnadh go dtí sin.

Ar an drochuair tá comhlachtaí araltacha ann a thagann i dtír ar aineolas an phobail. Maireann siad ar an míthuiscint fhorleathan gurb é sloinne an duine a thugann an ceart chun armais dó. Más féidir a thaispeáint go raibh armas X ag duine den sloinne Y riamh, agus más é an sloinne Y atá ar an gcustaiméir, ansin atá na comhlachtaí sin sásta armas X a sholáthar dó ar theastas, ar phlaic bhalla, ar fháinne nó ar rud ar bith eile ach dath a chuid airgid a fheiceáil roimh ré.

Tá os mo chomhair agus mé á scríobh seo bróiséar fógraíochta de chuid chomhlachta Éireannaigh atá gníomhach sa mhargadh Meiriceánach. Tríd síos tugtar le fios gur le sloinne a théann armas agus gurb ionann "your family coat of arms" agus an t-armas a leagtar ar dhream ar aon sloinne leat. Maítear freisin nach sloinnte Éireannacha amháin is cúram don chomhlacht agus dá "lucht taighde": "We have researched and filed," a deirtear, "over 500,000 coat of arms [sic!] for families of European origin. If in the unlikely event that your name is not on our files we will undertake the necessary research to locate a documented source containing an authentic coat of arms upon receipt of a firm order for same."

B'fhurasta a leithéid de ghnó a chosaint ar an mbonn nach bhfuil riarachán araltach ar bith i Meiriceá agus nach gceapfadh na custaiméirí gur leo dáiríre armais daoine eile a sholáthraítear dóibh. Níl aon bhunús leis an gcosaint sin, áfach. Díbríonn araltas bréige den chineál sin an t-araltas fíre. Sásófar na custaiméirí leis an díogha, nuair atá an rud ceart ar a gcostas cuí ag fanacht leo san Oifig Ghinealais. Déanann a leithéidí sin de chomhlachtaí an-dochar do sheasamh an araltais agus do thuiscint an phobail air. Rud is measa fós, is bocht iad go minic na samplaí den ealaín araltach a chuireann na comhlachtaí céanna ar fáil.

CAIMILÉIREACHT ARALTACH

30.01: Ionracas araltach

Is ceart a lua anseo go bhfuil comhlachtaí araltais ann a mheabhraíonn dá gcustaiméirí nach mar a chéile plaic a cheannach le harmas uirthi agus d'armas barántúil féin a bheith agat. Tá os mo chomhair freisin bróiséar a fhoilsíonn comhlacht Éireannach a thugann rabhadh dá gcustaiméirí gan na harmais a sholáthraítear a úsáid mar mhaoin phearsanta. Seo mar a deir an bróiséar:

> In consultation with and as advised by a Herald of the College of Arms we draw particular public attention to the following facts:
>
> First, it will be clearly understood that the Armorial Bearings we provide are those which have been in the past, or are at present associated with particular family surnames. Accordingly, there is no reason why you should not display these as decorative reproductions with pride derived from association with your name. However, by doing so it is not possible to claim these arms as your own as, for example, by using them as a personal mark of distinction on writing paper, seal, rings and so forth. To do so in England and Scotland would not be in accordance with the Laws of Arms.

Is spéisiúil nach luaitear Éire ansin. Tá tacaíocht an dlí ag Rí-Aralt an Leoin in Albain. I Sasana rinneadh an Chúirt Ridireachta a athbheochan sna caogaidí chun cúis amháin a éisteacht. Tá stádas dlíthiúil na n-armas éiginnte in Éirinn, toisc nár féachadh an ceart chucu i gcúirteanna an stáit seo riamh. Tá an rabhadh a thugtar le moladh go mór, in ainneoin gur i mBéarla lagmheasartha a scríobhadh é. Is é is dóichí, áfach, nach bhfeicfí an focal rabhaidh go deo, murach síorghearáin Choláiste na nAralt faoi ghnóthaí an chomhlachta.

30.02: "Armas sloinne"

Aisteach go leor ní inniu ná inné a tosaíodh ar armas a cheangal le sloinne. Dhá bhrainse den aon stoc a bhí in Ó Conchúir Donn agus Ó Conchúir Shligigh. Bhí gaol freisin ag na harmais a d'iompraídís. Crann darach ar mhachaire airgidí atá ag Ó Conchúir Donn (§16.00). Dheighleadh Ó Conchúir Shligigh an crann darach le leon: *Deighilte uaine agus airgidí ar dheis leon tuathal órga ar clé cnoc uaine sa bhun agus air sin crann dualdaite darach* (IF: 212). Bhí an crann darach le feiceáil in armais taoiseach eile a raibh gaol nó baint acu le muintir Chonchúir, Ó Concheanainn, cuir i gcás, agus Ó Dónalláin (§§09.03, 15.01).

Bhí an crann darach in úsáid ag Ó Conchúir Fháilí freisin, cé nach raibh gaol ná caidreamh ar bith aige le Conchúraigh Chonnacht. Ba é a armas seisean: *Ar airgead cnocán uaine sa bhun agus ag fás air crann darach lena dhearcáin gach rud dualdaite* (IF: 212). Ní raibh de cheangal idir an dá thaoiseach ach cosúlacht sloinne. Is dócha mar sin gur sampla maith armas Uí Chonchúir Fháilí den earráid araltach a deir gur le sloinne a théann armas.

Is é an t-armas a leagtar ar mhuintir Fágán, dream de bhunadh Normannach: *Binnroinnte dearg is eirmím thuas trí chingid órga* (§17.07). Tá daoine eile den sloinne *Fagan* sa Bhéarla, áfach, arb é *Ó Faogáin* an bunleagan dá sloinne. Is ó *Ó hAogáin* a thagann *Ó Faogáin*, dar le scoláirí áirithe, agus is leagan eile de sin *Ó hÁgáin* (*O'Hagan*). Is spéisiúil mar sin go bhfeictear armas Fágáin ina iomláine amhail cúinneán ar sciath Uí Ágáin (§17.03). Cé gur de bhunús éagsúil ar fad an dá phór. Is léir gur chreid duine éigin tráth gur leor an chosúlacht idir *Fagan* agus *O'Hagan* chun an dá armas a shamhlú le chéile.

31.00: Meascra

Anseo thíos pléitear roinnt ábhar imeallach nach raibh ionad ann dóibh i gcorp an leabhair.

31.01: Armais sochraide

Luadh faoi Crossly agus Hawkins thuas (§28.08) go mbíodh an bheirt in aighneas faoi mhaisiúcháin araltacha le linn sochraidí. Ba nós coitianta ag an am armais sochraide (*hatchments* sa Bhéarla) a ullmhú agus a chrochadh lasmuigh dá theach nuair a d'fhaigheadh duine báis. Tar éis tréimhse bróin bhaintí an t-armas sochraide anuas agus chrochtaí suas go buan sa teampall é.

Ar chearnóg adhmaid, ceithre throigh go leith ar fhad is ar leithead, a phéinteáiltí an t-armas ach is amhail muileata a chuirtí an t-adhmad suas i gcónaí. Ba nós an t-armas cleamhnais a áitiú .i. armas fhear céile agus bean chéile in aon sciath amháin. De réir mar a dhathaítí an cúlra laistiar den armas féin, d'fhéadfaí a rá cé acu an fear nó an bhean a cailleadh. Más dubh a bhí an cúlra ar thaobh an fhir, ba é an fear a bhí tar éis bás a fháil. Más ar mhuileata a bhí an t-armas féin, b'ionann sin agus a rá gur baintreach a bhí sa bhean nuair a d'éag sí.

Níl nós na n-armas sochraide á chleachtadh a thuilleadh ach feictear sean-samplaí díobh i dteampaill uaireanta.

31.02: Meirgí ceardchumann

Nuair a mháirseálann lucht ceardchumainn i siúlóidí nó agóidí, iompraíonn siad a gcuid meirgí go minic. Is crochta de thrasnán adhmaid atá ceangailte go dronuilleannach leis an gcuaille láir a bhíonn na meirgí sin agus ó cheart ní meirgí iad ach gonfainní Ba nós leis na gonfainní sin armais na gceardchumann a thaispeáint. Mar a léiríonn T. P. O'Neill (1976), dhéanadh na ceardchumainn sa 19ú haois iarracht ar a thaispeáint go raibh leanúnachas idir na ceardchumainn nua agus na seanghildeanna. D'fhág sé sin go mbainidís feidhm as armais na ngildeanna go minic nuair a thosaigh siad ar ghonfainní a sholáthair do na cumainn nua.

Tá araltas ghonfainní na gceardchumann spéisiúil go maith, mar is léir gurb iad armais ghildeanna chathair Londan a d'úsáidtí gan údarás. Tugann O'Neill léiriú de ghonfainne Ghild Fhíodóirí Dhroichead Átha agus de ghonfainne Cheardchumann Fhíodóirí Síoda Bhaile Átha Cliath (*c.* 1880). Leaganacha den armas céanna a fheictear ar an dá cheann: *Ar ghorm rachtán airgidí breactha le trí rós dhearga idir trí aghaidh órga liopaird agus sa bhéal fearsaid den lí chéanna.* Dhá vuibhearn atá sna tacaithe sa dá chás. Is éard atá ansin armas an Worshipful Company of Weavers of the City of London, a deonaíodh in 1490 den chéad uair (CCH: 406).

31.03: Suaitheantais

Níl mórán seasaimh ag an suaitheantas (*badge* sa Bhéarla) in araltas na hÉireann, cé gur ag dul i dtábhacht atá sé in araltas Shasana. Baintear feidhm as an gcírín amhail suaitheantas i measc na nAlbanach go minic. Is éard atá sa suaitheantas fíor de chuid an armais nó an chírín a shonraítear chun a úsáid léi féin nuair nach dteastaíonn an slánarmas iomlán. Mar sin is suaitheantas cláirseach na hÉireann a fheictear ar cháipéisí rialtais.

Sampla aithnidiúil de shuaitheantas ba é an ghríobh agus fáinne tallann ina timpeall a d'úsáideadh Banc an Tuaiscirt anuas go dtí le gairid. Is éard a bhí ann dáiríre suaitheantas a ceapadh do Mhidland Bank Shasana in 1952. Nuair a dhíol an Midland Bank Banc an Tuaiscirt leis na hAstrálaigh, d'imigh an ghríobh de shráideanna na hÉireann.

Caithfear idirdhealú a dhéanamh idir an suaitheantas araltach ar an taobh amháin agus an lógó neamharaltach ar an taobh eile. Fuair Banc-Aontas Éireann lógó suim bheag de bhlianta ó shin a léirítear ar dhathanna neamharaltacha. Is mairg nach ndeachaigh an banc i gcomhairle le Príomh-Aralt na hÉireann le suaitheantas toighiseach a fháil. Is beag brí atá lena lógó nua agus is beag áilleacht atá ag baint leis freisin.

31.04: Oird ridireachta

Níl aon ord ridireachta ag Poblacht na hÉireann, cé gur nós le poblachtaí eile na hEorpa gradaim onóra a bhronnadh ar a saoránaigh agus ar eachtrannaigh chomh maith. Bhí roinnt mhaith ord i bhfeidhm in Éirinn faoin rialtas Gallda, áfach, agus tagtar ar thagairtí dóibh in araltas na hÉireann roimh 1922.

Is dócha gurb é Ord an Ghairtéir (*c.* 1348 a bunaíodh) an t-ord ridireachta is onóraí dá bhfuil ann in áit ar bith. Ag caint dó faoi Thomás Buitléir (1532-1614), deichiú hiarla Urmhumhan, deir an file le mórtas:

> Fuair tar oilbhéim bheith 'na Threisinér
> ós Iath inisréidh Fhéidhlime.
> Fuair sé d'airdchéim Ridireacht Gáirtéir,
> ainm nár ghnáth ar Éirionnach.
>
> (J. Carney, *Poems on the Butlers*, 74)

Nuair a fheictear sampla d'armas ríoga na Breataine in Éirinn a rinneadh faoin rialtas Gallda, go hiondúil bíonn ciorcailín Oird an Ghairtéir lena fheiceáil timpeall na scéithe. Is éard atá sa chiorcailín sin léiriú den ghairtéar gorm féin agus na focail Fraincise *Honi soit qui mal y pense* 'Náire ar an té ar dona leis é'.

Bunaíodh ord faoi leith ridireachta d'Éirinn in 1783, Ord Phádraig Naofa. Ón tús go dtí gur díbhunaíodh Eaglais na hÉireann in 1870 ba é Teampall

Phádraig, Baile Átha Cliath, séipéal an oird. Tá stallphlátaí na ridirí lena bhfeic-eáil fós sa chaingeal ann agus os a gcionn sin meirgí na ndaoine a bhí ina ridirí nuair a thréig an t-ord an Ardeaglais. Ó 1870 go dtí 1922 ba é Caisleán Bhaile Átha Cliath ceanncheathrú an oird agus tá meirgí na ridirí deireanacha fós ar taispeáint i Halla Phádraig sa Chaisleán.

Tá Ord Mhálta gníomhach in Éirinn agus is ar Bhóthar Cluaidhe, Droichead na Dothra atá a gceanncheathrú Éireannach. Is ann a rinne Ridirí Mhálta Báille Mórchroise le hOnóir agus Deabhóid den Chairdinéal Cathal Ó Dálaigh an 2 Meitheamh 1992.

D'aithin an Pápa Ord Ceannasach Míleata is Spidiléireachta Eoin Baiste Iarúsailéim in 1113. Nuair a chaill na Crosáidirí an Tír Naofa, chúlaigh an t-ord go Ródas agus ina dhiaidh sin go Málta. Sa Róimh atá príomháras an oird inniu. *Muintir Eoin Baiste* a thugtaí sa Ghaeilge ar an ord sna Meánaoiseanna agus molaim an t-ainm gearr sin a athbheochan.

Is nós le baill de chuid an oird suaitheantas Mhuintir Eoin Baiste a chur laistiar dá n-armas .i. cros ocht rinn airgidí agus is nós leo freisin ciorcailín an oird .i. paidrín agus cros Mháltach ar crochadh de, a chur timpeall a scéithe. Cuireann na haicmí is airde san ord armas an oird (*Ar dhearg cros airgidí*) isteach ina n-armas freisin. Ar sciathbharr a bhíonn sé ag cuid díobh agus mar cheathrú ag daoine eile is airde a ngradam san ord.

Is spéisiúil freisin gur dheonaigh Príomh-Aralt na hÉireann tacaithe do Mhíchéal Seosamh Mac Aogáin, Ridire Mórchroise Umhlaíochta agus Báille de chuid an oird, sa bhliain 1990. Is de bharr a ardghradaim san ord a fuair an tAogánach tacaithe ón bPríomh-Aralt agus toisc go mbeadh sé i dteideal tacaithe de réir chleachtas Ord Mhálta féin.

31.05: Uaisle Ghaelach

Mhair iarsmaí den uaisle Ghaelach anuas go dtí ár linn féin. Ba nós le roinnt taoisigh shloinne ("chiefs of the name") tacaithe a bheith acu, amhail is dá mbeidís ar comhchéim le piaraí (§20.01). Nuair a bunaíodh oifig an Phríomh-Arailt, lamháladh Mac Giolla Iasachta tacaithe dá leithéidí go hoifigiúil.

Cé nach gceadaítear tacaithe do thaoisigh shloinne a thuilleadh, is mór an spéis atá ag an Oifig Ginealais fós i gceist na dtaoiseach céanna. Ó am go ham aithníonn an Príomh-Aralt duine ina thaoiseach sloinne agus tugann sé teastas dó. Ós rud é gur aitheantas atá i gceist seachas bronnadh céim nua uaisleachta, ní dócha go sáraíonn cleachtas an Phríomh-Aralt forálacha an Bhunreachta in éadan céimeanna uaisleachta (§29.08). Bhí searmanas san oifig i samhradh na bliana 1991, cuir i gcás, ar ar fógraíodh Toirealach Mág Uidhir .i. Mág Uidhir Fhear Manach, ina thaoiseach ar a fhine. Tá meirgí na ndaoine ar deimhníodh a dteidil amhail taoisigh shloinne lena bhfeiceáil ar crochadh in Iarsmalann Araltais an Stáit san Oifig Ginealais.

Le gairid d'fhoilsigh William Marmion-Kalmbach, nó "Tiarna Dhúiche Ealla", mar a thugann sé féin air féin, leabhar beag faoi ghradaim Ghaelacha: *Gaelic Titles and Forms of Address: a guide in the English language* (Kansas City 1990). Bíodh go bhfuil roinnt mhaith eolais tríd an leabhar, níl sa chuid eile ach cumadóireacht. Creideann an t-údar, cuir i gcás, go raibh cúig cinn "d'oird ridireachta" in Éirinn na nGael, mar atá: Clann Deagha nó Ridirí na Mumhan; Clann Bhaoiscne nó Ridirí Laighean; Clann Mhorna nó Ridirí Chonnacht; Curaí na Craobhrua (Ridirí Uladh, is dócha); agus ridirí an Niadh Naisc. Deir Marmion-Kalmbach:

> The Niadh Nask today is referred to as a "Nobiliary Fraternity" – not as an "Order". As such, it is totally recognized by the prestigious International Commission for Orders of Chivalry. Again, there never was, nor is there now, any intention to imitate Orders of Chivalry, which the Gaelic Knighthoods *predate*. Obviously, however, many Niadh Nask are also knights of recognized Orders of Chivalry and thus do have prefix titles of "Sir" or "Chevalier," etc., from those orders, though all recognize that those prefixes are non-Gaelic honours. Admission to Niadh Nask is not at all sectarian, and the Fraternity includes Scottish and English peers, and European and crowned heads.

Cé nach bhfuil sa ghradam *Niadh Naisc* ach fantaisíocht, ní deacair a thuiscint cá bhfuarthas an bunsmaoineamh. Deir an Céitinneach gur dhíbir draoi éigin Eochaidh, rí Laighean, ó Theamhair agus flaitheas Éireann in aimsir Néill Naoighiallaigh, toisc gan an coiléar gaiscígh a bheith timpeall a mhuiníl. Deir an Céitinneach faoin duine a mbeadh an coiléar á chaitheamh aige:

> Ionann sin ré a rádh agus go ngabhadh grádha Ridire Gaiscidh ['Knight of Chivalry']. Óir amhail adeirthear *miles torquatus* ré ridire gaiscidh, is mar sin adeirthear nia naisc i nGaedhilg ris an ngaisceadhach do ghabhadh nasc nó slabhra fá 'n-a bhrághaid. Ionann iomorro nia is gaisceadhach nó tréinfhear, agus is ionann nasc is slabhra.

Is gráin leis an nádúr an folús. Ós rud é gur féidir le dreamanna neamhspleácha "gradaim Ghaelacha" a chumadh dóibh féin, b'fhéidir gur mithid do rialtas na hÉireann ord ceart ridireachta a bhunú faoi choimirce Oifig an Phríomh-Arailt.

Gluais Gaeilge-Béarla

adharc:
  na hadharca…, horned…
aghaidh:
  a~ chun tosaigh, affronty
  a~ tuathal, facing sinister
aibíd:
  a~ uaine uime, habited vert
aiceanta:
  ina dhathanna a~ féin, proper
airgead: argent
airgidí: argent
aisbhreathnaitheach: regardant
análú:
  ag a~, hauriant
ancaire: anchor
antalóp: antelope
aonbheannach: unicorn
aralt: herald
araltas: heraldry
  a~ corparáideach, corporate heraldry
  a~ pearsanta, personal heraldry
araltóir: heraldist, heraldic scholar
ardaím: elevate
armas: coat of arms
  a~ athartha, pronominal arms
  a~ burgaire, burgher arms
  a~ cleamhnais, arms of alliance
  a~ slán: achievement
  a~ sochraide, hatchment
  a~ tagrach, canting coat
  nua-armas na Fraince, France modern
  seanarmas na Fraince, France ancient
armasach: armiger, armigerous
armasóir: armorial (*i.e. roll of arms*)
as:
  as a chéile, conjoined

bagraím:
  ag bagairt air…, menaced by…
baicbhéarla: solecism
báille:
  B~ Mórchroise le hOnóir agus Dea-bhóid, Bailiff Grand Cross of Honour and Devotion (*Knights of Malta*)
bairrín: mitre
balc: fess, bar
  ar dul bailc, in fess

balcach:
  b~ i ndeich bpíosa, barry of ten
bandán: bend, bendlet
  b~ caol, (single) bendlet
  ar dul bandáin, in bend
banoidhre:
  b~ araltach, heraldic heiress
barr:
  sa bharr, in chief
barrmhaisím: ensign
barrphlúrach: floried at the point, ensigned with fleur-de-lis
barrphointe: chief-point
básta: waist
beann: horn (*of unicorn*)
  beanna, attires (*of stag*)
beannacht:
  ag tabhairt a bheannachta uaidh, in the act of benediction
beartaím: brandish
binnroinnte: per chevron
bís: spiral
bodlathach: male chauvinist, phallocrat
bogha: bow
bolgán saighead: quiver
bonn: medal
braon: goutte
braonach: goutty
brat: mantle, lambrequin
bratach:
  b~ crann spreoite, jack
bratainn: pennon
breacaim: charge
breathnaitheach: gardant
breo tine: flames of fire
buabhall: bugle-horn
buamhaisiú: augmentation of honour
bun: base
  sa bhun, in base
bunphointe: base-point
bunphointeán: point, point in base
bunrinneach: fitchy at the foot

cadrúca: caduceus
cág cosdearg: Cornish chough
caimín:
  c~ aoire, shepherd's crook
  c~ easpaig, bishop's crook

caipín gradaim: cap of maintenance
caisleán: castle
cambhalcach: barry wavy
  c~ i gceithre phíosa, barry wavy of four
  c~ in ocht bpíosa, barry wavy of eight
  c~ i sé phíosa, barry wavy of six
camógach: wavy
camréalta: estoile
caolbhandán: (single) bendlet
caor fíniúna: grape
carria: stag, buck
cartús: cartouche
cathógach: potent
ceangal: binding (of book)
ceapánach: raguly
cearnógach: compony
cearnphollta: quarter-pierced
ceartingearach: erect, vertical
ceastar: beaver hat
ceathairdhuille: quatrefoil
ceathairghóireach: per saltire
ceathair-roinnim: quarter
ceathair-roinnte: quarterly
ceathrú: quarter
céim: griece
céimneach: grady
ceiribín: cherub
ciarbhuí: tenné
cilfing: water-bouget
cingid: covered cup
cíor: comb
  an chíor agus an sprochaille, combed
  and wattled
ciorcailín: circlet
ciotóg: sinister hand
círín: crest
ciumhais: edge (*pall, book*)
claíomh: sword
  c~ solais, sword of light
cláirseach: harp
clasach: engrailed
clé: sinister
  ar c~, on the sinister side
clébhandán: bend sinister
  c~ caol, (single) bendlet sinister
  ar dul clébhandáin, in bend sinister
clébhastún: baton sinister
cléghóire: sinister based-esquire, sinister
  gyron
cléroinnte: per bend sinister
cliath: hurdle

cliathánach:
  cloigeann c~, head in profile
clogad: helmet
cloigín:
  faoi chloigíní, belled
clúdach: cover (*of book*)
cnocán: mount
cochallroinnte: chaperonné
cogairsím: marshal
coiléar: collar
coinneáil:
  á choinneáil aige..., supporting...
coirceog: beehive
  c~ beacha ina timpeall agus iad ag
    eitilt deiseal is treiseal, a beehive beset
    by bees diversely volant
colgsheasamh:
  ina c(h)olgsheasamh~, rampant
  gríobh ina c~, griffin segreant
comhraiceach: combattant
corcra: purpure
coróin:
  c~ ársa, ancient crown
coróinéad: coronet
corrán: sickle
córstalla: choir-stall
cothrománach: fesswise, barwise
crannroinnte: per saltire
craobh:
  c~ olóige, olive branch
craobhóg:
  c~ labhrais, laurel branch
craobhscaoileadh: blazon
criosroinnte: per bend
crobh: hand
crobhscaoilte: appaumy
códhearg: sanguine
cros: cross
  c~ chathógach, cross potent
  c~ chéasta, crucifix
  c~ chearnphollta, cross quarter pierced
  c~ cheilteach, Celtic cross
  c~ chroisíneach, cross potent
  c~ chrosógach, cross crosslet
  c~ laidineach, passion cross
  c~ lapach, cross patonce
  c~ leata, cross patty
  c~ Mháltach, Maltese cross
  c~ mhiolaireach, cross moline
  c~ naofa, Calvary cross
  c~ ocht rinn, Maltese cross

c~ **Phádraig**, St Patrick's cross (*Argent a saltire gules*)

c~ **phatrarcach**, patriarchal cross

c~ **phlúrach**, cross flory

c~ **Sheoirse**, St George's cross (*Argent a cross gules*)

c~ **staighre**, Calvary cross

c~ **triufach**, cross bottony

crosáilte:

c~ **ar dul sailtíre**, crossed in saltire

crosóg Bhríde: St Bridget's cross

crosógach: crusilly

crú capaill: horse-shoe

crúba:

na crúba..., unguled...

cruinnbhrat: guidon

cruinneán: roundle

cú: greyhound

c~ **faoil**, Irish wolfhound

cuaille: pale, pallet

ar dul c~, in pale

cufa: cuff

faoi chufa..., cuffed...

cuibhreach: fetter, chain

cúigdhuille: cinquefoil

cúinneán: canton

cuisleog: fleam

cuntaois: countess

cupán: cup

curca: plume

damascú: diaper

dath: colour

ina dhathanna nádúrtha/aiceanta féin, proper

deachair: difference

deachraím: difference (*with mark of cadency*)

déadach: dovetailed

dealbhra: iconography

dealg: ray, spike (*of male griffin*)

dearg: gules

deas: dexter

deasghóire: dexter based-esquire, dexter gyron

deaslámh: dexter arm

deasóg: dexter hand

décheannach: two-headed

déchearnógach: counter-compony

dé-eireaballach: double-queued

dé-eite: wings conjoined in lure

d~ **bunoscionn**, vol

défheirbín: double cotise

deighilte: per pale

deighiltlíne: line of impalement

deighlim: impale

deilf: dolphin

deimhním: confirm

deimhniú: confirmation

deis: dexter

ar dheis, on the dexter side

deiseal: dexter, to the dexter

deonaím: grant

deontaí: grantee

deontas: grant

déroinnt: dimidiation

déthrilseán plúrach frithphlúrach: double tressure flory counter-flory

diallait:

an d~..., saddled...

ding: pile

d~ **aníos**, pile reversed

ar dul dinge, in pile

dingroinnte: per pile

d~ **aníos**, per pile reversed

d~ **go cuartha aníos**, per pile reversed and embowed

diúc: duke

diúcmhionn: ducal coronet

dlínse: jurisdiction

dornchla: hilt

dragún: dragon

dronnógach: invected

dualdaite: proper

dubh: sable

eachraíos: caparison

each uisce: sea-horse

eang: notch

na heanga thuas is amuigh, the wards upwards and outwards (*of key*)

eangach: indented

éide:

é~ **chatha**, armour

in é~ **a ghradaim**, in full canonicals

éirí:

ag é~ **aníos as...**, arising out of...

eirmín: ermine

eirmínéis: erminois

eite:

ar e~, volant

eiteán: fusil

eiteánach: fusilly

eitilt:
  ag e~, volant
eochair: key

fad:
  ar f~, throughout
fáinnín: annulet
fallaingroinnte: tierced in mantle
fáschoill: hurst
fear fiáin: wild man, savage
féinics: phoenix
feirbín: cotise
feodach: feudal
feodachas: feudalism
fiach: raven
fia-chat: cat-a-mountain
fiaphoc: stag, buck
fiartha: bendwise
  f~ faoi chlé, bend-sinisterwise
fionnadh: fur
fíor: charge
fiosrúchán: visitation
fiteán: fret
fiteánach: fretty
flaithsheanchas: peerage (*book*)
fleasc: wreath, crest-wreath
  ar fhleasc de na líocha, on a wreath of
    the colours
  f~ eidhinn timpeall na n-uisinní,
    wreathed about the temples
flór de lúis: fleur-de-lis
foinse: fountain
foluain:
  bratacha agus bratainní ag f~, flags and
    pennons flying
fophíosa: subordinary
forc: shakefork
forchóta: surcoat
frainse: fringe (*of pallium*)
fréamhshraoillte: eradicated
fritheirmín: ermines
fritheirmínéis: pean
frithphlúrach: counter-flory
frithshiúlach: counter-passant
fuilbhraonach: goutty de sang

gabhal: pall, pairle
gáir chatha: cri-de-guerre
galltrumpa: clarion, sufflue
gasach: slipped
gathach: rayonné

géag: arm (*of cross, etc.*)
  g~ leoin, lion's gamb
  g~ láimhe, arm
gearrbhalc: humet, fess couped
gearrtha: per fess
gearrthóg: flaunch
gild: guild
giústáil: jousting
glanghearrtha: couped
gob:
  an g~…, beaked…
goin: golpe
góire: gyron
gonfainne: gonfalon
gorm: azure
gormach: blackamoor
gormbhraonach: goutty de larmes
gránáid: fire-ball, grenade
gránúll: pomegranate
grian niamhrach: sun in splendour
grinne: fasces
gríobh: griffin
guaireach:
  an ghuaireach…, bristled…

haisteáil: hatching

ibeach: ibex
ilbhalcach: barry
ilbhandánach: bendy
ilchraicneach: vair (*obsolete*)
ilchuailleach: paly
imeallbhord: bordure
imleog: nombril-point
imlíne: fimbriation
imlíním: fimbriate
ingearach: erect, palewise
iolar: eagle
  i~ maol, bald eagle
  maoliolar, allerion
ionga:
  na hingne…, membered…, armed…
    (*eagle, lion, etc.*)
iontráil:
  i~ sochraide, funeral entry
iúidic armas: juge d'armes

laghairt: lizard, eft
lámhrí: cubit-arm
láneachraíos:
  faoi l~, fully caparisoned

lánéide:
  faoi l~ catha, armed cap-à-pie
lansa:
  l~ giústála, tilting spear
lantán: compartment
lársciath: inescutcheon
  l~ éilimh, inescutcheon of pretence
lasracha: flames
lasta: flammant, inflamed
  l~ i dtrí ionad, fired at three points (*of fire-ball*)
lata: barrulet
  péire lataí, bar gemel
leabhar: book
leabharmharc:
  an l~ órga, indexed Or (*of book*)
leata: displayed
leath-: demi-
  leathdhuine, demi-figure
  leathfhiach, demi-raven
  leathiolar, demi-eagle
  leathleon, demi-lion
léibheann: terrasse, plain point, base
léim:
  ag l~, salient, leaping
léiriú: representation
leon: lion, lion rampant
lí: tincture
lí-aistrithe: counterchanged
liashlat: rod of Aesculapius
lincse: lynx
líneáil:
  an l~..., lined...
lingeadh:
  ag l~, salient, leaping
lipéad: label
lomaghaidh:
  l~ carria, stag's head caboshed
  l~ liopaird, leopard's face
  l~ phlúrach liopaird, leopard's face jessant de lis
  l~ reithe, ram's head caboshed
long fhada: lymphad
luanla: crescent
  l~ nuaghealaí, crescent increscent
  l~ seanghealaí, crescent decrescent
luanra: lunel
lúbaim: reflex
luí:
  ina l~, lying; couchant
  ina l~ go cothrománach, lying fessways
lus:

lus an chromchinn: narcissus
lus na móinte: bog rosemary

machaire: field
mairléad: martlet
maisím: garnish
maoildearg: murrey
maoirsithe: masoned
más: mace
mascal: mascle
meirge: banner
millín: pellet, ogress, gunstone
miodóg: dagger
míol mór: whale
miolaire: mill-rind, fer-de-moline
miotal: metal
mítéar: mitre
mónann: hurt
móreangach: dancetty
mothghríobh: male griffin, alce
muileata: lozenge
muileatach: lozengy
muinchille: maunch
muineál:
  an m~ ciorclaithe le coiléar déchearnógach, collared counter-compony
  coiléar órga timpeall a mhuiníl, collared Or
muintir:
  M~ Eoin Baiste, Knights of Malta
muirín: scallop
múrmhionn: mural crown
murúch: mermaid

nádúrtha:
  ina dhathanna n~, proper
naomhluan: halo
nathair nimhe: serpent
néallach: nebuly

ochtbhalcach: barry of eight
ochtchuailleach: paly of eight
ochtghóireach: gyronny of eight
oidhre teagmhasach: heir presumptive
oirdeanáire: ordinary (*of arms*)
olabhraonach: goutty d'huile
ológ: olive
onchú: enfield
ór: Or
oráiste: orange
órbhraonach: goutty d'or

ord:
  O~ an Ghairtéir, Order of the Garter
  O~ Eoin Baiste, Order of St John,
    Knights of Malta
  O~ Phádraig Naofa, Order of St Patrick
órga: Or

paca olla: woolpack
páilín: pallium
páircín: square (*of field chequy*)
paitinn: patent
peigeasas: pegasus
peileacán:
  p~ á ghoin féin, pelican vulning herself
  p~ i mbeart na díograise, pelican in her
  piety
picbhraonach: goutty de poix
píosa:
  cambhalcach i sé phíosa, barry wavy of
  six
pláta: plate
pléineáilte: plain
plúrach: flory; semy de lis
pointe onóra: honour-point
póma: pomeis
príomh-aralt: chief herald
  P~ na hÉireann: Chief Herald of Ireland
proigeachtóireacht: preceptory
proibhinse: province (*heraldic*)
púdráilte: semy
pursuant: pursuivant
  P~ an Aonbheannaigh: Unicorn
  Pursuivant

rachtán: chevron
réalta: mullet
  r~ sé rinn, mullet of six points
  r~ ocht rinn, mullet of eight points
riail na líocha: the tincture rule
rí-aralt: king of arms
  R~ Éireann, Ireland King of Arms
  R~ an Ghairtéir, Garter King of Arms
  R~ an Leoin, Lyon King of Arms
  R~ Chlaireansó, Clarenceux King of
  Arms
  R~ Noirréis, Norroy King of Arms
  R~ Uladh, Ulster King of Arms
rínathair: cockatrice
rinn: point
  an r~ deiseal, the point to dexter
  r~ saighde, broad arrow
  r~ sleá, spearhead

rinneach: fitchy
ríphíosa: honourable ordinary
ríshlat: sceptre
roinnte:
  r~ i bhfiche píosa, quarterly of twenty
  r~ i leathchéad píosa, quarterly of fifty
róiste: roach
rolla armas: roll of arms
rosc: motto
roth céasta: Catherine-wheel
rothchros: Celtic cross
ruaim: stain
rúnscríbhinn: runes

saighead: arrow
sailtír: saltire, saltorel
samhlú: representation, personification
scamall: cloud
scéithín: inescutcheon
sciath: shield
sciathbharr: chief
scrolla: scroll
seabhac: hawk, falcon
séala: seal
seamair: trefoil slipped
sébhalcach: barry of six
sébhandánach: bendy of six
séchuailleach: paly of six
seicear: chequy
seipil: barbs (*of rose*)
seol: sail
  faoi lán seoil, in full sail
  na seolta corntha, sails furled
  na seolta leagtha, sails set
simeatár: scimitar
síneacha: insignia
síolta: seeds (*of rose*)
siúl:
  ag s~, passant
siúlach: passant
slabhra: chain
  le coiléar agus s~ órga, collared and
  chained Or
slánarmas: achievement
slapar: sprig
smután: billet
snaidhm:
  s~ san eireaball, the tail nowed
snámh:
  ag s~, naiant
  ar s~, naiant
snong: ferrule

na snoing…, garnished… (*of bugle-horn*)

sóisearacht:
  comharthaí sóisearachta, marks of cadency

sonnda: palisado, urdy

spól fíodóra: shuttle

sprochaille: wattle (*of cock, cockatrice*)

spuaic: spire

sracléaráid: trick

sraoillín: label, infula (*of mitre*)

sreang:
  na sreanga…, stringed… (*of harp*)

srian: bridle
  an s~…, bridled…

stad:
  ina s~, statant

stánadh:
  ar s~, at gaze

stannard: standard

starrfhiacail:
  na starrfhiacla…, tusked…

stoc: stock (*of anchor*)

stoite: erased

stuach: enarched

suaitheantas: badge

suí:
  ina s(h)uí, sejeant, sitting

tacaí: supporter

táibhle: battlements

táibhleach: embattled

táinrith:
  ina tháinrith, in full course

táláideán: fess (*obsolete*)

tallann: bezant

tallannach: bezanty

taobh:
  t~ le t~, accosted

taoiseach:
  t~ clainne, clan chief (*in Scotland*)
  t~ sloinne, chief of the name (*in Ireland*)

targaid: target

T-chros: tau cross, St Anthony's cross

teanga:
  an teanga…, langued…

teannáil: fire-beacon

teasaire: heater

téastar:
  t~ foirgnithe, architectural canopy

thíos: in base

thuas: in chief

tobhlaire: talbot

toirtín: torteau

tollréalta: spur-rowel

tollta: pierced

torc: boar

treá: pheon

treáim: pierce

trídhuille: trefoil

trilseán: tressure

triopall: bunch (*of grapes*)

tríroinnte:
  t~ go cothrománach, tierced in fess
  t~ go hingearach, tierced in pale

tua chatha: battle-axe

tuathal: dexter, to the dexter

tuathmhionn: rural crown

tuíneach: mantle, lambrequin

túirín: turret

tultreoch: affronty

tumadh:
  ag t~, urinant

túr: tower

turnaimint: tournament

uaine: vert

uchtbhalla: parapet (*of castle*)

uiscebhraonach: goutty d'eau

úll: pommel

ur: orle
  ar dul uir, in orle

uraím: debruise

véir: vair, vairy

víocunta: viscount

víocúntaois: viscountess

vuibhearn: wyvern

Heraldic terms – Téarmaí araltais

abased: íslithe
abatement: táirbhéim, comhartha turnaimh
abbey: mainistir
à bouche: mantach
absconded:
  X a~ by Y, X á cheilt ag Y
achievement: armas slán, slánarmas
acorned: le dearcáin, na dearcáin
addorsed: cúl le cúl
adextré et senestré: taobháin
affronty: aghaidh chun tosaigh, aghaidh leat, tulsuite, tultreoch
Agnus Dei: Uan Dé
aiguisé: biorach
ailette: scabal
aislé: le sciatháin, na sciatháin.
aland, alant: maolmhaistín
alembic: leamóg, teisiteán
alighting: ag tuirlingt
allerion: lomiolar
allusive arms: armas tagrach
aloft: eadarbhuas
  holding a~, … á choinneáil eadarbhuas aige
altar: altóir
  pagan a~, altóir phágánach
alternate: gach re seal
ambulant: siúlach
American College of Arms: Coláiste Meiriceánach na nArmas
American College of Heraldry and Arms: Coláiste Meiriceánach an Araltais agus na nArmas
amethyst: aimitis; (*mar lí*) corcra
amphiptère: dearrais, amfaiptéar
amphisbaena: síthearc, amfaispéana
anchor: ancaire
  fouled a~, ancaire in achrann
anchored, ancré: ancaireach
ancient: mionbhratainn
  a~ crown, coróin ársa
  a~ user, úsáideoir seanbhunaithe
anille: miolaire, tual
annulet: fáinnín
  concentric annulets, fáinníní comhlárnacha, fiúnna
annuletty: fáinníneach

antelope: antalóp
  heraldic a~, antalóp araltach
  natural a~, antalóp aiceanta
antlers: beanna (*fia*)
appaumy, appaumé: bosleata, crobhscaoilte
apple-tree: abhaill
apres, apre: ápras
arblast: crosbhogha
arch: áirse
archbishop: ardeaspag
archduke: ard-diúc
arched: stuach
  a chief a~, sciathbharr stuach
  a fess a~, balc stuach
  a fess a~ and reversed, balc stuach bunoscionn
  a fess a~ in base, balc stuach thíos balc an t-íochtar stuach
arch-treasurer: ardchisteoir
argent: airgead, airgidí
argosy: mórlong tráchta
arm:
  cubit a~, rí, lámhrí
  dexter a~, deaslámh
  sinister a~, lámh chlé
arm-band: buinne
armed: na hadharca… (*tarbh*), na starrfhiacla… (*torc*), na fiacla is na hingne… (*leon*), an gob is na hingne… (*iolar*), an rinn… (*saighead*)
armed at all points, a cap-à-pie: faoi chathéide ó bhaithis go bonn, armtha is éidithe ó bhaithis go bonn
armet: airméad
armiger: armasach
armigerous: armasach
armillary sphere: féar neamhaí
armlet: buinne
armorial: eolaire armas, armasóir
  Rietstap's A~ Général, Armasóir Ginearálta Rietstap
armory: araltas, armasóir
  Burke's General A~, Armasóir Ginearálta an Bhúrcaigh
armour: cathéide
  coat of (plate-)a~, éide pláta

arms: armas
  a~ of adoption, armas uchtála
  a~ of alliance, armas cleamhnais
  a~ of assumption, armas gabhála
  a~ of community, armas cuallachta
  a~ of concession, armas tíolactha
  a~ of descent, armas oidhreachta
  a~ of dominion, armas tiarnais
  a~ of office, armas oifige
  a~ of pretension, armas éilimh
  a~ of succession, armas comharbachta
arrondie: cruinn
arrow: saighead
ascendant: ag éirí aníos, ag fás (*bláth, crann*)
ash-tree: crann fuinseoige
aspectant: ag féachaint ar a chéile, ar aghaidh a chéile amach
assumptive: gan údarás
assurgent: ag éirí aníos
astral crown: réaltmhionn
at gaze: ar stánadh
attired: na beanna…
attires: beanna (*carria, fiaphoic*)
augmentation (of honour): buamhaisiú
aulned: colgach, le coilg, na coilg… (*eorna*)
aurochs: bíosún Eorpach
autumnally tinted: faoi imireacha an fhómhair
avellane cross: cros chollchruthach
aversant: cúl chun tosaigh
axe: tua
  forrester's a~, tua coillteora
azure: gorm

back to back: cúl le cúl
badge: suaitheantas
bagwyn: greall
bailloné: le bata ina bhéal
balance: meá
bale-fire: teannáil
ballista: catafalt
banded: an banda…, an ribín… (*saigheada*), an ceangal… (*punann*)
banderolle: ribín, sraoillín
banner: meirge
  B~ of St Andrew, Meirge San Aindriú
  B~ of St George, Meirge San Seoirse
banner roll, banneroll: mionmheirge
bar: balc, caolbhalc
  b~ gemel, péire lataí

barbed: na seipil… (*rós*), na coilg… (*eorna, ⁊rl.*)
barbel: barbal
barnacles (*iolra*)**:** smigiall (*uatha*), féasrach (*uatha*)
baron: barún
  b~ and femme, fear agus bean
baronet: bairnéad
  b~ of Nova Scotia, bairnéad de chuid Alban Nua
  b~ of the United Kingdom, bairnéad de chuid na Ríochta Aontaithe
barrier: bacainn, cliath bacainne
barrulet: lata
barry: balcach, ilbhalcach
  b~ of eight, ochtbhalcach
  b~ of six, sébhalcach
  b~ of ten, balcach i ndeich bpíosa
  b~ of twelve, balcach in dhá phíosa dhéag
barry-bendy: ilbhalcach bandánach, balcach bandánach
barry indented point in point: triantánach
barry-pily: ilbhalcach dingeach, balcach dingeach
barry-wavy: cambhalcach
  b~-w~ of eight, cambhalcach in ocht bpíosa
  b~-w~ of six, cambhalcach i sé phíosa
  b~-w~ of ten, cambhalcach i ndeich bpíosa
  b~-w~ of twelve, cambhalchach in dhá phíosa dhéag
bar-wise: cothrománach, go cothrománach
bascinet: baisnéad
base: bun, léibheann (*ríphíosa*)
  b~ embelief, léibheann fiartha
  in b~, sa bhun, thíos
base-bar: mionléibheann
bastard: bastard, tuilí
bastardy: tuilíocht, neamhdhlisteanacht
bat: feascarluch
Bath:
  Order of the B~, Ord an Uisce
baton: bandáinín glanghearrtha, bastún
  marshall's b~, steafóg
battering-ram: reithe cogaidh
battle-axe: tua chatha
battled-embattled: céimtáibhleach
battlements: táibhle

bay: labhras
  variegated b~, labhras breac
beacon: teannáil
beagle: pocadán, pocadán beag
beaked: an gob…
bear: mathúin
  b~ and ragged staff, mathúin is bata
  ceamach
bearing: *féach* charge
becket, beckit: cág cosdearg
beaver (*ainmhí*): béabhar
beaver (*hata*): ceastar
bee: beach
beehive: coirceog
beetle (*feithid*): ciaróg
  scarab b~, scarab
  stag b~, daol adharcach
beetle (*uirlis*): slis
bell: clog, cloigín
  hawk's b~, cloigín seabhaic
bend: bandán
  b~ enarched trefly of rue, rúfhleasc
  b~ sinister, clébhandán
  in b~, ar dul bandáin
bendlet: bandán, bandáinín
bendwise: fiartha
  b~-sinister-wise, fiartha faoi chlé
bendy: ilbhandánach, bandánach
  b~ of eight, ochtbhandánach
  b~ of six, sébhandánach
  b~ of ten, bandánach i ndeich bpíosa
  b~ of twelve, bandánach in dhá phíosa
  dhéag
Bengal tiger: tíogar aiceanta, tíogar
  nádúrtha
bevilled: beibhealta
bezant: tallann
  b~-torteau, cruinneán gearrtha
bezanty: tallannbhreac, tallannach
bicorporate: déchorpach
billet: smután
billety: púdráilte le smutáin, smutánach
bishop: easpag
  b~ habited in his pontificals, easpag in
  éide a ghradaim
  b~'s hat, hata easpaig
  b~'s mitre, mítéar, bairrín
  b~'s pastoral staff, caimín easpaig
bishopric: easpagóideacht
biting: ag baint greama as…
blackamoor's head: ceann gormaigh,
  cloigeann gormaigh

blasted: seargtha
blazon: craobhscaoileadh, tuairisc armais
  to b~ a coat of arms, armas a chraobh-
  scaoileadh, armas a thuairisciú, tuairisc a
  thabhairt ar armas
bleu céleste: spéirghorm
bloodhound: cú fola
bluebottle (*Centaurea cyanus*): gormán
boar: torc
  b~'s head, ceann toirc, cloigeann toirc
body-heart: croí, croí daonna
bog rosemary (*Andromeda polifolia*): lus na
  móinte
bomb: gránáid
bonacon: damh díleann, bonacan
bone: cnámh
bonnet: caipín
  braid b~, boinéad breacáin
book: leabhar
  b~-mark, figín leabhair, leabharmharc
  b~-plate, leabharshuaitheantas
bordered: an chiumhais…, na ciumhais-
  eanna…
bordure: imeallbhord
Boreas:
  head of B~: cloigeann Feorais
boreyne: boiréin
borough council: comhairle bhuirge
bottoms (= *Fr. otelles*): almóinní
bottony: triufach
bouget: cilfing
Bourchier knot: snaidhm chúrsála
bourdon: trostán
bourdonny: trostánach
bow: bogha
Bowen knot: boghshnaidhm
box (*Buxus*): crann bosca
braced: fite le chéile
breeches: bríste
bretessed: briotáiseach; táibhleach
  fritáibhleach ar comhchéim
breys (*iolra*): smigiall (*uatha*), féasrach
  (*uatha*)
brick-axe: tua bríceadóra
bridge: droichead
  b~ of three arches: droichead trí áirse
bridled: an srian…
bristled: an ghuaireach…
brisure: comhartha sóisearachta, deachair
broad arrow: rinn saighde
broadsword: claíomh leathan, glaid
brock: broc

brouchant: anuas ar…
buck: fiaphoc
buckle: búcla
  arming b~, búcla muileatach
  oval b~, búcla ubhchruthach
  round b~, búcla cruinn
  square b~, búcla cearnach
büffelhorn: probasc, corn buabhaill
bugle-horn: buabhall
bull: tarbh
  formal b~'s horn, probasc, corn
  buabhaill
bullet: millín
bullrush (*Typha*)**:** bodán dubh
bunch: triblid (*bláthanna*), triopall (*caora
  fíniúna, ⁊rl.*)
bureau:
  State Heraldic B~, Biúró an Stáit um
  Araltas
burgeonny:
  fleur-de-lis b~, flór de lúis ag bachlú
burgher: burgaire, buirgéiseach
  b~ arms, armas burgaire, armas buirg-
  éiseach
  b~ heraldry, araltas burgaire, araltas
  buirgéiseach
bush: tor, tom
  burning b~, tor ar lasadh
butterfly: féileacán

cable: cábla
caboshed:
  buck's head c~, lomaghaidh fiaphoic
  bull's head c~, lomaghaidh tairbh
cadency: sóisearacht
  marks of c~, comharthaí sóisearachta
caduceus: cadrúca
calf: lao, gamhain
  bull c~, gamhain tairbh
calopus, chatloup: faolchat, calapas
caltrap: plibisín, caltrap
Calvary cross: cros naofa, cros staighre
camel: camall
camelopard: sioráf
cannet: tonóg
cannon: canóin
canting arms: armas tagrach
canton: cúinneán
cap (*of turret*)**:** barr (*túirín*)
cap of estate: caipín gradaim

cap of maintenance: caipín gradaim
  c~ of m~ gules turned up ermine,
  caipín gradaim dearg an líneáil eirmín
caparison: eachraíos
caparisoned: faoi eachraíos, an t-each-
  raíos…
carbuncle: carrmhogal
carnat: fionndearg, de dhath an chraicinn
carnation: pincín (*bláth*); fionndearg, de
  dhath an chraicinn (*lí*)
cartouche: cartús
  oval c~, cartús ubhchruthach
castle: caisleán
  c~ triple towered, caisleán trí thúr
castor: béabhar (*ainmhí*); ceastar (*hata*)
catamount: fia-chat
cat-a-mountain: fia-chat
catapult: catafalt
Catherine wheel: roth céasta
cavalier: ridire, cabhailiara, marcach,
  marcfhlaith
  **a c~ on horseback galloping to the dex-
  ter,** ridire ag marcaíocht deiseal is a
  chapall ar cosa in airde
celestial crown: coróin neamhaí
celestial sphere: sféar neamhaí
centaur: each-chumasctha, ceinteár
centre point: balcphointe, lárphointe
chaffinch: bricín beatha
chain: slabhra
  surveyor's c~, slabhra suirbhéara
chalice: cuach, cailís
chamberlain: seomradóir, caimbeirling
  **Secret C~ of Cape and Sword of his
  Holiness the Pope,** Seomradóir Rúnda
  Cába is Claímh de chuid a Naofachta an
  Pápa
chamber-piece: gunna mór
  c~-p~ on its carriage, gunna mór is a
  charráiste faoi
champagne: léibheann
chapé: dingroinnte aníos, binnroinnte ar
  fad
  c~ ployé, fallaingroinnte, dingroinnte go
  cuartha aníos
chapeau: caipín
chaperonné: cochallroinnte, le deas-
  phointeán agus cléphointeán
chaplet: bláthfhleasc
  c~ of laurel, bláthfhleasc labhrais
  c~ of oak, bláthfhleasc darach
  c~ of roses, bláthfhleasc rósanna

charge: fíor

charged with: ...anuas ar..., breactha le

charger: mias

chaussé: dingroinnte

checky: seicear

cherub: ceiribín

chessrook: caiseal fichille

chevalier: ridire, marcach, cabhailiara, marcfhlaith

The Old C~, an Sean-Éilitheoir

The Young C~, an tÉilitheoir Óg

chevron: rachtán

c~ couped in chief, rachtán gan binn thuas, rachtán glanghearrtha

party per c~, binnroinnte

party per c~ embowed, cuas-bhinn-roinnte

chevronnel: rachtán, rachtáinín

chevronny: ilrachtánach

c~ of eight, ochtrachtánach

c~ of six, sérachtánach

c~ of ten, rachtánach i ndeich bpíosa

c~ of twelve, rachtánach in dhá phíosa dhéag

chevron-wise: ar dul rachtáin

chief (duine): taoiseach

C~ Herald of Canada: Príomh-Aralt Cheanada

C~ Herald of Ireland: Príomh-Aralt na hÉireann

c~ of the name, ceann cine, ceann fine, taoiseach sloinne

chief (ríphíosa): sciathbharr, barr (scéithe)

c~ of Anjou, sciathbharr Anjou

in c~, thuas, sa bharr

in the dexter c~, thuas ar dheis

in the sinister c~, thuas ar clé

chiefmost:

in c~, sa bharr uile, san uachtar uile

chief point:

in the c~ p~, sa bharrphointe

chimaera: glaistig, ciméara

chisel: gilb, siséal

chivalry: ridireacht, niachas

chough: cág cosdearg

cinquefoil: cúigdhuille

circlet: ciorcailín

civic crown: coróin chathartha,

civic heraldry: araltas cathartha

clam: muirín, cairbreán

Clarenceux King of Arms: Rí-Aralt Chlaireansó

clarion: galltrumpa

clasp: claspa

clasped: na claspaí...

claw: crúb

claymore: tríchlaiseach, claíomh mór (Albanach)

cleché: stampchruthach

climant: ag dreapadh

close: na sciatháin dúnta, na sciatháin fillte

close girt: an crios fáiscthe go teann

closet: lata

clouds: néallta, scamaill

cloué: tairneáilte, na tairní...

coat of arms: armas

cock:

dunghill c~, coileach clóis

game cock, coileach comhraic

moor cock, coileach fraoigh

cockatrice: baisileasc, rínathair

coif de mailles: caidhp mháilleach

collar: coiléar

c~ gemel, coiléar dúbailte

College of Arms (Londain): Coláiste na nAralt

College of Arms of the United States, Coláiste Stáit Aontaithe Mheiriceá um Armais

colour: dath

on a wreath of the colours, ar fhleasc de na líocha

columbine (Aquilegia): colaimbín

column (i bhfoirgneamh): colún

Columns of Hercules, Colúin Earcail

comb: cíor

combatant: comhraiceach

combed: an chíor... (coileach)

comble: caolbharr scéithe

comet: réalta mhongach, cóiméad

Companion of Honour: Compánach Onóra

Order of the Companions of H~, Ord na gCompánach Onóra

compartment: lantán

compasses (matamaitic): rannadóir (uatha)

complement:

moon in her c~, gealach ina láine, gealach lán

complexed: fite lena chéile

compony: cearnógach

counter-c~, déchearnógach

compound quartering: ceathair-roinnt chumaisc

compounded arms: armas cumaisc

coney: coinín

confirmation of arms: deimhniú armais

confronty: ar aghaidh a chéile

conjoined: ceangailte as a chéile
(*muileataí, ⁊rl.*)

contoise: scairf

contourny: aghaidh tuathal, aisbhreath-
naitheach

contre-ermine: fritheirmín

conventionalized: stílithe

corbie: fiach, fiach dubh

cord: corda

corded: an corda…
  edged and c~, an chiumhais is an
  corda…

cormorant: murúchaill

Cornish chough: cág cosdearg

cornucopia: corn flúirse, adharc shaibhris

coronet: mionn, coróinéad
  Continental count's c~, coróinéad cunta
  de chuid na Mór-roinne
  c~ composed of crosses patty and
  fleur-de-lis, coróinéad déanta de
  chroiseanna leata is de fhlóir de lúis
  c~ of nobility, coróinéad uaisleachta
  c~ of rank, coróinéad gradaim
  ducal c~, diúcmhionn
  duke's c~, coróinéad diúic

corporate heraldry: araltas corparáideach

cotise: caolbhandán

cotised: le feirbíní
  double-c~, le défheirbíní

couchant: ina luí

couchy (*sciath*): ar fiar

count: cunta

counterchanged: lí-aistrithe

counter-compony: déchearnógach

counter-embattled: fritáibhleach

counter-flory: frithphlúrach

counter-gobony: déchearnógach

counter-passant: frithshiúlach

counter-potent: frithchroisíneach, frith-
chathógach

counter-rampant: ina bhfrith-cholgsheas-
amh

counter-salient: ag frithlingeadh

counter-vair: frithvéir

countess: cuntaois

county borough: contaebhuirg

county council: comhairle chontae

coupé (= *party per fess*): gearrtha
  c~ miparti, gearrtha an bun deighilte

couped: glanghearrtha
  c~ at the elbow, glanghearrtha ag an
  uillinn
  c~ at the shoulder, glanghearrtha ag an
  ngualainn
  c~ at the shoulders, glanghearrtha ag na
  guaillí
  c~ at the wrist, glanghearrtha ag an
  rosta
  c~ below the shoulders, glanghearrtha
  faoi bhun na nguaillí

couped close: neasghearrtha

couple-close: caolrachtán

courant: ag rith

course:
  in full c~, ina tháinrith

court: cúirt
  c~ of chivalry: cúirt ridireachta
  C~ of the Lord Lyon: Cúirt Rí-Aralt an
  Leoin

courtesy:
  c~ title, teideal cúirtéise
  heraldic c~, cúirtéis araltach
  title of c~, teideal cúirtéise

covered cup: cingid

coward: meata

cowed: meata

crampet: craimpín

crancelin: rúfhleasc

crane (*éan*): grús, corr mhóna
  c~ in her vigilance, grús ar a haireachas

crénelé-entaillé: táibhleach mantach

crenellated: táibhleach

crequier: crann draighin

crescent: luanla
  c~ decrescent, luanla seanghealaí
  c~ increscent, luanla nuaghealaí
  c~ reversed, luanla bunoscionn
  c~ trefoiled at the extremities, luanla
  biorsheamrach

cresset: slige teannála

crest: círín

crested: an chíor… (*coileach*)

crest-wreath: fleasc

cricket: criogar

cri-de-guerre: gáir chatha, sluaghairm

crimson: craorag

crined: an folt… (*duine*), an mhoing…
(*capall, ⁊rl.*)

cronel: féathan, coróinín (*sleá*)

crook:
 shepherd's c~, caimín aoire
crosier: bachall (*easpaig*)
cross: cros
 Armenian c~, cros Airméanach
 Celtic c~, rothchros, cros Cheilteach
 c~ avellane, cros chollchruthach
 c~ botonny, cros triufach
 c~ bourdonny, cros trostánach
 c~ Calvary, cros naofa, cros staighre
 c~ clechy, cros stampchruthach
 c~ compony, cros chearnógach
 c~ counter-compony, cros déchearnógach
 c~ couped and voided throughout, cros ghlanghearrtha agus fholmhaithe ar fad
 c~ cramponny, cros chromógach, svaistíce
 c~ crosslet, cros chrosógach
 c~ crosslet fitchy, cros chrosógach rinneach
 c~ crosslet fitchy at the foot, cros chrosógach bhunrinneach
 c~ crosslet on three grieces, cros chrosógach ar thrí chéim
 c~ degraded (*each arm ending in degrees*), cros ghéagchéimneach
 c~ dovetailed, cros déadach
 c~ double-parted, cros déscartha
 c~ double-parted and fretted, cros déscartha fhite
 c~ engrailed, cros chlasach
 c~ fillet, cros chaol
 c~ fimbriated, cros imlínithe
 c~ floretty, cros phlúiríneach
 c~ flory, cros phlúrach
 c~ formy, cros leata
 c~ fourchy, cros ghabhlánach, cros ghabhlógach
 c~ gringoly, cros dénathartha
 c~ guivry, cros nathartha
 c~ humetty, cros ghlanghearrtha
 c~ indented, cros eangach
 c~ invected, cros dronnógach
 c~ lozengy nowed, cros mhuileatach chnotach
 c~ millrind, cros i bhfoirm miolaire, cros thualchruthach
 c~ moline, cros mhiolaireach
 c~ nowy, cros chnotach
 c~ nowy lozengy, cros chnotach mhuileatach

 c~ nowy quadrate, cros chearnchnotach
 C~ of Lorraine, Cros na Lorráine, cros phatrarcach
 C~ of St Anthony, T-chros
 C~ of Tolouse, cros Ocsatánach
 c~ patriarchal, cros phatrarcach
 c~ patonce, cros lapach
 c~ patty, cros leata
 c~ patty entire, cros leata ar fad
 c~ patty fitchy, cros leata rinneach
 c~ patty fitchy at all points, cros leata cheathair-rinneach
 c~ patty fitchy at the foot, cros leata bhunrinneach
 c~ patty throughout, cros leata ar fad
 c~ pointed, cros bhiorach
 c~ pomelly, cros trostánach
 c~ portate, cros osair
 c~ potent, cros chathógach, cros chroisíneach
 c~ quadrate, cros chearnchnotach
 c~ quarter-pierced, cros chearntollta
 c~ raguly, cros cheapánach
 c~ recercely, cros aischasta
 c~ triple-parted, cros tríscartha
 c~ triple-parted and fretted, cros tríscartha fhite
 c~ tronçonné, cros bhloghta
 c~ urdy, cros sonnda
 c~ voided, cros fholmhaithe
 c~ wavy, cros chamógach
 Latin c~, cros laidineach
 Maltese c~, cros Mháltach, cros ocht rinn
 passion c~, cros laidineach
 paternoster c~, cros phaidríneach
 primatial c~, cros phríomháidh, cros phatrarcach thriufach
 St Andrew's c~, cros Aindriú, sailtír Aindriú
 St Patrick's c~, cros Phádraig, sailtír Phádraig
 tau c~, T-chros
crossbow: crosbhogha
crown: coróin
 ancient c, coróin ársa
 astral c~, réaltmhionn
 civic c~, coróin chathartha
 C~ of Charlemagne, Coróin Shéarlais Mhóir
 c~ vallary, staicmhionn, coróin shonnda
 eastern c~, coróin ársa

imperial c~, coróin impiriúil
mural c~, múrmhionn
naval c~, mionn muirí
open c~, coróin oscailte
open c~ of fleur-de-lis, the front fleur-de-lis flanked by two halves visible, coróin phlúrach oscailte, flór de lúis amháin chun tosaigh agus leathfhlór de lúis lena fheiceáil ar gach aon taobh de
princely c~ close, coróin phrionsúil dhúnta
rural c~, tuathmhionn
Saxon c~, coróin Shacsanach
crusade: crosáid
crusilly: crosógach
crwth: fidil
cubit arm: rí, lámhrí
cuff: cufa
cuirass: lúireach
cuisse: leisgharda
à la c~, ag an leis
cup: cuach, cupán
covered c~, cingid
curry-comb: scuab chapaill
curtain wall: bábhún
cushion: adhairt
cyclamor: mórfháinne
cyclas: forionar
cypher: monagram, meascadh litreach
cypress tree: crann cufróige

Dacre knot: snaidhm Dacre
dagger: miodóg
dalmatic: dalmátach
damasked: damascaithe
dance: balc móreangach
dancetté: móreangach
d~ floretty, móreangach plúiríneach
d~ point in point, móreangach go himeall
Danish axe: tua Lochlannach
Dannebrog:
Order of the D~, Ord an Dannebrog
dantelly: móreangach
dart: saighead
David:
Shield of D~, réalta Eabhrach (dhá thriantán fite lena chéile)
debruise: uraím
debruised by a bend, bandán anuas air, bandán á urú
dechaussy: ciorraithe

decked: maisithe
decollated: dícheannaithe
defamed: gan eireaball
degree:
as befitting his d~, de réir a ghradaim
degrees (of Calvary cross): céimeanna (chros naofa)
decrescent:
crescent d~, luanla seanghealaí
delf (square billet): dísle
demembered: ciorraithe
demi-lion: leathleon
descending: ag teacht anuas, ag tuirlingt
developed: scaoilte le gaoth (le bratach)
devisal of arms, toirbhirt armais
dexter: deas
to the d~, ar dheis, deiseal
diamond: (mar lí) dubh
diaper: damascú (ainm); damascaigh (briathar)
difference: deachair (ainm); deachair (briathar)
dimidiation: déroinnt
diminutive: mion-ríphíosa
diocesan bishop: easpag deoiseach
disarmed: dí-armáilte
disclosed: leata, ar leathadh
disjointed: stiallta (leon); lombhriste (rachtán)
dismembered: ciorraithe (.i. gan cosa gan eireaball)
displayed: leata, ar leathadh
d~ the wings inverted, leata, na heití anuas
display of arms: taispeáint armais
disponed: socraithe
disposed: socraithe
distilling: ag sileadh braonta
distinction:
marks of d~, comharthaí sainiúlachta
Distinguished Service Order: Ord na Seirbhíse Oirirce
dividers: rannadóir
dividing lines: roinnlínte
divorce: colscaradh
dog: féach hound
dolphin: deilf
dome: cruinneachán
Domestic Prelates to the Pope: Prealáidí Tí de chuid an Phápa
dormant: faoi shuan
double-arched: déstuach

double-cotised: le défheirbíní
doubled: líneáilte, an líneáil...
double-headed: décheannach
double-nowed: déchnotach
double-quatrefoil: ochtdhuille
double-queued: dé-eireaballach
double-tête: décheannach
double tressure: déthrilseán
  d~ t~ flory counter flory, déthrilseán plúrach frithphlúrach
dovetailed: déadach
dragon: dragún
  Chinese d~, dragún Síneach
dragon-ship: seirrcheann, draganlong
draught:
  a bow and arrow in full d~, bogha agus saighead faoi lánteannas
ducal coronet: diúcmhionn
duchess: bandiúc
duchy: diúcacht
duciper: caipín gradaim
duck: lacha
duke: diúc
dukedom: diúcacht
dynastic:
  d~ order, ord de chuid an rítheaghlaigh

eagle: iolar
  ancient e~, iolar Napoleonach
  e~ displayed, iolar leata
eaglet: iolairín
earl: iarla
  E~ Marshal, Iarla Marascal
earldom: iarlacht
eastern crown: coróin ársa
eau:
  goutty d'e~, uiscebhraonach
ecclesiastical:
  e~ hat, hata eaglasta
  e~ heraldry, araltas eaglasta
éclaté: réabtha
edge: ciumhais
edged: an chiumhais...
  e~, fringed and corded, an chiumhais, an frainse agus an corda...
eel: eascann
effeirs: ornáidí seachtracha
eft: earc luachra, laghairt
éguisé: biorach
eightfoil: ochtdhuille
electoral bonnet: caipín toghdóra
elephant: eilifint

elevated: ardaithe
elk: eilc
  Irish e~, eilc Ghaelach
émanché: deighilte go móreangach, il-dingroinnte go cothrománach
embattled: táibhleach
  e~ counter-embattled, táibhleach fri-táibhleach
  e~ grady, céimtáibhleach
  e~ in base, táibhleach thíos
embellished: maisithe
emblazon: suaithním
emblazonment: suaithniú armais, péinteáil armais
emblem (*non-heraldic*)**:** feathal
embowed: cuartha, stuach
embrassé: dingroinnte ón taobh clé
embrasure: feinistear
embrued: fuilbhreac
emerald: smaragaid, (*mar dhath*) uaine
en soleil: gathanna na gréine ina t(h)impeall
enaluron: ... agus ... (*imeallbhord*), breactha air (*éin*)
enarched: stuach
enchaussé: móta
enchaussure: bunchúinne, íoschúinne
endorse: cuaillín
endorsed: le feirbíní
enfield: onchú
enfiled: ciorclaithe
  e~ with a ducal coronet, diúcmhionn ina t(h)impeall
Englishman's head: cloigeann Gaill, cloigeann Sasanaigh
engouly: ag slogadh, pollta tríd an mbéal
engrailed: clasach
enhanced: léirardaithe, ardaithe
ensign: bratach
ensigned: ar a b(h)arr, barrmhaisithe
  e~ with a fleur-de-lis, barrphlúrach
enthroned: ar ríchathaoir, ina s(h)uí ar ríchathaoir
entire: iomlán, ar fad
entoyre: ... agus ... (*imeallbhord*), breactha air (*fíora neamhbheo*)
enty: binnroinnte
  e~ en point, bunphointeán
  e~ in base, bunphointeán
environed: ciorclaithe ...ina t(h)impeall
equipped: faoina lánéide chatha (*saighdiúir*), faoina láneachraíos (*capall*)

eradicated: dífhréamhaithe, fréamh-shraoillte

erased: stoite

erect: colgdhíreach, ingearach

ermine: eirmín

ermines: fritheirmín

erminites: eirmíníd

erminois: eirmínéis

erne: iolar

escallop: muirín, cairbreán

escallopy: muirínbhreac, púdráilte le múiríní

escarbuncle: carrmhogal

escarp: clébhandáinín

escarre: cruinneán bréige, cúinneán anuas ar chúinneán

escartelé: ceathair-roinnte

  e~ en equerre, ceathair-roinnte ar dul bacairt

  e~ en sautoir, ceathairghóireach, crann-roinnte

escroll: scrolla

escutcheon: sciath

  e~ of augmentation, lársciath bua-mhaisiúcháin, lársciath onóra

  e~ of pretence, lársciath éilimh

esquire: scuibhéir

  e~'s helm, clogad scuibhéara

estate:

  cap of e~, caipín gradaim

  robe of e~, fallaing státa

estoille: stéillín, camréalta

estoilly: stéillíneach, camréaltach

evett: earc luachra, laghairt

ewer: geor

expanded: ar leathadh

exterior:

  the e~ hand, an lámh sheachtrach

facings (*of coat*): fásáil

falchion: uirceann

falcon: seabhac

false:

  f~ escutcheon, ur

  f~ heraldry, araltas earráideach

  f~ roundel, fáinnín

fan:

  lady's f~, geolán

  winnowing f~, dallán cáite

fasces: grinne

fawn: oisín

feathered: le cleití, cleiteach, na cleití…

  an arrow Or f~ argent, saighead órga, na cleití airgidí

feet: troithe (*duine*)

femme: bean

fer-de-moline: miolaire, tual

fermail: búcla

ferr: crú capaill

fess, fesse: balc

  in dexter f~, sa bhalc ar dheis

  in f~, ar dul bailc

  in sinister f~, sa bhalc ar clé

fess point: balcphointe, lárphointe

fess-target: lársciath éilimh

fess-wise: cothrománach, go cothromán-ach

fetterlock: laincis

feudal: feodach

  f~ system, córas feodach

field: machaire

  of the f~, de lí an mhachaire

  on a green f~, ar urlár glas

figured: le ceannaithe daonna

file: lipéad

fillet: gibne, filléad

fillet cross: cros chaol

fimbriated: imlínithe, tacmhaingthe

fimbriation: imlíniú, tacmhang

finned: eiteach

  f~ or, …na heití órga

fir-cone: buaircín, buaircín giúise

fire-ball: gránáid, buama

fire-brand: sutrall, tóirse

firmé: ar fad

fitchy: rinneach

  f~ at the foot, bunrinneach

Fitzalan Pursuivant Extraordinary, Pursuant Urghnách Fitzalan

flag: bratach

flag-staff: crann brataí

flambeau: sutrall, tóirse

flames of fire: lasracha tine breo (*féinics*)

flanche: gearrthóg

flasque: mionghearrthóg

flax-breaker: siostal

fleam: cuisleog

fleece: lomra

  Order of the Golden F~, Ord an Lómra Óir

flesh-hook: adhal

flesh-pot: pota feola

fleur-de-lis: flór de lúis, plúr de líosa
  f~ flowered, flór de lúis bláthach
flexed: cuartha
flighted: cleiteach
  an arrow argent, f~, or, saighead airgidí, na cleití órga
flittermouse: feascarluch
floretty: plúiríneach
floried at the point: barrphlúrach
flory, fleury: plúrach
  f~ counter-flory, plúrach frithphlúrach
flotant: ar foluain, ar snámh
flowered: faoi bhláth
fluke: rinn (*ancaire*)
fly: eitilt (*brataí*)
foliated: duilleach
  f~ vert, …na duillí uaine, …an duilliúr uaine
forcene:
  horse f~, capall cuthaigh, each ag lingeadh
formal mount: cnocán stílithe
formy: leata
fountain: foinse
fourchy: gabhlógach
fox: sionnach, mada rua
foxhound: gadhar sionnach
fracted: scoilte
fraise: cúigdhuille
France:
  F~ ancient, seanarmas na Fraince
  F~ modern, nua-armas na Fraince
fret: fiteán
fretty: fiteánach
fringe: rimín, frainse
fringed: frainseach, na rimíní…, na frainsí…
fructed: le torthaí, le cnónna, le dearcáin (*crann darach*)
  an oak vert f~ Or, crann darach uaine, na dearcáin órga
fumant, fument, fuming: agus deatach aige/ aici, deatach ag éirí aníos de/di
funeral bearings: armas sochraide
fur: fionnadh
furison: tine chreasa, acmhainn tine
furnished:
  horse f~, capall faoina láneachraíos
fusil: eiteán, camchearn
fusilly: eiteánach, camchearnach
fylfot: cros chromógach, svaistíce

gad: stoda
gadbee: creabhar
gadfly: creabhar
galley: long fhada
gamb: géag (*ainmhí*)
  bear's g~, géag mathúna
gamecock: coileach comhraic
garb: punann
garland: bláthfhleasc
garnished: gléasta, maisithe
garter: gairtéar
  G~ King of Arms, Rí-Aralt an Ghairtéir
  Knight of the G~, Ridire d'Ord an Ghairtéir
gastell: cruinneán
gate: geata
gatehouse: teach geata
gauntlet: molard, iarndóid
gazette:
  Official G~, Iris Oifigiúil
ged: liús
gemmel-ring: dhá/trí fháinnín fite lena chéile
gem-ring: fáinne buachloiche
Genealogical Office: Oifig Ghinealais
genealogy: ginealach, ginealas
genet: sibhéad
genouillière: glúingharda
gentleman: duine uasal
gillyflower: pincín
giraffe: sioráf
gliding: ag sní
glissant: ag sní
globe (*terrestrial*)**:** cruinneog
glory: naomhluan (*duine*)
  sun in g~, grian niamhrach
glove: lámhainn
goat: gabhar
gobony: cearnógach
gold: ór, órga
golp: goin, cruinneán corcra
gonfannon: gonfainne
gore: guiséad
gorge: caisimín
gorged:
  ducally g~, diúcmhionn timpeall a m(h)uineáil, díucmhionn mar choiléar aige/aici
  g~ with a collar gemel, coiléar dúbailte timpeall a m(h)uineáil

g~ **with a ducal coronet,** diúcmhionn timpeall a m(h)uineáil, diúcmhionn mar choiléar aige/aici

gorget: scornán, díonchraos

goutte: braon

goutty, gutty: braonach

g~ **d'eau** (*argent*), uiscebhraonach

g~ **de larmes** (*azure*), gormbhraonach

g~ **de poix** (*sable*), picbhraonach

g~ **de sang** (*gules*), fuilbhraonach

g~ **d'huile** (*vert*), olabhraonach

g~ **d'or** (*Or*), órbhraonach

gradient: ag malltriall

grady: céimneach

grand master: mórmháistir

grand quarters: mórcheathrúna

grant of arms: deontas armais

grappling iron: graiplín

grasshopper: dreoilín teaspaigh

gray (*badger*): broc

grenade: buama, gránáid

greyhound: cú, míolchú

grice: torc óg

gridiron: róistín, grideall

griece, greece: céim

griffin: gríobh

g~ **segreant,** gríobh chuthaigh, ina colg-sheasamh

male g~, mothghríobh

gringoly: dénathartha

guardant: breathnaitheach

guidon: cruinnbhrat

guige: iris (*scéithe*)

guivry: nathartha

gules: dearg

gunstone: millín

gusset: ascallán

gutty: *féach* **goutty**

guze: cruinneán cródhearg

gyron: góire

gyronny: ilghóireach, góireach

g~ **of eight,** ochtghóireach

g~ **of six,** séghóireach

g~ **of twelve,** góireach in dhá phíosa dhéag

habergeon: cotún, uchtéide

habick: greamán éadaitheora

habit: aibíd (*manach, ⁊rl.*) éide, éadach

habited: gléasta, in éide …aibíd uime

halberd: halbard, tua chatha

halo: naomhluan

hammer: casúr

geologist's h~, casúr geolaí

h~ with claws, casúr cluasach

hand: crobh, lámh

dexter h~, deasóg

exterior h~, lámh sheachtrach

h~ raised in benediction, lámh ag tabhairt beannachta

two dexter hands clasped and conjoined, dhá dheasóg ag breith ar a chéile go teann

sinister h~, ciotóg

hank: íorna

cotton h~, íorna cadáis

silk h~, íorna síoda

harboured: faoi shuaimhneas

harp: cláirseach

harpy: ginid glinne, airp

Harrington knot: fiteán eangaí

harrow: bráca

hart: carria

hatchment: armas sochraide

hauberk: murla, léine lúirí

hauriant: ag análú

haussy: léirardaithe

havette: greamán éadaitheora

hawk: seabhac

h~'s bell, cloigín seabhaic

h~'s bell and jesses, cloigín seabhaic lena éillín

h~'s lure, cluain seabhaic

hayfork: forc

hazel nut: cnó coill

head: ceann, cloigeann

H~ of Boreas, cloigeann Feorais

H~ of Janus, déchloigeann

heads to the base, na cloigne thíos

headed: an barr… an ceann…, an cloigeann…

heart: croí

heater shield: sciath teasaire, teasaire

heathcock: coileach fraoigh

hedgehog: gráinneog

heights: sraitheanna (*cuirce*)

heir: oidhre

h~ apparent, léiroidhre

h~ presumptive, oidhre teagmhasach

heiress: banoidhre

helm: clogad

conical Celtic h~, clogad Gaelach barrchaol

pot-h~, feilm

helmet: clogad
  grated h~, clogad gráta
helve: cos (*scine nó tua*)
hemp-hackle: siostal
herald: aralt
  Albany H~, Aralt Alban
  Chester H~, Aralt Chester
  Cork H~, Aralt Chorcaí
  Dublin H~, Aralt Átha Cliath
  Lancaster H~, Aralt Lancastar
  Marchmont H~, Aralt Marchmont
  Norfolk H~ Extraordinary, Aralt Ur-
    ghnách Norfolc
  Richmond H~, Aralt Riseamann
  Ross H~, Aralt Rois
  Rothesay H~, Aralt Bhaile Bhóid
  Snowdon H~, Aralt Eryri
  Somerset H~, Aralt Somerset
  Windsor H~, Aralt Windsor
  York H~, Aralt Eabhrac
heraldic: araltach
  h~ antelope, antalóp araltach
  h~ panther, pantar
heraldry: araltas
  silver-age h~, araltas feoite
  souvenir h~, araltas siopa
hermines: eirmín
heron: corr éisc
herring: scadán
heurt: mónann
hexagon: heicseagán, séshlisneog
highness: mórgacht
  His Serene H~, a Mhórgacht Shoilseach
hill: tulach
hillock: tulach
  a mount of ten hillocks, cnocán deich
    dtulach
  a mount of three hillocks, cnocán trí
    thulach
hilt: dornchla
hilted: an dornchla...
hind: eilit
hippocampus: capall mara
hoist: ardú (*brataí*)
holly bush: crann cuilinn
Holy Lamb: Uan Dé
Holy Roman Empire: Impireacht Naofa
  Rómhánach
honorary arms: armas oinigh
honour point: pointe onóra
hooded: faoina c(h)ochall

hoofed: le crúba
  h~ argent, ...na crúba airgidí
horn, bugle-horn: buabhall
horned: an adharc... (*aonbheannach*), na
  hadharca... (*ainmhí eile*)
horn of plenty: corn flúirse, adharc shaibh-
ris
horns: adharca (*ainmhí, luanla*)
horse: capall
  h~'s head: ceann capaill, cloigeann
    capaill
horseshoe: crú capaill
hound: cú
  bloodhound, cú fola
  foxhound, gadhar sionnach
  greyhound, míolchú
  Irish wolfhound, cú faoil
hour-glass: orláiste
house:
  The H~ of Burgundy, Rítheaghlach na
    Burgúine
  The Imperial and Royal H~ of Habs-
    burg, Teaghlach Impiriúil Ríoga
    Habsburg
humet: gearrbhalc
humetty: glanghearrtha (*balc*, ⁊rl.)
hunting-horn: buabhall
huntsman: fiagaí
hurst: fáschoill
hurt: mónann
hydra: seachtcheannach, hiodra

ibex: ibeach, antalóp
illegitimacy: neamhdhlisteanacht,
  tuilíocht
imbrued: fuilbhreac
impalement: deighilt
impartible arms: armas doscartha
imperial crown: coróin impiriúil
imperial eagle: iolar impiriúil
Imperial Service Order: Ord na Seirbhíse
  Impiriúla
in:
  in base, thíos, sa bhun
  in bend, ar dul bandáin
  in bend sinister, ar dul clébhandáin
  in chevron, ar dul rachtáin
  in chief, thuas, sa bharr
  in cross, ar dul croise
  in fess, ar dul bailc
  in foliage, faoi dhuilliúr
  in glory, gathanna gréine ina t(h)impeall

in lure, ar dul cluain seabhaic
in pale, ar dul cuaille
in pile, ar dul dinge
in point, ar dul dinge
in pretence, ar lársciath éilimh
in pride, faoina t(h)aibhseacht
in quadrangle, ceann i ngach cúinne
in saltire, ar dul sailtíre
in splendour, (*grian*) niamhrach
incensed: ag sceitheadh tine
increscent: luanla nuaghealaí
indented: eangach
  a fess i~ on the upper surface, balc eangach ar feadh na ciumhaise uachtaraí
Indian Empire:
  Order of the I~ E~, Ord Impireacht na hIndia
indivisible arms: armas doroinnte
inescutcheon: lársciath
  i~ charged with an i~, lársciath agus mionsciath anuas uirthi
  i~ of pretence, lársciath éilimh
infamed: gan eireaball
inflamed: lasta
infulae: sraoillíní (*mítéir*)
ingrailed: clasach
inheritance of arms: armas a fháil mar oidhreacht
ink-moline: miolaire, tual
insect: feithid
insignia: síneacha, ionchomharthaí
  heraldic i~, síneacha araltacha
  i~ of office, síneacha oifige
Instruments of the Passion: Ionstraimí na Páise
  the Crown of Thorns, an Choróin Spíne
  the Heart with five wounds, an Croí is na Cúig Chréacht
  the Ladder, an Dréimire
  the Nails, na Tairní
  the Pincers, an Pionsúr
  the Pitcher, an Crúiscín
  the Reed and Sponge, an Ghiolcach is an Machdual
  the Scourge, an Sciúirse
  the Spear, an tSleá
  the Sword, an Claíomh
  the Towel, an Tuáille
interchanged: lí-aistrithe
interlaced: fite lena chéile
invected: dronnógach
inverted: bunoscionn

Ireland King of Arms: Rí-Aralt Éireann
irradiated: gathach
issuant: ag éirí aníos, ag fás as
issuing: ag éirí aníos
  i~ from the base, aníos as an mbun, ón mbun aníos
ivy: eidheann

jacent: ina luí
jacinth: iasaint; (*mar ruaim*) ciarbhuí
jamb: géag (*ainmhí*)
jambs: loirgneáin
javelin: lansa, laighean
jelopped:
  a dunghill cock Or, j. gules, coileach clóis órga, an sprochaille dearg
jessant: ag fás
jessant-de-lis: plúrach
  leopard's face j~, aghaidh phlúrach liopaird
jessed: le héillíní, na héillíní…
Jew's-harp: trumpa béil
juge d'armes: iúidic armas
Jupiter: Iúpatar; (*mar dhath*) gorm
jupon: gearrchóta

kelpie: each sí
  water-k~, each sí
key: eochair
  two keys wards upwards and inwards, dhá eochair na heanga thuas is istigh
king:
  k~ enthroned, rí ar a ríchathaoir
king of arms: rí-aralt
  Clarenceux K~ of A: Rí-Aralt Chlaireansó
  Garter K~ of A~: Rí-Aralt an Ghairtéir
  Ireland K~ of A~, Rí-Aralt Éireann
  Lyon K~ of A~, Rí-Aralt an Leoin, Ceann na Síthmhaor
  March K~ of A~: Rí-Aralt na dTailte Teorann, Rí-Aralt March
  Norroy and Ulster K~ of A~, Rí-Aralt Noirréis is Uladh
  Norroy K~ of A~, Rí-Aralt Noirréis
  Ulster K~ of A~, Rí-Aralt Uladh
knight: ridire, marcach, marcfhlaith
  K~ Bachelor, Ridire Beoshláinte
  K~ Banneret, Ridire Meirge
  K~ Commander, Ridire Ceannasaí
  K~ Grand Cross, Ridire Mórchroise
  K~ Hospitaller, Ridire Spidiléir

185

K~ of Glyn, Ridire an Ghleanna

K~ of Kerry, Ridire Chiarraí

K~ of King William, Ridire d'Ord Liam Rí

K~ of St Michael and St George, Ridire d'Ord Mhíchíl is Seoirse

K~ of St Patrick, Ridire d'Ord Phádraig Naofa

K~ of the Bath, Ridire d'Ord an Uisce

K~ of the British Empire, Ridire d'Ord Impireacht na Breataine

K~ of the Elephant, Ridire d'Ord na hEilifinte

K~ of the Garter, Ridire d'Ord an Ghairtéir

K~ of the Golden Fleece, Ridire d'Ord an Lomra Óir

K~ of the Holy Spirit, Ridire d'Ord an Spioraid Naoimh

K~ of the Order of St John of Jerusalem, Ridire d'Ord Eoin Naofa Iarúsailéim, Ridire de Mhuintir Eoin Baiste

K~ of the Order of the Star of India, Ridire d'Ord Réalta na hIndia

K~ of the Royal Order of the Northern Star, Ridire d'Ord Ríoga na Réalta Thuaidh

K~ of the Royal Order of Vasa, Ridire d'Ord Ríoga Vása

K~ of the Royal Victorian Order, Ridire d'Ord Ríoga Victoria

K~ of the Teutonic Order, Ridire den Ord Teotanach

K~ of the Thistle, Ridire d'Ord an Fheochadáin

K~ Templar, Ridire Teamplóir, Ridire Teampaill

White K~, an Ridire Bán

knife: scian

knot: snaidhm

Bourchier k~, snaidhm chúrsála

Bowen k~, boghshnaidhm

Dacre k~, snaidhm Dacre

Harrington k~, fiteán eangaí

Hungerford k~, snaidhm Hungerford

k~ of Savoy, snaidhm Saváí

Lacy k~, snaidhm Léiseach

Stafford k~, snaidhm Stafardach

true-love k~, snaidhm ghrá, cuachóg

Wake k~, snaidhm Bhuitléarach

kookaburra (*Dacelo gigas*), cúcabarra

kukri: cúicrí (*scian Ghurcach*)

label: lipéad

l~ throughout of five points, lipéad chúig fhigín ar fad

lamb: uan

L~ of God, Uan Dé

lambrequin, brat, tuíneach

laminated: lannach, an lann…

lance: lansa, lansa giústála

langued: an teanga…

lantern: lóchrann

lapwing: pilibín míog

larmes:

goutty de l~, gormbhraonach

Latin cross: cros laidineach

Latin Kingdom of Jerusalem: Ríocht Laidineach Iarúsailéim

latticed:

argent, l~ gules, ar airgead laitís dhearg, ar airgead fiteánach tairneáilte dearg

laurel: labhras

variegated l~, labhras breac

laver: feamainn, duileasc

leaping: ag lingeadh, ag léim

leaved: an duilliúr…, na duilleoga…

leaves: duilliúr, duilleoga

leg: cos (*duine*)

legged: na cosa… (*éin*)

leopard: liopard

l~'s face, lomaghaidh liopaird

l~'s head affronty, cloigeann liopaird aghaidh chun tosaigh

leopardé:

lion l~, leon siúlach breathnaitheach

lily: lile

Madonna l~, lile earraigh

linden leaf: duilleog teile

line:

in the male l~, ó athair go mac

lined: líneáilte, an líneáil… (*fallaing*) slabhraithe, an slabhra… (*coiléar*)

lines of partition: roinnlínte

lion: leon

demi l~ issuant, leathleon ag éirí aníos

demi l~ naissant, leathleon

l~ coward, leon meata

l~ defamed, leon gan eireaball

l~ disjointed, leon stiallta

l~ double-queued, leon dé-eireaballach

l~ leopardé, leon siúlach breathnaitheach

l~ **passant gardant,** leon siúlach breathnaitheach

l~ **poisson,** leon mara

l~ **queue fourchy,** leon le heireaball gabhlánach

l~ **rampant,** leon (*ina cholgsheasamh*)

lions addorsed, leoin cúl le cúl

lions combatant, leoin ar aghaidh a chéile, leoin chomhracacha

l~ **sejant,** leon ina shuí

l~ **sejant affronty,** leon ina shuí aghaidh chun tosaigh, leon suite tultreoch

l~**'s face,** aghaidh leoin

l~**'s gamb, l~'s jamb,** géag leoin

l~**'s paw,** lapa leoin

l~**'s tail,** eireaball leoin

lioncel: leoinín

liver-bird: murúchaill

livery colours: dathanna libhré

lizard: earc luachra, laghairt

Lochaber axe: tua ghallóglaigh, píce meallach

lodged: faoi shuaimhneas

long-bow: bogha fada

long cross: cros laidineach

long ship: seirrcheann, draganlong

lotus flower: bláth loiteoige

love knot: snaidhm ghrá, cuachóg

lowe of flame: bladhm lasracha

lozenge: muileata

lozengy: muileatach

luce: liús

luna: airgead, airgidí

lunel: luanra

lure: cluain

lymphad: long fhada

a l~ **flags and pennon flying,** long fhada na bratacha is an bhratainn ar foluain

a l~ **oars in action,** long fhada na maidí rámha i bhfeidhm

a l~ **sails furled,** long fhada an seol corntha

a l~ **sail set,** long fhada an seol crochta

lynx: lincse

Lyon King of Arms: Rí-Aralt an Leoin, Ceann na Síthmhaor

Lyon Office: Oifig Rí-Aralt an Leoin, Cúirt Rí-Aralt an Leoin

lyre: meannchruit

mace: más

battle m~, más catha

civic m~, más cathartha

"Morning Star" battle m~, más catha dar comhainm Réalta na Maidine

Madonna: an Mhaighdean Bheannaithe

mail:

in **m~,** faoi chathéide, faoi mháille

main: crobh

maintenance:

cap of **m~,** caipín gradaim

mallet: máilléad, farcha

Malta:

Knights of M~, na Spidiléirí, Ridirí Mhálta, Muintir Eoin Baiste

Maltese cross: cros Mháltach, cros ocht rinn

manch: muinchille

maned: an mhoing…

mangonel: catafalt

manticora: catbhéist, mantacór

mantiger: catbhéist, mantacór

mantle: fallaing, fallaing státa

mantling: brat, tuíneach

maple leaf: duilleog mhailpe

three **m~ leaves autumnally tinted proper,** trí dhuilleog mhailpe faoi imireacha an fhómhair dualdaite

marchioness: banmharcas

margrave: margraf

marined: le heireaball éisc

marks of cadency: comharthaí sóisearachta

marks of distinction: comharthaí difreála, comharthaí sainiúlachta

marquis: marcas

marshal: cogairsím

marshalling: cogairsiú

martel: casúr

martlet: mairléad

mascle: mascal

m~ flory, mascal biorphlúrach

masculy: mascalach

masoned: saoirsithe, an tsaoirseacht…

mast: crann seoil

m~ and yard: crann agus slat seoil

matriculation of arms: clárú armais

maunche: muinchille

medal: bonn

melusine: siréana

membered: na cosa is an gob… (*éan*)

menaced:

X **m~ by Y,** X agus Y ag bagairt air

Mercury staff: cadrúca

merlon: barrbhalla

mermaid: murúch, maighdean mhara

merman: peallán

metal: miotal

mill-rind: miolaire, tual

Ministry of Justice: Roinn Dlí agus Cirt

Ministry of the Interior: Roinn Gnóthaí
Intíre

mitre: mítéar, bairrín

moline:
  cross m~, cros mhiolaireach

monogram: monagram, meascadh litreach

monster: arrachtach

moon: gealach
  m~ in her plenitude, gealach lán

moorcock: coileach fraoigh

moor's head: ceann gormaigh, cloigeann
  gormaigh

morion: cafarr

morse: fáiscín

mortar and pestle *féach* pestle and
  mortar

mort's head: blaosc cinn

motto: rosc

mound: ríchruinne

mount: cnocán
  m~ environed of palings, cnocán agus
    crannach ina thimpeall
  m~ of ten hillocks, cnocán deich dtulach
  m~ of three hillocks, cnocán trí thulach
  m~ triple-peaked, cnocán trí splinc
  six formal mounts in base one, two
    and three, sé chnocán stílithe sa bhun,
    a haon, a dó is a trí

mountain cat: fia-chat

mounted: le marcach

mullet: réalta
  m~ of five points, réalta
  m~ of six points, réalta sé rinn
  m~ pierced, tollréalta

murailly: saoirsithe, an tsaoirseacht...

mural crown: múrmhionn

murrey: maoildearg

musimon: múfrón

mutily: ciorraithe

muzzle: glomhar, gobán

naiant: ag snámh

naissant: ag éirí aníos

naval crown: mionn muirí

Navarre knot: snaidhm na Naváire .i.
  cros, sailtír agus dé-ur slabhraí nasctha le
  chéile

navel point: imleog, pointe imleacáin

nebuly: néallach

needle: snáthaid

nerved: na féitheacha... (*duilleog*)

nightingale: filiméala

nimbus: naomhluan

Noah's Ark: Áirc Naoi

nombril point: imleog, pointe imleacáin

Norfolk Herald Extraordinary: Aralt Ur-
  ghnách Norfolc

Norroy and Ulster King of Arms: Rí-
  Aralt Noirréis is Uladh

Norroy King of Arms: Rí-Aralt Noirréis

North Star: an Réalta Thuaidh

Nova Scotia:
  baronet of N~ S~, bairnéad de chuid
    Alban Nua

nowed: snaidhmthe

nowy: cnotach

nuancé: néallach

oak: crann darach
  o~ baton, o~ batten, bata darach

oar: maide rámha
  oars in action, na maidí rámha ag obair

obsidional crown: coróin léigir

official arms: armas oifigiúil

of the field: de lí an mhachaire

of the first: den chéad lí

of the second: den dara lí

of the third: den tríú lí

octofoil: ochtdhuille

ogress: millín

olive:
  goutty d'o~, olabhraonach

ondé: camógach

ongly: na hingne...

opinicus: piniceas

oppressed: uraithe

or: ór, órga

orange: oráiste (.i. *cruinneán ciarbhuí*);
  oráiste aiceanta (*toradh*)

orb: ríchruinne

order: ord
  the Badge of the O~, Suaitheantas an
    Oird
  the Bishop of the O~, Easpag an Oird
  the Brooch of the O~, Bróiste an Oird

the **Chancellor of the O~,** Seansailéir an Oird

the **Collar of the O~,** Coiléar an Oird

the **Habit of the O~,** Aibíd an Oird

the **Historiographer of the O~,** Staraí an Oird

the **Marshal of the O~,** Marascal an Oird

the **Master of Ceremonies of the O~,** Máistir Deasghnáth an Oird

the **Necklet of the O~,** Muince an Oird

the **Pin of the O~,** Biorán an Oird

the **Prelate of the O~,** Prealáid an Oird

the **Riband of the O~,** Ribín an Oird

the **Secretary of the O~,** Rúnaí an Oird

the **Star of the O~,** Réalta an Oird

the **Treasurer of the O~,** Cisteoir an Oird

the **Vice-Chancellor of the O~,** Leas-Seansailéir an Oird

ordinary: ríphíosa

honourable o~, ríphíosa onóra

o~ of arms, armasóir eagraithe, oird-eanáire

oreiller: adhairt

organ-rest: galltrumpa

oriental crown: coróin ársa

oriflamme: *oriflamme* (*Fraincis*)

orle: ur

double o~, dé-ur

in o~, ar dul uir

Ormond knot: snaidhm Bhuitléarach

osprey: iascaire coirneach

ostrich: ostrais

o~ feathers, cleití ostraise

otelles: almóinní

otter: dobharchú

over all: thar an iomlán

overt: oscailte

owl: ulchabhán

ox: damh

padlock: glas fraincín

pairle: gabhal

tierced in p~, gabhalroinnte

tierced in p~ reversed, ladhar-roinnte

pale: cuaille

Canadian p~, cuaille Ceanadach

p~ retracted, cuaille aistarraingthe

palewise: ingearach, go hingearach

palings: crannach

palisade: sonnach

palisado: sonnda

crown p~, coróin sonnda, staicmhionn

pall: gabhal

ecclesiastical p~, páilín, failliam

party per p~, gabhalroinnte

pallet: cuaille, cuaillín

pallium: failliam, páilín glanghearrtha

palm branch: craobh pailme

palmer's staff: trostán

paly: ilchuailleach, cuailleach

p~ of eight, ochtchuailleach

p~ of six, séchuailleach

p~ of ten, cuailleach i ndeich bpíosa

p~ of twelve, cuailleach in dhá phíosa dhéag

paly-bendy: cuailleach bandánach

p~-b~ sinister, cuailleach clébhandánach

panache: curca, seocán

panther: pantar

pantheon: archú, paintiún

papal crown: tiara pápach

papegay: pearóid, paipínseo

parrot: pearóid, paipínseo

party: deighilte

p~ per bend, criosroinnte

p~ per bend abased, léibheann fiartha

p~ per bend sinister, cléroinnte

p~ per chevron, binnroinnte

p~ per chevron embowed, cuas-bhinn-roinnte

p~ per cross, ceathair-roinnte

p~ per fess, gearrtha

p~ per fess, the base also per fess, gearrtha, an t-íochtar gearrtha arís

p~ per fess, the base per pale, gearrtha, an t-íochtar deighilte

p~ per fess, the chief per pale, gearrtha, an barr deighilte

p~ per pairle, gabhalroinnte

p~ per pairle reversed, ladhar-roinnte

p~ per pale, deighilte

p~ per pale, the sinister also per pale, deighilte, an taobh clé deighilte arís

p~ per pale, the sinister per fess, deighilte, an taobh clé gearrtha

p~ per pall, gabhalroinnte

p~ per saltire, crannroinnte, ceathair-ghóireach

Paschal Lamb: Uan Dé

pascuant: ar iníor

passant: siúlach

p~ guardant, siúlach breathnaitheach

p~ reguardant, siúlach aisbhreathnaith-
  each
passant (*obs.*): ar fad
passion cross: cros laidineach
passion nail: tairne céasta
pastoral staff (*bachall le crúca*): caimín
paté, patté, patty: leata
patent: paitinn
paternoster cross: cros phaidríneach
patonce cross: cros lapach
patriarchal cross: cros phatrarcach
patté, patty *féach* **paté**
pavon: liánbhratainn
pawne: géiseanán, péacóg
peacock: géiseanán, péacóg
  p~ in his pride, géiseanán faoina thaibh-
  seacht, péacóg faoina taibhseacht
peak (*cnoc*): splinc
pean: fritheirmínéis
pearl: péarla; (*mar lí*) airgead, airgidí
peer: piara
peerage: piaracht, tiarnas flaithsheanchas
  (*leabhar*)
  Burke's P~, Flaithsheanchas an Bhúrc-
  aigh
peeress: banphiara
  p~ in her own right, banphiara ina ceart
  féin
pegasus: peigeasas, each eiteach
pelican: peileacán
  p~ in her piety, peileacán i mbeart na
  díograise
  p~ vulning herself, peileacán á ghoin
  féin
pellet: millín
pelleté, pellety: millínbhreac, millíneach
pensil: mionbhratainn
pendent: ar crochadh
pennant: bratainn
pennon: bratainn
  lance p~, bratainn lansa
  pavon p~, liánbhratainn
  pointed p~, bratainn bhiorach
  swallow-tailed p~, bratainn ghabhlánach
penned: an chos... (*cleite*)
pennoncelle: mionbhratainn
penny-yard-pence: toistiún, pingin
per bend, per pale, ⁊rl.: *féach* **party per
  bend,** ⁊rl.
perclose: leathghairtéar
pestle and mortar: tuairgnín is moirtéar
petasus: cafarr cleiteach

pheon: treá
phoenix: tearcéan, féinics
pickaxe: piocóid
pierced: pollta
piercing: ag treá, ag tolladh
pike (*iasc*): liús
pike (*uirlis troda*): píce, manaois
pile: ding
  per p~, dingroinnte
  per p~ arched reversed, fallaingroinnte,
  dingroinnte go cuartha aníos
  per p~ transposed, dingroinnte aníos
  p~ reversed, ding aníos
  p~ issuing from the dexter base, ding
  aníos ar dheis, ding ón mbun deas
  p~ issuing from the sinister base, ding
  aníos ar clé, ding ón mbun clé
  **three piles issuing from the dexter
  barwise,** trí dhing chothrománacha ón
  taobh dheas
pily: dingeach
  p~ bendy, dingeach bandánach
pillow: adhairt
pinioned: le sciatháin, na sciatháin...
pinsel: mionbhratainn
pinson: bricín beatha
pipe:
  industrial p~, píopa tionsclaíoch
pitchfork: sprang
plaine: mionléibheann
plane (*carpenter's*): ruincín, locar
planta genista: giolcach shléibhe
plate: pláta
  a p~ pierced sable, pláta pollta dubh
platform: ardán
  p~ of four grices inverted, ardán
  cheithre chéim bunoscionn
platy: púdráilte le plátaí, plátabhreac
plenitude:
moon in her p~, gealach lán, gealach ina
  láine
plume: curca, starraicín, seocán
point: clib (*of label*), pointe, rinn, bior (*of
  sword*), rinn (*of mullet, estoile*)
  p~ champaigne, léibheann, trasphoint-
  eán
  p~ dexter, deasphointeán
  p~ in base, léibheann, trasphointeán,
  mionléibheann
  p~ in p~, go himeall
  p~ pointed, bunphointeán, bunphoint-
  eán biorach

p~ sinister, cléphointeán
pointed cross: cros bhiorach
poix:
 goutty de p~, picbhraonach
pole:
 surveyor's p~, cleith shuirbhéara
pole-axe: biail
pomegranate: gránúll
pomeis: póma
pomme: póma
pommel: úll (*claímh*)
pommely: trostánach
pommy: trostánach
popinjay: pearóid, paipínseo
porcupine: torcán craobhach
port: geata (*caisleáin*)
portal: geata (*caisleáin*)
portate:
 cross p~, cros osair
portcullis: geata crochta
potent: cathógach, croisíneach
 cross p~, cros chathógach
 p~ counter-potent, frithchathógach, frithchroisíneach
potenty: cathógach, croisíneach
pot-helm: feilm
poudré: púdráilte
powdered: púdráilte
premier:
 p~ baron, barún sinsir
 p~ duke, ⁊rl., diúc sinsir, ⁊rl.
Prester John: Eoin Cruifir, Seán Sagart
pretence:
 shield of p~, lársciath éilimh
preying: ag creachadh
priest: sagart
primate: príomháidh
primatial:
 p~ cross, cros phríomháidh
prince: prionsa
princess: banphrionsa
Privy Chamberlain to the Pope: Seom-radóir Príobháideach de chuid an Phápa
Privy Chaplain to the Pope: Séiplíneach Príobháideach de chuid an Phápa
proboscis: trunc (*eilifinte*), probasc
profile:
 head in p~, cloigeann cliathánach
pronominal coat: armas athartha, armas sloinne
Pronotary Apostolic: Leas-Nótaire Aspalda

proper: dualdaite, ina dhathanna aiceanta/ nádúrtha féin
province:
 heraldic p~: proibhinse araltach
purfled: líneáilte, an líneáil... (*fallaing*), maisithe (*armúr*), an chiumhais..., na ciumhaiseanna...
purpure: corcra
purse of state: sparán státa
pursuivant: pursuant, callaire
 Athlone P~, Pursuant Átha Luain
 Bluemantle P~, Pursuant an Ghorm-bhrait
 Bute P~, Pursuant Bhóid
 Carrick P~, Pursuant na Carraige
 Fitzalan P~ Extraordinary, Pursant Ur-ghnách Fitzalan
 Kintyre P~, Pursuant Chionn Tíre
 Ormond P~, Pursuant Urmhumhan
 Portcullis P~, Pursuant an Gheata Chrochta
 Rouge Croix P~, Pursuant na Ruachroise
 Rouge Dragon P~, Pursuant an Dragúin Deirg
 St Patrick P~, Pursuant Phádraig Naofa
 Unicorn P~, Pursuant an Aonbheann-aigh
pyre: breo
python: dragún, nathair eiteach

quadrate: cearnach
 q~ cross, cros chearnchnotach
quarter: ceathrú
quartering: ceathair-ronnt, ilroinnt
quarterings: ilranna
quarterly: ceathair-roinnte
 q~ "en equerre", ceathair-roinnte ar dul bacairt
 q~ of eight, ochtroinnte
 q~ of six, séroinnte
 q~ quartered, na mórcheathrúna ceathair-roinnte
quarter-pierced:
 cross q~-p~, cros chearnphollta
quatrefoil: ceathairdhuille
queue: eireaball
 double-queued, dé-eireaballach
 q~ fourché, le heireaball gabhlánach
quilled: an chos... (*cleite*)
quillon: dornchlúid (*claímh*)
quintain: cuinteán

quintfoil: cúigdhuille
quise:
  à la q~, ag an leis
quiver: bolgán saighead

rabbit: coinín
radiant: gathach
radiated: gathach
ragged staff: bata ceamach
raguly: ceapánach
railway locomotive: inneall traenach
rainbow: bogha ceatha
ram: reithe
rampant: ina c(h)olgsheasamh
  lion r~, leon
rampart: fálbhach
rapier: ráipéar, pionsa
raven: fiach
ray: ga
rayonny: gathach
rebated: diosctha
rebus: réabas
recercely: aischasta
  cross r~, cros aischasta
reflexed: athfhillte
regimental badge: suaitheantas reisiminte
reguardant: aisbhreathnaitheach
rein: srian
reindeer: réinfhia
reined: an srian…
religious superior general: uachtarán
  d'ord crábhaidh
removed: as ionad
representation:
  a r~ of the Old Church of X, léiriú de
  Shean-Teampall X
representing:
  a figure r~ St Andrew, figiúr .i. léiriú
  d'Aindriú Naofa
reptile: reiptíl
reremouse: feascarluch
respectant: ag féachaint ar a chéile
rest: galltrumpa
returned: athchasta, athfhillte
rhinoceros: srónbheannach
riband: mionbhandáinín
riband (*d'ord ridireachta*): ribín
rigging: rigín
rim: fonsa
  **a coronet of four crosses botonny set
  upon a r~,** coróinéad de cheithre chros
  thriúfacha arna suíomh ar fhonsa

rising: ag éirí aníos
roach: róiste
robin redbreast (*Erithacus rubecula*): spid-
  eog
rod of Aesculapius: liashlat
roebuck: ruabhoc
roll of arms: rolla armas, armasóir
roll of parchment: rolla meamraim
rompu: briste (*rachtán*)
rook (*éan*): rúcach
rook (*ficheall*): caiseal fichille
rose: rós
  garden r~, rós gairdín, rós aiceanta
  r~ en soleil, rós i lár gathanna na gréine
  r~ of Lancaster, rós Lancastar
  r~ of York, rós Eabhrac
  Tudor r~, rós dúbailte
Rothesay Herald: Aralt Bhaile Bhóid
rouelle: tollréalta
Rouge Croix Pursuivant: Pursuant na
  Rua-chroise
Rouge Dragon Pursuivant: Pursuant an
  Dragúin Deirg
roundel: cruinneán
rousant: ag éirí aníos
ruby: rúibín; (*mar lí*) dearg
rue:
  chaplet of r~, rúfhleasc
rustre: tollmhuileata

sabbaton: sútar
sable: dubh
saddle: diallait
saddled:
  a horse argent, s~ and bridled gules,
  capall airgidí an diallait is an srian dearg
sagittarius: saighdeoir, ceinteár
sail: seol:
  in full s~, faoi lán seoil, faoi iomlán
  éadaigh
  sails furled, na seolta corntha
  sails set, na seolta crochta
saint *féach* **St**
salamander: tinteog, salamandar
salient: ag lingeadh
salmon: bradán
  s~ leaping, bradán ag léim
salmon-fly: bréagchuil
saltire: sailtír
  per s~, crannroinnte, ceathairghóireach
saltire-wise: ar dul sailtíre

sang:
  goutty de s~, fuilbhraonach
sanglant: fuilbhreac
sanglier: torc
sanguine: cródhearg
sans: gan
  s~ nombre, do-áirimh
sapphire: saifír; (*mar lí*) gorm
Saracen's head: ceann Saraistín, cloigeann Saraistín
sarcelly: folmhaithe ar fad
sardonyx: sardoinisc; (*mar ruaim*) maoil-dearg
Saturn: Sadarn; (*mar lí*) dubh
satyr: úraisc, saitir
satyral: catbhéist
savage: fear coille, fear fiáin
  two savages wreathed about the head and middle, beirt fhear coille duilliúr faoin gceann is faoin gcoim acu
saw: toireasc
Saxon crown: coróin Shacsanach
scaling-ladder: dréimire dreaptha
scallop: muirín, cairbreán
scalp: barr an chinn, baithis
scarp: mionbhandán
sceptre: ríshlat
scimitar: simeatár
scintillant: ag spréacharnach
scorpion: scairp
scrape: mionbhandán
scrip: scriopa, mangán
scrog: craobh
scroll: scrolla
scrolled: an scrolla…
scruttle: dallán cáite
scythe: speal
sea-dog: cú mara
sea-horse: each uisce
sea-lion: leon mara
seal (*ainmhí*): rón
seal (*ar cháipéis*): séala
seax: cromchlaíomh
secretum: sicréid, séala rúnda
seeded: na síolta…
segged: na duillí…
segreant:
  griffin s~, gríobh ina colgsheasamh
seize quartiers: armais na sé shinsear déag
sejant: ina s(h)uí
  s~ affronty: ina s(h)uí aghaidh chun tosaigh

s~ guardant, breathnaitheach ina s(h)uí
s~ rampant, ina c(h)olgshuí, (*leon*) cuthaigh ina shuí
semy: púdráilte
senostrochère: lámh chlé
seraph's head: cloigeann saraifín, ceann saraifín
serpent: nathair
seruse: toirtín
sexfoil: sédhuille
sextant: seiseamhán
shackle-bolt: laincis
shafted: an crann… (*sleá, saighead, ⁊rl.*)
shakefork: forc
shamrock: seamair
sheaf of arrows: beart saighead
sheaf of corn: punann
sheep: caora
sheldrake: bardal breac
shield: sciath
  horse-head s~, sciath Iodálach
  rectangular s~, sciath dhronuilleogach
  round shield, cruinnsciath
  s~ à bouche, sciath mhantach
  s~ round in base, sciath bhunchruinn
  Spanish s~ (*écu espagnol*), sciath bhunchruinn
shoveller: spadalach
sickle: corrán
sign:
  heraldic s~ (*outside town, county, etc.*), stearnal
sinister: clé, tuathal
sinople: uaine
siren: murúch, maighdean mhara
sixfoil: sédhuille
skein: scian dubh
slip: slapar, craobhóg
slipped: gasach
  a rose gules s~ vert, rós dearg an gas uaine
slogan: sluaghairm, gáir chatha
slope: fána
  s~ sinister (*of mount*), fána chlé
slughorn: sluaghairm, gáir chatha
snake: nathair
soaring: ag faoileáil, eadarbhuasach
solleret: iarnchuarán
Somerset Herald: Aralt Somerset
sol: grian; (*mar lí*) ór, órga
  s~ in splendour, grian niamhrach
spancelled: faoi laincis

spear: sleá
 tilting s~, lansa, lansa giústála
sphere: cruinneog
 armilliary s~, sféar neamhaí
 celestial s~, sféar neamhaí
spider: damhán alla
spigot: spiogóid
spiral: bís
spotted: na spotaí...
spread eagle: iolar leata
sprig: craobhóg
springbok: spriongboc
springing: ag lingeadh
spur: spor
spur-rowel: tollréalta
square-pierced: chearnphollta
squirrel: iora
staff: bata bachall
 pilgrim's s~, trostán
 prior's s~, bachall prióra (.i. bachall i
  bhfoirm T-chroise)
 rectorial s~, bachall prióra
 s~ of an Anglican dean, bachall déin
  Anglacánaigh
stafford knot: snaidhm Stafardach
stag: carria
stag-beetle: daol adharcach
stain: ruaim
stallplate: stallphláta
standard: stannard
standing stone: gallán
St Andrew's cross, sailtír, cros Aindriú
St Anthony's cross: T-chros
St Cuthbert's cross: cros leata chearn-
 chnotach
star: réalta sé rinn
statant: ina stad
steel cap: cafarr
stock: stoc (crainn, ancaire)
stock-card (le haghaidh cardála): piocard
stockfish: iasc tirim, stociasc
stork: storc
streamer: straiméad
streamers flying, na bratainní ar foluain
stringed: na sreanga... (cláirseach) an
 tsreang... (bogha)
subordinary: fophíosa
subverted: aisiompaithe, bunoscionn
sufflue: galltrumpa
sugar-cane: cána siúcra

suit of armour: cathéide
 suit of mixed mail and plate, cathéide
  máillí is pláta le chéile
sunburst: scal ghréine
sun in splendour: grian niamhrach
supporter: tacaí
supporting:
 a lion s~ in the dexter paw, leon, á
  choinneáil sa lapa deas
surcoat: forchóta, cóta uachtair
surgeant: ag éirí aníos
surmounted by...: ... anuas air, ... ar a
 b(h)arr
surtout: os cionn an iomláin, thar an
 iomlán
swallow: fáinleog
swan: eala
swastika: cros chromógach, svaistíce
sweep, swepe: catafalt
syke: foinse

tabard: tabard
tail: eireaball
taillé: cléroinnte
talbot: tobhlaire
talent: tallann
targe: cruinnasciath
tartan: breacán
 dress t~, breacán gréasta, breacán maise
 hunting t~, breacán fiaigh
tau cross: T-chros
tenné: ciarbhuí
terrasse: (= Fr. champagne) léibheann, (=
 Fr. plaine) mionléibheann
thistle: feochadán
 the Most Ancient and Most Noble
  Order of the T~, Ord Ró-ársa agus
  Ró-uasal an Fheochadáin
thunderbolt: caor thine, farcha tintrí
tiara: tiara
tierce (three barrulets): trí lataí
tiercé en écusson: tríroinnte ar dul
 scéithe
tierced: tríroinnte
 t~ in bend, tríroinnte ar dul bandáin
 t~ in bend sinister, tríroinnte ar dul
  clébhandáin
 t~ in fess, tríroinnte go cothrománach
 t~ in mantle, fallaingroinnte
 t~ in pairle, gabhalroinnte
 t~ in pairle reversed, ladhar-roinnte
 t~ in pale, tríroinnte go hingearach

tiger: tíogar
  Bengal t~, tíogar aiceanta, tíogar nádúr-
    tha
  Tasmanian t~, tílicín
tilting-spear: lansa giústála
timbre: fleasc, clogad is fleasc
tincture: lí
titular bishop: easpag teidealach
Toison d'Or: Lomra an Óir
tortoise: toirtís
topaz: tópás; (*mar lí*) ór, órga
torch: sutrall
torqued: casta, lúbach
torse: fleasc
torteau: toirtín, silín
tortilly: casta, coirníneach
tournament: turnaimint
tourné: aisbhreathnaitheach
tower: túr
  a t~ conically capped, túr agus barr
    coirceogach air
towered: le túiri, na túir…
tranché: criosroinnte
transfixed: treáite
transfluent: ag sní tríd
transmuted: lí-aistrithe
transposed: bunoscionn
trappings: eachraíos
traversed: tuathal, ag breathnú tuathal
trefly: triufach
trefoil: trídhuille, triuf
  t~ slipped, seamair
treille: laitís
trellise: laitís
tressure: trilseán
  double t~ flory counter-flory, déthril-
    seán plúrach frithphlúrach
triangle: triantán
  equilateral t~, triantán comhshleasach
trick: sracléaráid
tricorporate: tríchorpach
trident: trírinn
trimmed (*éadach*)**:** maisithe
triparted: tríscartha
triple mount: cnocán trí thulach
trippant: ar sodar
triumphal crown: coróin chathréime
trivet: trípéad, branra
troll: gruagach
trout: breac
truck: (*bata, crann seoil*) caipín
trumpet: trumpa

truncheon: bata marascail, steafóg
  marascail
trussed: na sciatháin dúnta
trussing: ag creachadh
T-square: crosbhacart
Tudor rose: rós dúbailte
tufted: na stothanna… stoth an
  eireabaill…
tunic: ionar
turband: turban
turret: gairéad, túirín
turreted: le gairéid, le túiríní na gairéid…,
  na túiríní…
tusked: na starrfhiacla…
tyger: tíogar
tynes: beangáin (*na mbeann*)

Ulster King of Arms: Rí-Aralt Uladh
umbrated: scáthlínithe
undy: camógach
unguled: na crúba…
unicorn: aonbheannach, aonadharcach
  U~ Pursuivant, Pursuant an Aon-
    bheannaigh
urchin: gráinneog
urdy: sonnda
  cross u~, cros sonnda
urinant: ag tumadh
Ursa Major: an Béar Mór, an Cam-
  chéachta

vair: véir
vairy: véir
  v~ ermine and gules, véir eirmín is
    dearg
vallary: sonnda
  crown v~, coróin shonnda, staicmhionn,
vambrace: armúr (*na rí*)
vambraced: éide uime/uimpi, armtha
vamplate: dornchlúid
vane: eite ghaoithe
Venus: Véineas; (*mar lí*) uaine
verdoy: púdráilte
veroled (*of hunting-horn*)**:** na biannaí…, na
  snoing…
verolles, verules: fiúnna, fáinníní
  comhlárnacha
vert: uaine
vervel: iodh
vested: faoi éide, gléasta
vetu (= *a lozenge throughout*)**:** roinnte ar dul
  muileata ar fad

vetu en ovale: ubhchruth mór
Vicar Apostolic: Biocáire Aspalda
Viking: Uigingeach, laoch Lochlannach
  V~ ship, seirrcheann, draganlong
vires (*concentric annulets*): fiúnna, fáinníní comhlárnacha
viscount: víocunta
viscountess: víocuntaois
visitation: fiosrúchán araltach
visor: cealtair
voided: folmhaithe
voider: gearrthóg
vol: dé-eite bunoscionn
volant: ag eitilt, ar eitilt
vorant: ag slogadh
vulned: gonta
vulning: ag goin

walled: táibhleach
wallet (*pilgrim's*): mangán, scriopa
Wake knot: snaidhm Bhuitléarach
warrant: barántas
water bouget: cilfing
water kelpie: each sí
water-lily leaf (*feuille de nymphale, Seeblatt*): duilleog bháite
wattled: an sprochaille…
waves of the sea: tonnta farraige
wavy: camógach
  barry w~, cambhalcach
weather-cock: coileach gaoithe
weather-vane: coileach gaoithe
well: tobar
whale: bleidhmhíol, míol mór
wheatsheaf: punann
wheel: roth
  Catherine w~, roth céasta
  cog-w~, roth fiaclach
  w~ of four spokes, roth cheithre spóca
whelk-shell: cuachma
whirlpool: caisimín
wielding: ag diúracadh
wild man: fear fiáin, fear coille
window: fuinneog
windowed: na fuinneoga…

wing: eite, sciathán
  w~ disclosed, na heití leata
winged: eiteach, sciathánach
  a dragon vert w~ or, dragún uaine na heití órga
winnowing fan: dallán cáite
wodehouse, woodhouse: gealt, fear fiáin, fear coille
wolf: mac tíre, faolchú
wolfhound:
  Irish w~, cú faoil
woodbill: cot
wool-card: carda, carla
woolpack: paca olla
wound: goin
wreath: fleasc
  on a w~ of the colours, ar fhleasc de na líocha
wrist: rosta
  couped at the w~, glanghearrtha ag an rosta
wyvern: vuibhearn

yale: bocánach
yeoman: gíománach (*saighdiúir*), scológ
York Herald: Aralt Eabhrac
youth's head: ceann ógánaigh, cloigeann ógánaigh

zodiac: stoidiaca
  signs of the z~, comharthaí an stoidiaca
  Aries, an Reithe
  Taurus, an Tarbh
  Gemini, an Cúpla
  Cancer, an Portán
  Leo, an Leon
  Virgo, an Mhaighdean
  Libra, an Mheá
  Scorpio, an Scairp
  Sagittarius, an Saighdeoir
  Capricornus, an Gabhar
  Aquarius, an Fear Uisce
  Pisces, na hÉisc

Noda

AF   A. C. Fox-Davies, *Armorial Families: a Directory of Gentlemen of Coat Armour* (5ú heagrán Londain 1905)

AH   A. C. Fox-Davies, *The Art of Heraldry* (2ú heagrán Londain 1986)

AWW   Gayre of Gayre and Nigg, *The Armorial Who is Who 1979-1980* (Dún Eideann)

BGA   Bernard Burke, *The General Armory of England, Scotland, Ireland and Wales* (eagrán deireanach 1884, athchló Ramsbury 1989)

BP   Bernard Burke, *Peerage and Baronetage* (London 1908)

CCH   Geoffrey Briggs, *Civic and Corporate Heraldry: a Dictionary of Impersonal Arms of England, Wales and N. Ireland* (Londain 1971)

CGH   A. C. Fox-Davies, *A Complete Guide to Heraldry*, arna athchóiriú ag J. P. Brooke-Little (Londain 1985)

FCA   Joseph Foster, *The Dictionary of Heraldry: Feudal Coats of Arms and Pedigrees* (2ú heagrán Londain 1989)

FNMI   John T. Gilbert, *Facsimiles of the National Manuscripts of Ireland* (Londain 1874-82)

GO   lámhscríbhinn ar bith de chuid an Oifig Ginealais

HHB   Anthony R. Wagner, *Historic Heraldry of Britain* (Londain 1939)

HIF   G. A. Hayes-McCoy, *A History of Irish Flags* (Baile Átha Cliath 1979)

IF   Edward MacLysaght, *Irish Families: Their Names, Arms and Origins* (4ú heagrán Baile Átha Cliath 1985)

IH   Christopher agus Adrian Lynch-Robinson, *Intelligible Heraldry* (Londain 1948)

K   Cecil R. Humphery-Smith, *Kennedy's Book of Arms* .i. eagrán macasamhla de lámhscríbhinn dar teideal *Sketches Collected chiefly from the Records in Ulster's Office and other authentic Documents* [1816] (Canterbury 1967)

PO   J. W. Papworth, *Ordinary of British Armorials* (Londain [1874], athchló 1985)

TH   Michel Pastoureau, *Traité d'Héraldique* (Páras 1979)

THBF   J. Woodward agus G. Burnett, *A Treatise on Heraldry British and Foreign* (athchló Rutland, Vermont 1967)

Liosta leabhar

Armstrong, E. C. R. (1913): "A note as to the time heraldry was adopted by the Irish chiefs", *Journal of the Royal Society of Antiquaries of Ireland* 43, 66-72.

Barry, J. (1970): "Guide to the records of the Genealogical Office, Dublin, with a commentary on heraldry in Ireland", *Analecta Hibernica* 26, 3-41.

Blake, M. (1905-06): "The Arms of the Corporate Town of Galway", *Journal of the Galway Archaeological and Historical Society* 4, 45-48.

Brooke-Little, J. P. (1983): *Boutell's Heraldry* (Londain).

Butler, T. B. (1943-55): "The Officers of Arms of Ireland", *The Irish Genealogist* 2, 2-12, 40-47.

Butler, T. (1980-81) "Heraldry of the Butlers in Ireland", *Journal of the Butler Society* 2, 86-101.

Butler, T. (1991): "Some Heraldic Shields of the Butlers in Ireland with Source References", *Journal of the Butler Society* 3, 363-375.

Chorzempa, Rosemary A. (1987): *Design your own Coat of Arms* (Nua-Eabhrac).

Collins, S. M. (1941): "Some English, Scottish, Welsh and Irish Arms in Medieval Continental Rolls", *The Antiquaries Journal* 21, 203-210.

Crossly, Aaron. (1724): *The significance of most Things that are born in Heraldry* (Baile Átha Cliath), ceangailte lena *Peerage of Ireland* (1723 Baile Átha Cliath).

De Breffny, B. (1982): *Irish Family Names: Arms, Origins and Locations* (Baile Átha Cliath).

Du Noyer, G. V. (1868a): "Catalogue of 101 drawings of coats of arms from original sketches from tombstones", *Proceedings of the Royal Irish Academy* 10, 179-188.

Du Noyer, G. V. (1868b): "Catalogue of 103 drawings of coats of arms from original sketches from tombstones", *Proceedings of the Royal Irish Academy* 10, 402-412.

Galloway, P. (1983): *The Most Illustrious Order of St Patrick* (Chichester).

Garstin, J. R. (1908-11): "The Arms and Seal of Dundalk", *Journal of the County Louth Archaeological Society* 2, 205-207.

Heraldic Artists Ltd (1980): *The Symbols of Heraldry Explained* (Baile Átha Cliath).

Heim, Bruno B. (1981), *Heraldry in the Catholic Church* (Gerrards Cross).

Hickey, Elizabeth (1982-84): "Arms of the Earls of March and Ulster on the tower of the Cathedral of Trim, Ireland", *The Coat of Arms*, N.S., vol. V, No. 126, 148-152.

Hickey, Elizabeth (1988-89): "Royal Heraldry and some Irish Arms at Trim, County Meath", *Ríocht na Midhe* 8, 129-140.

Holland, M. (1916): "Sketch of the Cork City Arms by Daniel Maclise", *Journal of the Cork Historical and Archaeological Society* 22, 85-88.

Jackson, V. (1940-42): "The Armorials of the City of Dublin", *Dublin Historical Record* 3-4, 33-38.

Lart, C. E. (1938): *The Pedigrees and Papers of James Terry, Athlone Herald at the Court of James II in France, 1690-1725* (Exeter).

Lyall, Andrew (1993-94): "Irish Heraldic Jurisdiction", *The Coat of Arms* N.S. vol. X, No. 164, 134-142, No. 165, 178-187, No. 167, 266-275.

Mac Lochlainn, A. (1953): "Rex v. Crossly: a lecture with manifestations", *County Kildare Archaeological Society Journal* 13, 193-200.

LIOSTA LEABHAR

Mac Lochlainn, A. (1954): "A Gaelic Armory", *Journal of the Royal Society of Antiquaries of Ireland* 84, 68-71.

MacLysaght, E. (1949): "Some observations on the arms of the four provinces", *Journal of the Royal Society of Antiquaries of Ireland* 79, 60-63.

Meek, D. E. (1986): "The Banners of the Fian in Gaelic Ballad Tradition", *Cambridge Medieval Celtic Studies* 11, 29-69.

Ó Comáin, M. (1991): *The Poolbeg Book of Irish Heraldry* (Baile Átha Cliath).

Ó Conluain, P. (1990): "The Red Hand of Ulster", *Dúiche Néill* 5, 24-38.

Ó Dónaill, Niall, eag. (1977): *Foclóir Gaeilge-Béarla* (Baile Átha Cliath).

O'Neill, T. P. (1976): "Irish Trade Banners", in C. Ó Danachair, *Folk and Farm* 177-199 (Baile Átha Cliath).

Pye, R. F. (1970), "The Armory of the Western Highlands", *The Coat of Arms*, vol. XI, No. 81, 3-8, No. 82, 51-58.

Reeves, W. (1853): "The Seal of Hugh O'Neill", *Ulster Journal of Archaeology*, 1ú sraith, 1, 255-258.

Roelofsma, D. K. (1982): "A Sketch of the Gaelic Elements in Irish Heraldry", *Communicaciones al XV Congreso de Ciencias Genealógicas y Heráldicas* (Madrid), 367-379.

Roinn Oideachais, an (1981) *Foclóir tíreolaíochta agus pleanála mar aon le téarmaí seandálaíochta* (Baile Átha Cliath).

Royal Irish Academy (1913-76): *Dictionary of the Irish language: based mainly on Old and Middle Irish materials* (Baile Átha Cliath).

Skey, W. (1846): *The Heraldic Calendar: a list of the nobility and gentry whose arms are registered and pedigrees recorded in the herald's office in Ireland* (Baile Átha Cliath).

Slevin, J. Gerard. (1955-56): "The heraldic practice of the Archbishops of Dublin", *Repertorium Novum* 1, 470-476.

Vinycomb, J. (1895, 1898): "The Seals and Armorial Insignia of Corporate and other Towns in Ulster", *Ulster Journal of Archaeology* 1, 36-46, 111-119; 4, 23-32, 103-111.

Vinycomb, J. (1896-97): "Arms of the Bishoprics of Ireland", *Ulster Journal of Archaeology* 3, 2-12, 98-112.

Went, E.J. (1952): "Fishes in Irish heraldry", *Journal of the Cork Historical and Archaeological Society* 57, 110-120.

Williams, N. J. A. (1989): "Of Beasts and Banners: the origin of the heraldic enfield", *Journal of the Royal Society of Antiquaries of Ireland* 119, 62-78.

Williams, N. J. A. (1990a): "Dermot O'Connor's Blazons and Irish Heraldic Terminology", *Eighteenth-Century Ireland* 5, 61-88.

Williams, N. J. A. (1990b): "Irish Heraldry: Facts and Fallacies", in William Nolan, eag., *The Heritage Business* Centre for Local and Heritage Studies, University College Dublin, 119-129.

Williams, N. J. A. (1992): "A Seal of an Irish Regiment in the Service of the King of France", *Journal of the Royal Society of Antiquaries of Ireland*, vol. 122, 146-149.

Williams, N. J. A. (1994): "Computer Graphics and Heraldry", *The Coat of Arms* N.S. vol X, No. 168, 310-317.

Woodward, J. (1894): *A Treatise on Ecclesiastical Heraldry* (Dún Éideann is Londain).

Synopsis in English

00 Heraldry. Corporate and personal heraldry. The origins of heraldry. The beginnings of heraldry in Ireland.

01 Heraldry and the Native Irish. Irish heraldry in the 13th century: Cathal O'Conor. Gaelic heraldry in the 14th century. The banners of the O'Conors and the O'Dempseys. McCarthy More. Richard II in Ireland. Gaelic heraldry in the 15th century: some Midland chieftains: Geoghegan, Fox, McCawley, McCaughey, Sheils, Brannan, O'Daly and McCrossan. Gael and Gall at the siege of Rouen in 1419. O'Kane's tomb in Dungiven. The heraldic seal of Donal Kavanagh. From the 16th century onwards. Final observations.

02 Native Symbolism. Irish banners before the Normans. Gaelic heraldry and Irish synthetic history. Celtic iconography and Gaelic heraldry.

03 Heraldic Terminology. Heraldic terminology and the Irish language. The vocabulary of heraldry in Modern Irish. The canting coat of arms.

04 The Achievement. The shield. The banner. The standard.

05 The Tinctures. Metals. Colours. Stains. Furs. Charges proper. The tincture rule. The frequency of the various tinctures. Tricks and hatching.

06 The Field. Fields party. Per saltire and quarterly. Varied fields. More complex varied fields. Fields semy and goutty. Diaper.

07 The Honorable Ordinaries. The chief, fess and terrasse. The pale. The bend and bend sinister. The chevron. The cross and the saltire. The pile and the pall. Ordinaries vs varied fields. Cotises. Fimbriation. The arrangement of charges in groups. The position of the individual charges.

08 Ornamented Lines.

09 The Cross. The simple cross. The Latin cross, the Calvary cross, the patriarchal cross. The cross potent, the cross patty and the cross crosslet. The Maltese cross and the cross of St Anthony. The cross flory, the cross patonce, the cross botonny and the cross moline. The Celtic cross. Charges arranged per cross.

10 The Subordinaries. The bordure, the orle and the tressure. The escutcheon. The canton. The gyron. The lozenge, the mascle, the fusil and the rustre. The fret. The flanche. The billet. The label. The roundel and its varieties. The annulet. The point in base, the point dexter and the point sinister.

11 Beasts. The lion. The lion passant. The demi-lion. Lion's head. The leopard. The lynx and the cat-a-mountain. The stag. The boar. Dogs: greyhound, wolfhound and talbot. The wolf and the fox. The horse. The antelope. The elephant. The monkey. Other animals.

12 Birds. The eagle. The vol. The martlet. The hawk. The raven. The pelican. The dove. The ostrich. The phoenix. The chough. The robin redbreast.

13 Fish, Reptiles and Insects. The salmon. The roach. The scallop. The whale and the dolphin. The serpent. Rod of Aesculapius and the caduceus. The lizard. The bee and the ant.

14 Heraldic Monsters. The dragon. The wyvern. The cockatrice. The griffin. The male griffin. The enfield. The unicorn. The mermaid. The sea-horse.

15 Human Figures. Naked figures and the wild man. Clothed figures. Christ, Mary and the saints. The human head. The hand. The arm. The heart.

16 Plants. Trees. The hurst. Branches and leaves. The cinquefoil, the quatrefoil, the trefoil or shamrock. The rose. The fleur-de-lis. Flax flowers and ears of corn. Fruit. Other flowers.

17 Miscellaneous charges. The anchor. Bows and arrows. Shoes. The bugle-horn. Castles and towers. Water-bouget. Cups and covered cups. Swords. Harp. Helmet. Crowns and coronets. Horseshoe. Fleam. Key. Clarion. Grenade. The sun and the moon; crescents of various kinds. Fasces. Books. Ships; the lymphad. The mill-rind. The maunch. The woolpack. Stars, mullets and spur-rowels. Broad arrow and pheon. Catherine wheel. Cloud. Shield. Lances and spears. Weaver's shuttle. Fire-beacon. Broad axe. Modern inventions.

18 Blazon or the Technical Description of a Coat of Arms. Counter-changing. Charges throughout. The basic rules for blazoning in Irish. Further principles. Some examples of blazon in the Irish language.

19 The Crest and its Accessories. The crest. The helm. The wreath and the cap of maintenance. The mantling or lambrequin. Indifferent crests. Gaelic symbolism in the crest. The crest and heraldic solœcisms. The crest in corporate heraldry.

20 Supporters. Supporters in personal heraldry. Supporters in corporate heraldry. The compartment.

21 The Motto. Historic Gaelic mottoes. Personal mottoes in various languages. Mottoes in corporate heraldry. Corporate mottoes in Northern Ireland. Other insignia.

22 Women's Arms and the Marshalling of Arms. The arms of single women. The arms of married women. Dimidiation instead of impalement. Arms of alliance and the heraldic heiress. The descendants of the heiress and quartering. Gaelic quartering. Heraldic equality for women.

23 Differencing. The Geraldines. The Burkes. The Butlers. Marks of cadency. The Anglo-Irish system. The Scottish system. Illegitimacy. Augmentation.

24 The Arms of Ireland and Her Provinces. The harp: the arms of Ireland and Leinster. The arms of Ireland: the saltire gules. The three crowns: the arms of Ireland and Munster. The arms of Connaught. The arms of Meath. The arms of the Province of Ulster. The arms of the Republic of Ireland. The crest of Ireland. The arms of the counties of Ireland. The arms of Cos. Kilkenny, Tipperary and Carlow.

25 The Arms of Irish Towns and Cities. The arms of Dublin. The arms of Belfast. The arms of the City of Cork. The arms of the city of Galway. The arms of Derry. The arms of Armagh. The arms of Limerick. The arms of Waterford. The arms of Dundalk. The arms of Portlaoise. The arms of Dún Laoghaire. The arms of Naas. The Arms of Drogheda. The arms of Youghal. Other towns (references to Gorey, Kinsale, Athlone, Trim, Balbriggan, Loughrea, Shannon, Bundoran, Castlebar, Newcastle West, Kells, Killarney, Wicklow, Kilrush, Greystones, Clonmel, Arklow, Letterkenny, Fermoy, Sligo, Tullamore, Castlerea, Dungannon, and Larne.

26 The Arms of Some Famous People Connected with Ireland. Narcissus Marsh. Jonathan Swift. Henry Grattan. John Henry Newman. Charles Stuart

Parnell. Eamon de Valera. John F. Kennedy. Lord Killannin. Charles J. Haughey.

27 Ecclesiastical Heraldry. Protestant and Catholic bishops. The Protestant clergy. The Catholic clergy. The sees of Armagh and Dublin. Some Irish dioceses: Waterford, Tuam and Derry. Ecclesiastical blazons in Irish by E. O'Mahony. The arms of Pope Paul VI. The arms of Pope John Paul II.

28 The Heralds. Early references to heralds in Ireland. The Ulster King of Arms and his office. The Chief Herald of Ireland. Heraldic visitations. James Terry, Athlone Pursuivant. Sir John Bernard Burke. Native heraldic scholars: Rory O'Farrel and Dermot O'Conor. Aaron Crossly and William Hawkins.

29 Heraldic Jurisdiction in the Modern World. England and Scotland. Northern Ireland. The Commonwealth. Spain. The United States of America. Devisals of Arms. The basis of heraldic jurisdiction. Arms as a mark of honour.

30 Bogus Heraldry. Heraldic honesty. "Arms of the name."

31 Miscellany. Funeral hatchments. Trade union banners. Badges. Orders of chivalry. Gaelic nobility and chiefs of the name.

Innéacs na maisiúchán

Is do na Figiúirí aondathacha a thagraíonn uimhreacha a bhfuil *F* rompu. Do na Plátaí daite a thagraíonn uimhreacha a bhfuil *P* rompu.

Innéacs ginearálta

Ó Cathasaigh: 12.00
Ó Ceallacháin: 16.01
Ó Ceallacháin, Donnchadh: 03.01
Ó Ceallaigh, Tadhg: 14.06
Ó Ceallaigh, Uilliam: 01.00
Ó Ceallaigh (Uí Mhaine): 17.05, 19.06
Ó Cearnaigh: 17.08
Ó Cearnaigh, an Ridire Risteard: 28.02
Ó Cearnaigh, Risteard: 25.10, 27.05
Ó Cearnaigh, Risteard: 28.02
Ó Cearúill Éile: 11.00
Ó Cearúlláin: 01.06
Ó Cianáin, Tadhg: 04.03
Ó Ciarubháin: 12.09, 21.02
Ó Cinnaolaidh: 11.06
Ó Cinnéide: 03.03, 17.08, 17.10
Ó Cinnéide, Pádraig: 01.06
 Kennedy's Book of Arms, 05.06
Ó Cléirigh: 16.02
Ó Cofaigh: 15.01, 17.07
Ó Coigligh: 05.04, 10.01
Ó Coileáin (Cúige Laighean): 12.05, 15.06
Ó Coinn (Anghaile): 11.10
Ó Coinn (Tuamhumhain): 13.05
Ó Conaill: 21.01
Ó Conaire: 15.04
Ó Conaire (Uíbh Fhailí): 22.06
Ó Concheanainn: 09.03, 30.02
 círín, 11.12
 rosc, 21.01
Ó Conchúir, Cathal Crobhdhearg: 00.01,
 01.04, 01.11
Ó Conchúir, Diarmaid: 01.04, 03.02, 28.07
Ó Conchúir Donn: 01.01, 16.00, 30.02
 agus armas Chonnacht, 24.04
 tacaithe: 20.01
Ó Conchúir Fáilí: 01.06, 16.00, 30.02
Ó Conchúir, "Rí Chonnacht": 01.05
Ó Conchúir, Ruairí: 01.01, 24.04
Ó Conchúir Shligigh: 01.01, 30.02
Ó Conghaile: 13.03
Ó Conghaile (Cill Dara): 08.00
Ó Corragáin: 13.07
Ó Croidheáin: 15.08
Ó Crotaigh: 06.04
Ó Crualaoi, Pádraig: 11.10
Ó Cuileanáin: 15.06
Ó Dábhoireann: 17.08
Ó Dálaigh: 01.06
 Muintir Dhálaigh, 01.06
Ó Dálaigh, Cathal: 31.04
Ó Dálaigh, Gofraidh Fionn: 01.00

Ó Deá: 13.05
Ó Dochartaigh: 11.06, 12.00, 17.24
 rosc, 21.01
Ó Dochartaigh, Cathaoir: 25.05
Ó Dónaill: 09.02
Ó Dónaill, Mánas: 01.10
Ó Dónaill, Niall: 03.02
Ó Dónalláin: 15.01, 30.02
Ó Donnabháin: 13.05, 15.07
 taoiseach, 20.01
Ó Donnabháin, Seán: 03.01
Ó Donnaile: 15.06
Ó Donnchadha: 11.09
Ó Donnghaile, Eoghan: 03.01, 11.07
Ó Drisceoil: 17.20
Ó Dúda: 17.08
Ó Dúill: 06.04, 10.01, 11.06
Ó Duinnín: 01.11, 16.04
Ó Dúllaing: 16.00
Ó Fallúin: 17.29
Ó Faogáin: 30.02
Ó Faoláin: 07.08
Ó Fearaíl: 14.06, 17.11, 19.06
Ó Fearaíl Buí, Féichín: 01.10
Ó Fearaíl, Ruairí: 28.07
Ó Fionnagáin: 17.08
Ó Flaitheartaigh: 13.07, 17.20, 19.06
Ó Flannagáin: 10.01, 17.08
Ó Floinn: 11.09
Ó Gabhann: 15.07
Ó Gallchóir: 13.05
Ó Garmaile: 12.02
Oghma Grianaineach: 17.17
Ó Gormáin (taoiseach): 20.01
Ó Gríofa (Griffin): 03.03, 14.04
Ó hÁgáin: 10.03, 17.03, 17.07
 agus Fágán, 30.02
 rosc, 21.01
Ó hÁinle: 11.07, 17.02
Ó hAirt: 17.08
Ó hAllúráin: 11.10
Ó hAnluain, taoiseach Oirthir: 25.09
Ó hAnnáin: 09.03
Ó hAnrachtaigh: 14.04
Ó hAodha: 13.05
Ó hAogáin: 30.02
Ó hArtagáin: 17.08
Ó hEára: 08.00
Ó hEathírn: 12.05
Ó hEidhin: 11.00, 17.05
Ó hÉigeartaigh: 17.08
Ó hEochaidh, Cathal 17.18, 26.09

Plátaí

P 1:   Armas roinnt taoiseach i lár na hÉireann: Talbóid, Ó Cearúlláin (an Mhí), Déise (an Mhí), Mac Eochagáin (an Iarmhí), An Sionnach (Uíbh Fhailí), Mac Amhalaí (Uíbh Fhailí), Mac Eochaidh (Ros Comáin), Ó Siail (Uíbh Fhailí), Mac Crosáin (Laois, Uíbh Fhailí), Mac Branáin (Ros Comáin), Ó Dálaigh (an Iarmhí)

P 2:   Naoi nArmas Thagracha: Ó hEathírn, Craobhach, Haicéid, Ó hAirt, de Barra, Ó Gríofa, Ó Síocháin, Puirséil, Sionóid

P 3:   An tArmas Slán

P 4:   Stannard Ghearóid Mhic Gearailt; Stannard Thomáis Buitléir

P 5:   Líocha an Araltais; Ceanannas Mór, Coláiste Victoria, Meredith

P 6:   Adair, Ó Casaide, Ó Crotaigh, Ó Dúill, Ó hUiginn, Poyntz, Stephenson, Tallant, Tuite

P 7:   Coláiste na Tríonóide, Banc Uladh, Co. Uíbh Fhailí, Baile Brigín, Baile Locha Riach, Bun Dobhráin, an Caisleán Thiar, Cill Airne, na Clocha Liatha

P 8:   Bradshaw, Lecky, Mag Fhinn, Mac Giolla Iasachta, Mac Giolla Phóil, Mac Siúrtáin, Meyler, Nuinseann, Rowley

P 9:   Ó Sé, Moiréis na Gaillimhe, Ó Chonghaile Chill Dara, Mac Donnchadha Chonnacht, Clements, Boyle (Iarla Chorcaí), Ancoitil, Ó hEára, Dómhnall Ó Beaglaoich (Príomh-Aralt na hÉireann, 1982-1995).

P 10:   Warner, Ó Dónaill, Máirtín na Gaillimhe, Ó hAnnáin, Vesey, de Bhál, Drury, Cross, Molyneux

P 11:   Ó Flannagáin, Ó Meára, Ó Coigligh, Molesworth, Mac Conchrú, Caisleán an Bharraigh, Peacocke, Carden, Mac Coisteala

P 12:   de Bláca, Táth, Cill Rois, Coláiste an Gharda Síochána, Devereux, Staples, Ó hÓgáin, Sligeach, an tInbhear Mór

P 13:   De Léis, Ó Leathlobhair, Ó hEidhin, Ó Tuathail, Ó Ruairc, Mac Mathúna, Terry, Parsons, Tenison

P 14:   Ó Dochartaigh, Cluain Meala, Ó hÁinle, Ó Maolruanaidh, Ó Fallúin, Wolsely, Ó Donnchadha, Ó Coinn, Pratt

P 15:   Ó Baíolláin, Brúnach na Gaillimhe, Ó Cathasaigh, Wingfield, Ó Garmaile, Ó Madáin, an Tulach Mhór, Cill Mhantáin, Ó Ciarubháin

P 16:   Ó Néill, Mainistir Fhear Maí, Ó Cathail, Ó Riagáin, Ó Deá, Bord Sláinte an Mheániarthair, Ó Corragáin, Mac Coitir, Acadamh an Bhaile Mheánach

P 17:   Mac Giolla Chuda, Ó hAnnrachtaigh, Ó Maoilriain, Iarlaí Urmhumhan, Ó Nialláin, Mac Amhlaoibh, Gearóid Ó Sléibhín

P 18:   Ó Dónalláin, Ó Lochlainn, Deoise Thuama, Doire, Mac Brádaigh, Ó Donnabháin, Ó Mangain, Ó Gabhann, Ó Croidheáin

P 19:   Ó Dúllaing, Ó Ceallacháin, Ó Cléirigh, Blood, Dairsíoch, Ollscoil na hÉireann, Baile Átha Luain, Baile na Sionainne, D'Olier

P 20:   Ó Maolomhnaigh, Fágán, Beilleagam, Trá Lí, Ó Seachnasaigh, Pluncéid, Ó Cofaigh, Lightburne, Ó Dúda

P 21:   Ó Dábhoireann, Ó Fionnagáin, Ollscoil Bhaile Átha Cliath, Ó Maoilmhichíl, Ó Cinnéide, Cuman Údarás Bardasach Thuaisceart Éireann, an Caisleán Riabhach, Ferrers, an Ridire John W. Moore

P 22:   Deoise an Dúin, Granville (Tiarna Lansdún), Ball, Ó Maolalaidh, Mag Shamhráin, Mac Dónaill (an Clár is Gaillimh), Ó Maolchonaire, Ó Drisceoil, Ó Flaitheartaigh

P 23:   Winterton, Réamonn, Maunsell, Ó Móráin, Mac Eoghain, Ó Seanlaoich, Ó Duagáin, Breatnach Uíbh Oirc, Mac Colgáin

P 24: Scott, Hay, Mac Con Mara, Leeson (Iarla Bhaile an Mhuilinn), Dún Geanainn, Mac Síthigh, Pobalscoil Chillín (Bré)

P 25: Baróid, Ó Scanláin, Sáirséil, Císóg, V. J. S. Doddrell, Oadby U.D.C, Mrs H. M. Laing, J. Berger-Carrière, Borough of Wandsworth

P 26: Andrew Marshell Porter (Bairnéad), Edward Festus Kelly

P 27: Contae Bhale Átha Cliath; Ceithre Chírín Áiféiseacha: Blackwood (Barún Dhubhthrín), Tabuteau (Cúil an tSúdaire), Mac Muiris (Tiarna Lansdún), Wingfield (Víocunta Theach Conaill)

P 28: Baile Átha Cliath, Béal Feirste

P 29: Anne Cuntaois Chambridge (†1411), Linnea M. Mangan (Iníon Aitchison), Narcissus Marsh (†1713 Ardeaspag Bhaile Átha Cliath), Mairéad Víocuntaois Fhir Arda (†1824), Propast Eochaille, Mac Craith, Ó Ríordáin

P 30: Na Gearaltaigh; Na Búrcaigh

P 31: Buitléaraigh Eagsúla: Tiobóid Uáitéar (†1206), Iarlaí Urmhumhan (ón 15ú haois), Tomás Buitléir (1ú Iarla Dhún Búinne †1329), Buitléar (Barún na Cathrach), Buitléaraigh Dhún Búinne (ó c. 1660), Seámas Buitléir (12ú/2ú Barún Dhún Búinne †1624), Tomás Buitléir (10ú hIarla Urmhumhan 1532-1614), Seán Buitléir (2ú Marcas Urmhumhan 1808-1854), Tomás Buitléir (Cloch Ghrianáin Bairnéad 1628)

P 32: FitzRoy (Diúc Grafton), FitzClarence (Iarla na Mumhan), Wellesley (Diúc Wellington); Gough (Víocunta Guidsearát agus Luimnigh)

P 33: Rí na hÉireann (de réir Armasóir Wijnbergen, 13ú haois), Cúige Laighean, Cúige Laighean (sa 17ú haois), Armas na hÉireann (1413), Robert de Vere (Diúc na hÉireann, 1386), Cúige Mumhan (sa 17ú haois), Cúige Chonnacht, Mainistir na nGael (Regensburg), Armas na hÉireann (de réir Conrad von Grünenberg, 1483)

P 34: Cúige Chonnacht (sa 17ú haois), Cúige Mumhan (de réir Rolla Uffenbach, c. 1440), Armas Chúige na Mí (de réir W. Hawkins, Rí-Aralt Uladh, 1698-1736), Cúige Uladh, Seanarmas Chúige Uladh (de réir W. Hawkins), Tuaisceart Éireann, Rí na hÉireann (de réir armasóir de chuid an 15ú haois), Poblacht na hÉireann, Contae na Mí (1988)

P 35: Chontae Chill Chainnigh, Contae Thiobraid Árann, Contae Cheatharlach, Gaillimh (1368-1485), Gaillimh (1485-?1578), Gaillimh (?1578-), Baile Átha Cliath (ársa), Luimneach, Corcaigh

P 36: Ard Mhacha, Port Láirge, Dún Dealgan, Port Laoise, Droichead Átha, Dún Laoire, Nás, Guaire, Eochaill

P 37: Jonathan Swift, Henry Grattan, Charles Stuart Parnell, Tiarna Chill Ainthinne, Éamon de Valera, Seán Gearaltach Ó Cinnéide (Uachtarán S.A.M.), Cathal Ó hEochaidh

P 38: Roinnt deoisí de chuid Eaglais na hÉireann: Ard Mhacha, Doire agus Ráth Bhoth; An Chill Mhór, Oil Finn agus Ardach; An Mhí, Clochar, Caiseal agus Port Láirge, Corcaigh agus Cluain, Luimneach, Cill Dalua agus Cluan Fearta

P 39: Pius XII (Eugenio Pacelli), Peadar Craobhach (†1707, Ardeaspag Bhaile Átha Cliath), Eoin XXII (Angelo Giuseppe Roncalli), Pól VI (Giovanni Battista Montini), Eoin Pól II (Karol Wojtyła), Eoin Pól I (Albino Luciani), Muintir Eoin Baiste, an Cairdinéal John Henry Newman, Na Doiminicigh

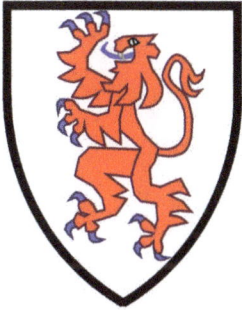

Talbóid

Ó Cearúlláin (an Mhí)

Déise (an Mhí)

Mag Eochagáin (an Iarmhí)

An Sionnach (Uíbh Fhailí)

Mac Amhalaí (Uíbh Fhailí)

Mac Eochaidh (Ros Comáin)

Ó Siail (Uíbh Fhailí)

Mac Crosáin (Laois, Uíbh Fhailí)

Mac Branáin (Ros Comáin)

Ó Dálaigh (an Iarmhí)

Armais roinnt taoiseach i lár na hÉireann

Ó hEathírn
(*heron* > *Ahern*)

Craobhach
(craobhacha)

Haicéid
(*hake* > *Hackett*)

Ó hAirt
(*heart* > *Harte*)

de Barra
(*bars* > *Barry*)

Ó Gríofa
(gríobh)

Ó Síocháin
(colúr na síochána)

Puirséil
(*porcel* 'muc óg')

Sionóid
(*cygne* 'eala')

Naoi nArmas Thagracha

Círín

Caipín gradaim

Tuíneach nó brat

Clogad

Coróinéad

Tacaí deisil

Tacaí tuathail

Sciath

Lantán

Rosc

ESSE QUAM UIDERI

Brownlow, Tiarna Lurgan

AN tARMAS SLÁN

Pláta 3

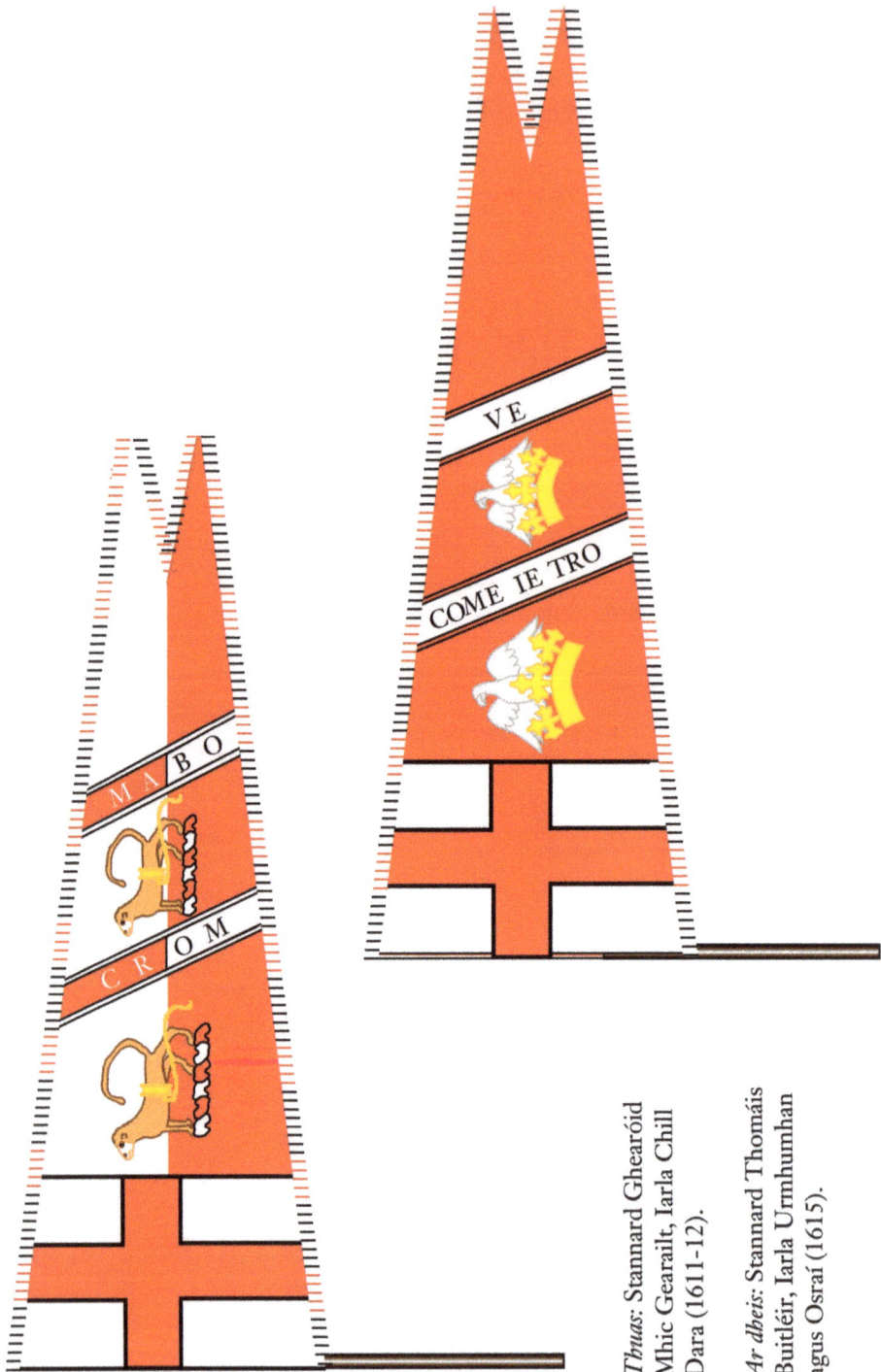

Thuas: Stannard Ghearóid Mhic Gearailt, Iarla Chill Dara (1611-12).

Ar dheis: Stannard Thomáis Buitléir, Iarla Urmhumhan agus Osraí (1615).

Pláta 4

Airgead [a]

Ór [ó]

Dearg [d]

Gorm [g]

Dubh [du]

Uaine [u]

Corcra [c]

Cródhearg

Maoildearg

Ciarbhuí

Eirmín

Fritheirmín

Eirmínéis

Fritheirmínéis

Véir

Líocha an Araltais

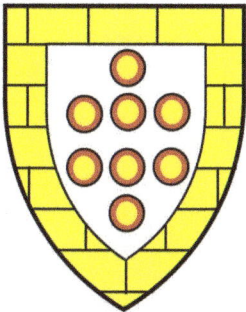
Ceanannas Mór

Coláiste Victoria
Béal Feirste

Meredith

Adair

Ó Casaide

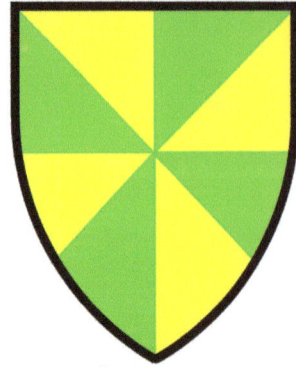

Ó Crotaigh

Ó Dúill

Ó hUiginn

Poyntz

Stephenson

Tallant

Tuite

Coláiste na Tríonóide
Baile Átha Cliath

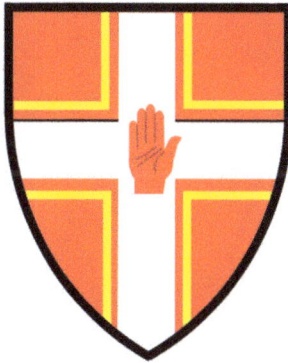

Banc Uladh

Contae Uíbh Fhailí

Baile Brigín

Baile Locha Riach

Bun Dobhráin

an Caisleán Thiar

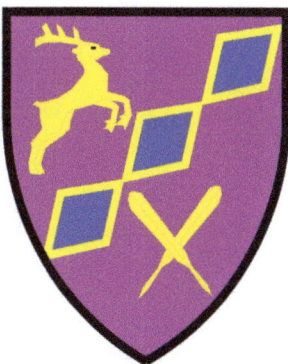

Cill Airne

na Clocha Liatha

Bradshaw

Lecky

Mag Fhinn

Mac Giolla Iasachta

Mac Giolla Phóil

Mac Siúrtáin

Meyler

Nuinseann

Rowley

Pláta 8

Ó Sé

Moiréis
na Gaillimhe

Ó Conghaile
Chill Dara

Mac Donnchadha
Chonnacht

Clements

Boyle,
Iarla Chorcaí

Ancoitil

Ó hEára

Dómhnall Ó Beaglaoich,
Príomh-Aralt na hÉireann

Warner

Ó Dónaill

Máirtín
na Gaillimhe

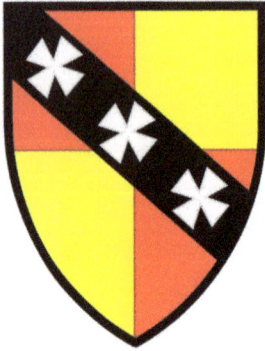

Ó hAnnáin

Vesey

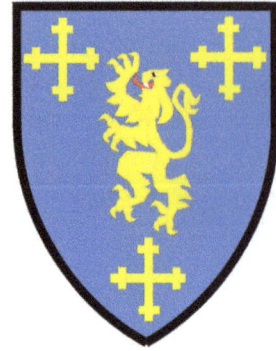

de Bhál

Drury

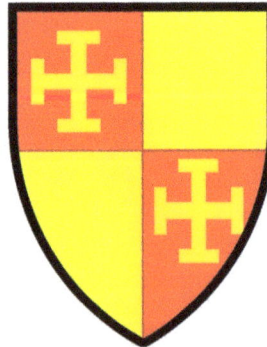

Cross

Molyneux

Ó Flannagáin

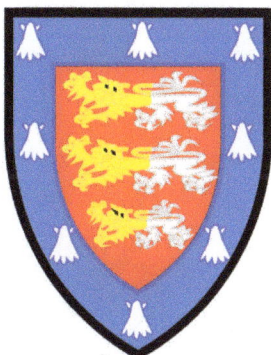

Ó Meára

Ó Coigligh

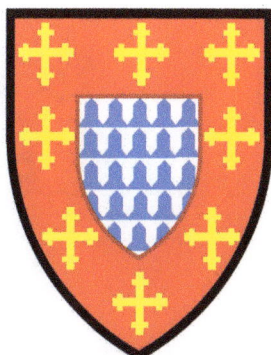

Molesworth

Mac Conchrú

Caisleán an Bharraigh

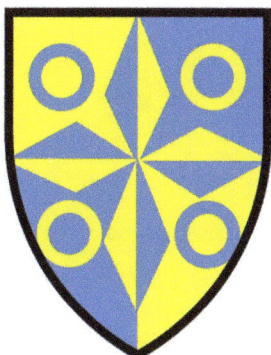

Peacocke

Carden

Mac Coisteala

Pláta 11

de Bláca

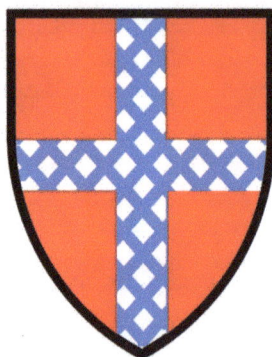

Táth

Cill Rois

Coláiste an Gharda Síochána

Devereux

Staples

Ó hÓgáin

Sligeach

An tInbhear Mór

de Léis

Ó Leathlobhair

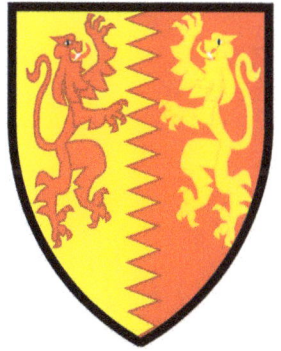

Ó hEidhin

Ó Tuathail

Ó Ruairc

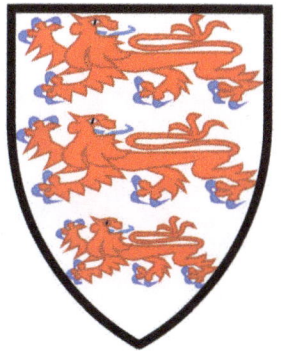

Mac Mathúna

Terry

Parsons

Tenison

Pláta 13

Ó Dochartaigh

Cluain Meala

Ó hÁinle

Ó Maolruanaidh

Ó Fallúin

Wolsely

Ó Donnchadha

Ó Coinn

Pratt

Pláta 14

Ó Baíolláin

Brúnach
na Gaillimhe

Ó Cathasaigh

Wingfield

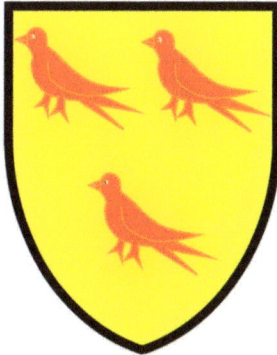

Ó Garmaile

Ó Madáin

an Tulach Mhór

Cill Mhantáin

Ó Ciarubháin

Ó Néill

Mainistir Fhear Maí

Ó Cathail

Ó Riagáin

Ó Deá

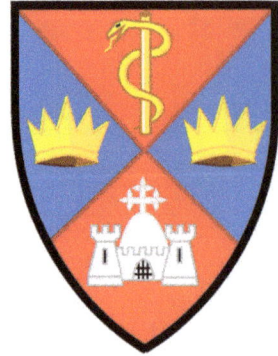

Bord Sláinte
an Mheániarthair

Ó Corragáin

Mac Coitir

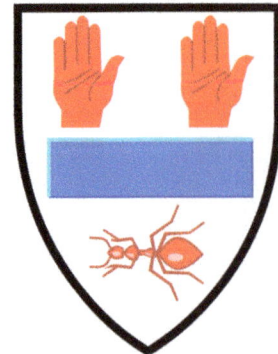

Acadamh an Bhaile Mheánac

Mac Giolla Chuda

Ó hAnnrachtaigh

Ó Maoilriain

Iarlaí Urmhumhan

Ó Nialláin

Mac Amhlaoibh

Gearóid Ó Sléibhín

Pláta 17

Ó Dónalláin

Ó Lochlainn

Deoise Thuama

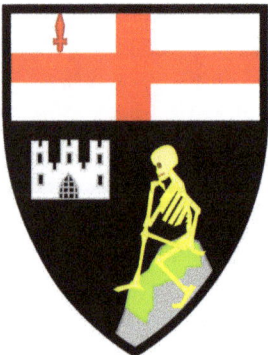

Doire

Mac Brádaigh

Ó Donnabháin

Ó Mangáin

Ó Gabhann

Ó Croidheáin

Pláta 18

Ó Dúllaing

Ó Ceallacháin

Ó Cléirigh

Blood

Dairsíoch

Ollscoil na hÉireann

Baile Átha Luain

Baile na Sionainne

D'Olier

Ó Maolomhnaigh

Fágán

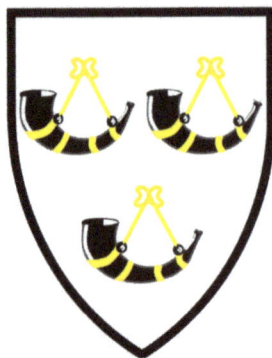

Beilleagam

Trá Lí

Ó Seachnasaigh

Pluincéid

Ó Cofaigh

Lightburne

Ó Dúda

Pláta 20

Ó Dábhoireann

Ó Fionnagáin

Ollscoil Bhaile Átha Cliath

Ó Maoilmhichíl

Ó Cinnéide

Cumann Údarás Bardasach
Thuaisceart Éireann

an Caisleán Riabhach

Ferrers

an Ridire John W. Moore

Deoise an Dúin

Granville
Tiarna Lansdún

Ball

Ó Maolalaidh

Mag Shamhráin

Mac Dónaill
(An Clár is Gaillimh)

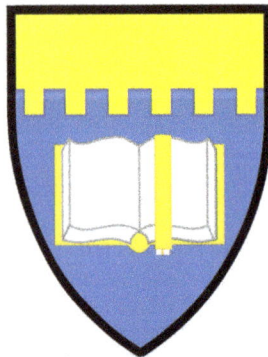

Ó Maolchonaire

Ó Drisceoil

Ó Flaitheartaigh

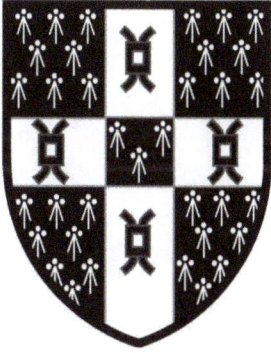

Winterton

Réamonn

Maunsell

Ó Móráin

Mac Eoghain

Ó Seanlaoich

Ó Duagáin

Breatnach
Uíbh Oirc

Mac Colgáin

Scott

Hay

Mac Con Mara

Leeson, Iarla
Bhaile an Mhuilinn

Dún Geanainn

Mac Síthigh

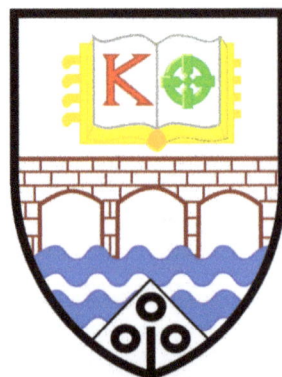

Pobalscoil Chillín, Bré

Pláta 24

Baróid

Ó Scanláin

Sáirséil

Cíosóg

V. J. S. Doddrell

Oadby U.D.C.

Mrs H. M. Laing

J. Berger-Carriere

Borough of Wandsworth

Pláta 25

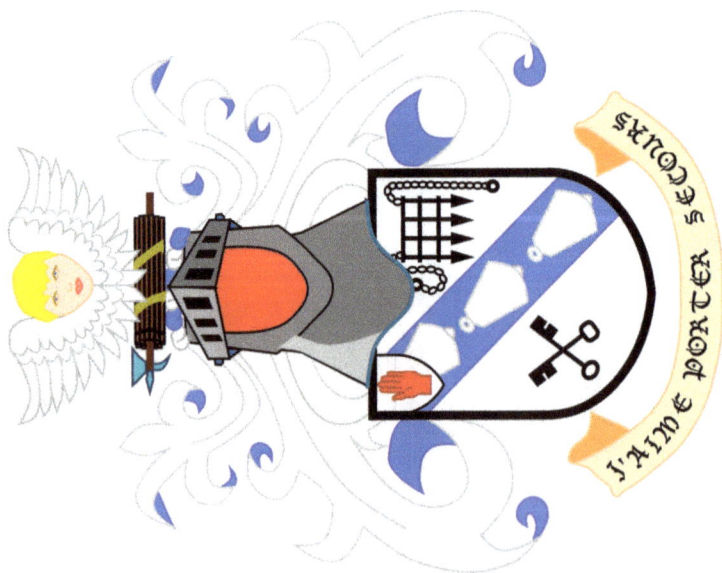

TURRIS FORTIS MIHI DEUS

Edward Festus Kelly

J'AIME PORTER SECOURS

Andrew Marshall Porter, Bairnéad

Pláta 26

Tabuteau,
Cúil an tSúdaire

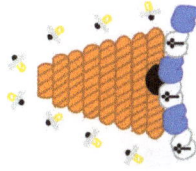

Wingfield, Víocunta
Theach Conaill

Blackwood, Barún
Dhubhthrín

Mac Muiris,
Tiarna Lansdún

Ceithre Chírín Áiféiseacha

beart do réir ár mbriaṫar

Contae Bhaile Átha Cliath

Pláta 27

OBOEDENTIA CIVIUM URBIS FELICITAS

Baile Átha Cliath

PRO TANTO QUID RETRIBUAMUS

Béal Feirste

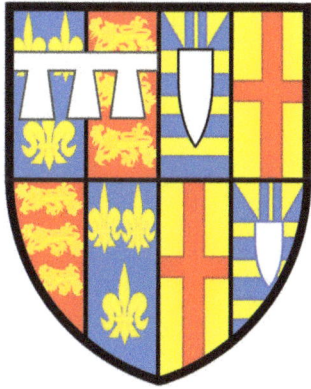

Anne Cuntaois Chambridge
†1411

Lynnea M. Mangan
(Iníon Aitchison)

Narcissus Marsh †1713
Ardeaspag Bhaile Átha Cliath

Mairéad Víocuntaois Fhir Arda †1824

Propast Eochaille

Mac Craith

Ó Ríordáin

Muiris mac Gearailt
†1177

Gearalt †1203-4

Tomás, tiarna
Sheanaid †1213

Seán †1261

Gilibeart

Seán mac Tomáis
Iarla Chill Dara †1316

Muiris, Iarla
Dheasmhumhan †1356

Clann Mhic Giobúin

Na Gearaltaigh

Búrcaigh Uladh

de Léis

Búrcaigh Chonnacht

Na Búrcaigh

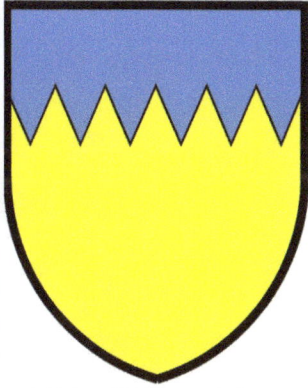

Tiobóid Uáitéar †1206

Iarlaí Urmhumhan
ón 15ú hAois

Tomás Buitléir, 1ú Iarla
Dhún Búinne †1329

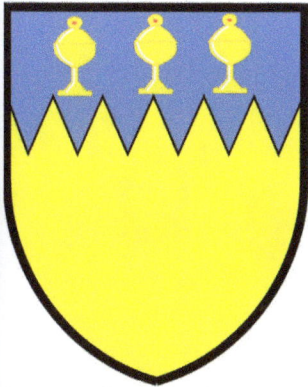

Buitléir, Barún na Cathrach

Buitléaraigh Dhún Búinne
ó *ca* 1660

Séamas Buitléir, 12ú/2ú Barún
Dhún Búinne †1624

Tomas Buitléir, 10ú hIarla
Urmhumhan 1532-1614

Seán Buitléir, 2ú Marcas
Urmhumhan 1808-54

Tomás Buitléir, Cloch Ghrianáin,
Bairnéad 1628

Buitléaraigh Éagsúla

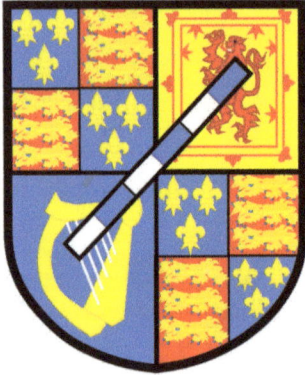

FitzRoy, Diúc Grafton

FitzClarence, Iarla na Mumhan

Wellesley, Diúc Wellington

Gough, Víocunta Guidsearát agus Luimnigh

Rí na hÉireann
de réir Armasóir Wijnbergen
(13ú haois)

Cúige Laighean

Cúige Laighean
sa 17ú haois

Armas na hÉireann
(1413)

Robert de Vere,
Diúc na hÉireann
(1386)

Cúige Mumhan
sa 17ú haois

Cúige Chonnacht

Mainistir na nGael,
Regensburg

Armas na hÉireann
de réir Conrad von
Grünenberg 1483

Pláta 33

Cúige Chonnacht
sa 17ú haois

Cúige Mumhan
de réir Rolla Uffenbach
ca 1440

Armas Chúige na Mí
de réir W. Hawkins
Rí-Aralt Uladh 1698-1736

Cúige Uladh

Seanarmas Chúige Uladh
de réir W. Hawkins

Tuaisceart Éireann

Rí na hÉireann
de réir armasóirí de chuid
an 15ú haois

Poblacht na hÉireann

Contae na Mí (1988)

Contae Chill Chainnigh

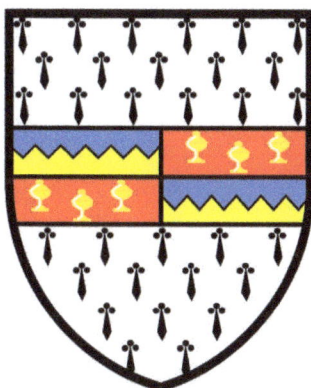
ContaeThiobraid Árann

Contae Cheatharlach

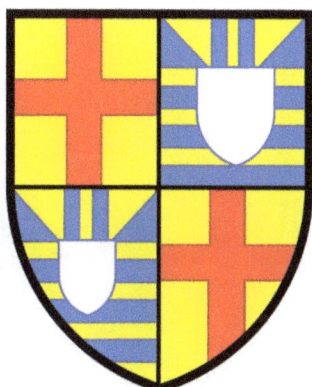
Gaillimh 1368-1485

Gaillimh 1485-?1578

Gaillimh ?1578-

Baile Átha Cliath
(ársa; féach PO: 365)

Luimneach

Corcaigh

Ard Mhacha

Port Láirge

Dún Dealgan

Port Laoise

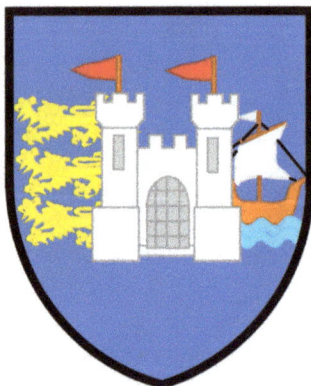

Droichead Átha

Dún Laoire

Nás

Guaire

Eochaill

Jonathan Swift

Henry Grattan

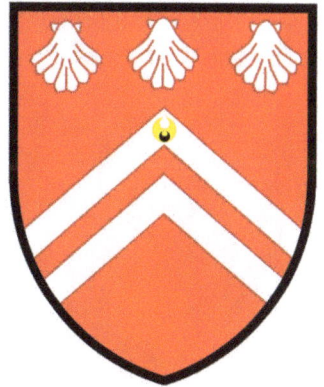

Charles Stuart Parnell

Tiarna Chill Ainthinne

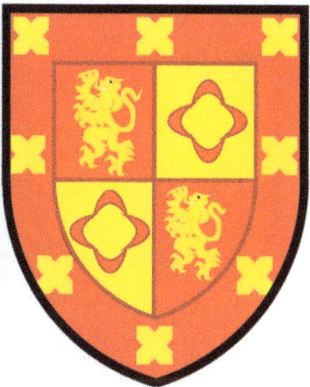

Éamon de Valera

Seán Gearaltach Ó Cinnéide
Uachtarán S.A.M .

Cathal Ó hEochaidh

SI DEUS NOBISCUM QUIS CONTRA NOS

Pláta 37

Ard Mhacha

Doire agus Ráth Bhoth

An Chill Mhór, Oil Finn
agus Ardach

An Mhí

Clochar

Caiseal agus Port Láirge

Corcaigh agus Cluain

Luimneach

Cill Dalua agus Cluain Fear

Roinnt deoisí de chuid
Eaglais na hÉireann

Pius XII
(Eugenio Pacelli)

VIRTUTE ET NUMINE
Peadar Craobhach †1707
Ardeaspag Bhaile Átha Cliath

Eoin XXIII
(Angelo Giuseppe Roncalli)

Pól VI
(Giovanni Battista Montini)

Eoin Pól II
(Karol Wojtyła)

Eoin Pól I
(Albino Luciani)

Muintir Eoin Baiste

COR AD COR LOQUITUR
An Cairdinéal John Henry Newman

Na Doiminicigh

Pláta 39